国家社科基金
GUOJIA SHEKE JIJIN HOUQI ZIZHU XIANGMU
后期资助项目

# 胡塞尔
# 同感现象学研究

Husserl's Phenomenology of Empathy

罗志达　著

SPM
南方传媒　广东人民出版社
·广州·

图书在版编目（CIP）数据

胡塞尔同感现象学研究 / 罗志达著. —广州：广东
人民出版社，2022.4（2023.7重印）
ISBN 978-7-218-15655-2

Ⅰ. ①胡…　Ⅱ. ①罗…　Ⅲ. ①胡塞尔（Husserl,
Edmund 1859-1938）—现象学—研究　Ⅳ. ①B516.52
②B81-06

中国版本图书馆CIP数据核字（2021）第277253号

HUSAIER TONGGAN XIANXIANGXUE YANJIU
# 胡塞尔同感现象学研究
罗志达　著

出 版 人：肖风华

责任编辑：林斯澄　古海阳
责任技编：吴彦斌　周星奎
装帧设计：友间文化

出版发行：广东人民出版社
地　　址：广州市越秀区大沙头四马路10号（邮政编码：510199）
电　　话：（020）85716809（总编室）
传　　真：（020）83289585
网　　址：http://www.gdpph.com
印　　刷：三河市华东印刷有限公司
开　　本：710毫米×1000毫米　1/16
印　　张：13　　字　　数：226千
版　　次：2022年4月第1版
印　　次：2023年7月第2次印刷
定　　价：58.00元

如发现印装质量问题，影响阅读，请与出版社（020-85716849）联系调换。
售书热线：（020）85716833

# 目　　录

# 导论：胡塞尔同感现象学及其系统性定位

在对胡塞尔超越论现象学的众多批评中，他异性（alterity）问题自始至终都处于核心地位。很多批评者指责胡塞尔的交互主体性理论，认为即便将之当作整个超越论哲学的拱顶石，胡塞尔对自我之于他者、内在性之于外在性、主体性之于交互主体性的偏爱均导致了严重的问题。很多评论者认为，如果胡塞尔关于他人的论述得到彻底贯彻，那么他的理论就会被一系列预设中的严重问题所削弱，例如唯我论、对象化主义以及自然主义。因而，很多学者提议说，我们应该转向其他更优的理论方案。比如法兰克福学派的卡尔－奥托·阿佩尔（Karl-Otto Apel）跟尤尔根·哈贝马斯（Jürgen Habermas）就主张一种哲学的交互主体性转向，强调语言在构成人际关系过程中的重要性。与之对照，伊曼纽尔·列维纳斯（Emmanuel Levinas）及其追随者则主张，为了公允地对待他人之他异性，我们所需要追问的恰恰是深植于整个西方哲学传统中的本体论立场，并转向一种有关他人的伦理学立场。

确实，在过去半个多世纪中，胡塞尔现象学中的他异性问题受到了大量的关注，不管是胡塞尔超越论现象学的支持者还是反对者。[①] 虽然不同的学派对胡塞尔的理论给出不太一样的解释，但我们可以发现，其中交错着两个层面的议题——由此，我们可以明确胡塞尔的相关论证及其众多批

---

① 在过去一百多年里，有关此议题的研究文献在持续地增长。单单就专著而言，我们就可以找到如下经典的研究：Kozlowski, R. (1991). *Die Aporien der Intersubjektivität: Eine Auseinandersetzung mit Edmund Husserls Intersubjektivitätstheorie*. Königshausen & Neumann. Römpp, G. (1992). *Husserls Phänomenologie der Intersubjektivität: Und ihre Bedeutung für eine Theorie Intersubjektiver Objektivität und die Konzeption einer phänomenologischen Philosophie*. Kluwer Academic Publishers. Hart, J. G. (1992). *The Person and the Common Life: Studies in a Husserlian Social Ethics*. Springer. Haney, K. M. (1994). *Intersubjectivity Revisited: Phenomenology and the Other*. Ohio University Press. Depraz, N. (1995). *Transcendance et Incarnation*. VRIN. Steinbock, A. (1995). *Home and Beyond: Generative Phenomenology after Husserl*. Northwestern University Press. Zahavi, D. (2001). *Husserl and Transcendental Intersubjectivity: A Response to the Linguistic-Pragmatic Critique* (E. A. Behnke, Trans.). Ohio University Press. Smith, A. D. (2003). *Routledge Philosophy Guidebook to Husserl and the Cartesian Meditations*. Routledge. Donohoe, J. (2004). *Husserl on Ethics and Intersubjectivity: From Static to Genetic Phenomenology*. Humanity Books. Rodemeyer, L. M. (2006). *Intersubjective Temporality: It's about Time*. Springer Netherlands. Costello, P. R. (2012). *Layers in Husserl's Phenomenology: On Meaning and Intersubjectivity*. University of Toronto Press. Franck, D. (2014). *Flesh and Body: On the Phenomenology of Husserl* (J. Rivera & S. Davidson, Trans.). Bloomsbury Academic. 当然，这个书单还可以继续添加，另有许多与此议题相关的论文集及单篇论文。

评所处的问题层面。[①]

一方面，我们首先需要考虑交互主体性问题的超越论层面。就此而言，我们需要追问下述问题：自身构造是否必然先于他人构造，抑或是相反？交互主体性现象学是否植根于主体性现象学，抑或是相反？也即，对他人的意识是否预设了某种自身意识，抑或说自身意识本身必然隐含着某种对他人的承认？在胡塞尔现象学中，主体性之于交互主体性、自身性之于他异性在构造上的优先性到底意味着什么？或者说，我们应该如何理解从自我之自身构造到他者构造，从内在性到超越性转渡过程中的构造性质？一如许慈指出，这些问题所关切的是构造之次序，因而无关乎他人的经验性实存（Schutz，1942，第328页）。

另一方面，我们需要考虑交互主体性问题的心理学层面。就此而言，我们需要追问：自我作为一个经验着的主体，如何通达另一个陌生的意识生活？如果我们确实可以通过诸如感知他人的表达性行为，从而在经验上通达他人，那么我们应该如何来理解其中特殊的同感意向性？进而言之，我们应该如何解释他人的表达性及其对同感的作用？相对于上述超越论层面的问题，这些问题则直接相关于我们与他人的实际（*de facto*）相遇，因而深深地植根于我们在世界中的生存的实际性（existential facticity）。当然，这些问题在性质上也不同于经验心理学问题，因为它们既不是组建实验以便研究有关人们在社会生活中如何互动，也不是通过扫描大脑来观察社会互动过程中大脑神经元如何运作，等等。相反，现象学心理学所感兴趣的是，在具体的同感行为发生之时，意识主体究竟是如何进行体验的，以及这些体验的意向特征究竟是什么？换言之，这些问题所关切的是同感行为的意向性。

依据这两类指引性的问题，我们可以恰当地理解胡塞尔的超越论交互主体性理论，并将之与其他理论进路区分开来；同时，也可以恰当地评估对它的批评——根据处理这些问题的不同态度和立场，我们可以将评论者分成不同的阵营。但此议题的复杂性在于，胡塞尔自身的立场随着时间的

---

[①] 需要注意的是，舍勒在其经典的《论同感的本质》（*The Nature of Sympathy*）（2008，第216—233页）中区分了有关陌生主体的六组问题：（1）本体论问题，也即一个主体的存在是否独立于其他主体的存在；（2）认识论问题，也即一个主体如何证实自己关于其他主体存在的信念；（3）构造性问题，也即从自我到其他自我的构造秩序（或者相反）；（4）经验心理学问题，也即对他人之心理状态的科学研究；（5）形而上学问题，也即其他主体是否也包含两个笛卡尔式的实体，即物理实体与心灵实体；（6）价值论问题，也即诸如爱、义务、责任乃至感激等社会行为。（另参看 Schutz，1942，第328—329页）这个框架也构成了后续许多讨论的导引，比如 Carr（1987，第2章）、Lee（2006）以及 De Warren（2009，第6章）。

变化而不断演变 ①，而且其实验性的研究手稿中存在着支持不同甚至相反解释的篇章、段落。因而毫不奇怪的是，像列维纳斯这样激烈批评胡塞尔的人，反倒可能在一些重要议题的立场上与胡塞尔是一致的。因此，为了公允地把握胡塞尔一生所从事之工作的复杂性，揭示出胡塞尔研究具体问题时展现出来的丰富性，我们不仅要深入研究其海量手稿，还要将这种探索置于一种系统性检讨的视野之中。为此，我们应该更为细致地检讨阿尔弗雷德·许慈（Alfred Schutz）所发表的经典论文《胡塞尔的超越论交互主体性问题》（"The Problem of Transcendental Intersubjectivity in Husserl"），以及与之持有相近立场的后续学者所撰写的文章。理由主要有两点：

首先，许慈的论文是第一篇系统地阐述胡塞尔交互主体性理论的著作，并且他的核心观点被后续学者发展为一系列持续且广为流传的批评，比如托尼森（Theunissen，1986）、黑尔德（Held，1972）、科兹洛夫斯基（Kozlowski，1991）以及近年的施洛斯贝尔格（Schloßberger，2005）。需要注意的是，许慈的这一批评路线深刻地影响了众多研究者，以至于它总是以或隐或显的方式跟绝大多数研究文献相关联。其次，许慈对胡塞尔理论的批判性检讨致使他认为，胡塞尔的理论最终必然会走向一个死胡同，因而胡塞尔的超越论进路必须被许慈称为"世间的"（mundane）进路所取代，也即我们要强调的不是胡塞尔式的超越论主体，而是作为"前构造之基底"（preconstituted substrata）的预先被给予的社会生活（Schutz，1970a，第 66 页）。这一结论被广为接受，以至于许多研究者都倾向于低估胡塞尔的交互主体性理论，而看重被他们视为更为完善的理论（比如 Theunissen，1986；Held，1972；Franck，2014；Kozlowski，1991；Sawicki，1997；Reynaert，2001；Schloßberger，2005；Smith，2011）。虽然胡塞尔的超越论立场不乏重要的辩护者（比如 Yamaguchi，1986；Römpp，1992；Depraz，1995；Zahavi，2001），但他们在上述批评面前却显得无力乃至不再受欢迎。因而，许慈所代表的批评路线具有系统的彻底性以及批判的重要性。然而，与其他批评路线（比如法兰克福学派的实用语言学以及列维纳斯的伦理学）相对照，它却尚未得到全面的检讨，② 以致其哲学上的意义尚未得到充分的重视。

---

① 耿宁（Iso Kern）详尽地展示了这一点。参看他为《交互主体性现象学》（*Zur Phänomenologie der Intersubjektivität*）（Hua 13–15）三卷本所撰写的编者导言，其中可以看到胡塞尔在不同阶段对同一问题相似又不尽相同的分析，以及胡塞尔在关键时期的思想演进。另可参看 Bernet，Kern & Marbach（1989，第 5.2 章）。

② 需要注意的是，部分学者批评了许慈的解读，比如 Carrington（1979）、Zahavi（2001，第 2 章）以及 Barber（2013）。

再者，更为重要的是，许慈的批评恰恰是在上述两个层面展开的。简言之，许慈——这位"胡塞尔交互主体性理论的杰出品鉴师（the distinguished connoisseur）"（Theunissen，1986，第 398 页）——检讨了胡塞尔在心理学层面的每一个论证步骤，并且认为胡塞尔在每一个步骤上都面临着难以克服的困难。例如，在许慈看来，如果胡塞尔的同感理论以自我身体与他人身体之间的外表相似性为起点，那么最终会导致一种人类中心主义，并且必然会排除掉对动物等类自我存在者（ego-like beings）的同感可能性（Schutz，1970a，第 64 页）。许慈还认为，胡塞尔的交互主体性理论在超越论层面也是行不通的，如果他的理论在于从自我来构造他人，从主体性来构造交互主体性（同上，第 82 页）。基于许慈的批判性检讨，其后续支持者进一步认为，胡塞尔理论的其他方面同样充满了巨大的困难。比如，由于超越论自我是一个冷漠的观察者，因而胡塞尔漠视了主体生活于其中的社会文化、习性乃至周遭世界的重要意义；另外，由于胡塞尔深度依赖同感与回忆之间的类比，最终将他人当成超越论自我的一种内在变更，并因此褫夺了他人真正的他异性。总言之，他们一般认为，胡塞尔未能合理地解释超越论的交互主体性，因而他的超越论立场必须被推翻，并代之以某种许慈式的"世间性"立场。也即，不再以超越论自我而是以预先被给予的社会作为理论的起点，并且强调内在于社会生活之中的实践性参与，而非孤独自我的意向性能力。

就此而言，在研究胡塞尔的交互主体性理论时，我们需要批判性地检讨许慈的解释路线。这有助于我们更富成效地探究胡塞尔理论中所隐含的前设，并且将他极为丰富的分析置于新的理论视角之下。正如本书力图展现的，许慈式的解释路线尽管流传甚广，但它在根基处却充斥着先入为主的前见与误解，原因在于它过于强调超越论自我在胡塞尔体系中的作用，赋予其一种完全笛卡尔式的面貌——这忽略了胡塞尔交互主体性理论的整体脉络以及其他构成要素，比如身体理论、发生分析等。尽管众多文本（尤其是《笛卡尔式沉思》中的第五沉思）看起来是在提示甚至加强这样一种笛卡尔式印记，但这无论如何都不是胡塞尔哲学的规定性特征。进而言之，通过尝试给出更为合理的解释，胡塞尔在理论上完全可以避免笛卡尔主义所隐含的典型错误。

为了公允地看待胡塞尔较为复杂的立场及许慈式的批评，我们需要考虑的是胡塞尔整体思想的发展及其变化——其合理的方法则是研究、分析他关于交互主体性的手稿。更为重要的是，我们还需要将胡塞尔关于他者的理论置于其他有关现象（尤其是具身现象、图像意识）的分析脉络之中。一如本内特（Bernet，1988；2012b）指出，只有通过这些相关的分析，我们才能够恰当地理解胡塞尔有关他人分析的真正教义与洞见。

为此，本书希望能完成三个互为关联的目标。

第一，本书通过聚焦于同感问题，希望能对胡塞尔的交互主体性理论给出一个新的、原创性的解释。也即是说，本书将从交互主体性的心理学层面，说明作为体验主体的自我是如何能够通过同感感知（empathic perception），在经验上通达其他主体的意识生活。

第二，与许慈的"世间性"立场相对，本书希望能为胡塞尔有关他者的超越论立场提供辩护。

第三，本书还希望能阐明人际理解的多维性，以便说明身体之能动性、身体之导向性、他人之身体表达性等在日常的同感经验中所扮演的角色。

具体来说，本书希望能表明：（1）身体之能动性如何使得我们能够获得他人的视角；（2）在何种意义上，处境（situation）提供了一种初始的同感发生的场域，并预先规定同感之理解的意义；（3）我们应该如何刻画内在于同感行为之中的特殊意向性类型。既然同感是一种自足的（*sui generis*）意向行为，那么它的意向结构到底是什么？一如本书所要表明的，胡塞尔现象学对于这些问题提供了深刻的洞见和分析。在此意义上，本书认为胡塞尔现象学同时也能帮助我们更好地理解自身的意识生活；这反过来更好地展示了胡塞尔现象学的丰富内涵乃至它与当下哲学研究的高度相关性。

相应地，本书包含了五个章节。

第一章所关切的是胡塞尔现象学中的具身性问题及其在同感问题中的构造性功能。依据胡塞尔的理论，身体是一个感知性的身体，因为它导引着我们生活于世界之中的所有感知经验。而同感作为一种他人感知（Fremdwahrnehmung），自然也被身体的三个核心特征所刻画，也即身体的移动性、导向性及其双重感觉性（double sensation）。基于前面两种特征，我们可以刻画同感问题中的核心议题——如何获得他人视角。一如此章所示，由于身体的移动性，第一人称视角本质上就具有获得他人视角的可能性。正是身体的移动性使得自我得以获得陌生他者的视角。同时，由于身体的导向性，我们可以将同感所发生的空间区分为"导向性空间"（oriented space）与"同质性空间"（homogeneous space）。胡塞尔在后期的手稿中明确指出，同感只有在"导向性空间"中才真正地发生。这一基本的洞见使得我们可以重新检讨一个在胡塞尔同感理论中一再出现的议题，也即自我身体与他人身体之间的相似性问题。第一章揭示，只有在"导向性空间"中，我们才可以真正地阐明身体间相似性的意义。与解释胡塞尔对双重感觉的思考、对自身触发（auto-affection）中触觉模态的强调、对身体显现为二元统一体（twofold unity）的阐明一道，本章将说明身体间的相似性并不是直观上的外表相似性，而是根源于自我身体与他人身体均具有的一种相似二元显现性质。为此，本章还讨论了一种特殊的身体间的触觉性接触——"握手"（handshaking），以说明自我身体与他人身体如何在最为直接的接触中展现出共同的二元显现模式。基于这些分析，本章将对胡塞尔类比统觉理论给出一个新的阐释：强调同感行为中身体移动性的作用，并主张类比统觉可以被理解为一种"拟－视角获取"（quasi-perspective-taking）。在这里，我们可以排除一些许慈对胡塞尔理论的误解和批评。

自我的具身性不仅意味着身体的功能性角色，而且指出了同感行为本质上是嵌入到某个周遭之中的。也即，由于同感行为具有导向性，人际理解必然发生于某个特定的处境之中，人们在其中所进行的则是面对面的交往，而非冷漠的第三人称观察。第二章将通过援引胡塞尔关于他异感触（hetero-affection）的解释，从而进一步展开解释这种同感之处境性的意义。本章将说明他人在一个导向性处境中的被动性显现，以及该处境所具有的触发显现结构。由此，本章希望能回答两个互为关联的问题：（1）他人如何能够在一个感知域中首先凸显出来？（2）在何种意义上这种同感的处境性与他人的被动性显现是直接相关的？本章将论证，同感之处境具有或强或弱的感触力的分布并且本质上为他人的被动性所勾连，而他人的被动性显现则在于它的感触力与整个感知域的对照。就此而言，胡塞尔不仅认真地考虑了社会文化、习性乃至周遭世界在境遇化（contextualized）同感行为之中的重要性，而且他还提供了一个发生学的分析框架，以便分析这种境遇化如何为人际相遇提供一个富有意义的情境。这会导出胡塞尔有关被动性同感的另一发现。与胡塞尔有关对象化意向性的典范理论相比较，被动性同感包含了一种特殊的意向性类型——它是前对象化的，并且植根于感受行为之中。由此，自我才能够以前述谓的方式把握到他人的前课题化在场。这些结果使得我们可以对《笛卡尔式沉思》中的"被动结对"（passive pairing）现象给出新的解读，并在被动性构造层面澄清自我与他人关系中的原社会性（proto-social）要素。

第三章则进一步展开第一章中所提及的"拟－视角获取"，以便致力于解析同感意向性及其特殊的意向结构，并阐释同感感知本质上是一种双重意向性（twofold intentionality）。为了阐释同感意向性，胡塞尔系统地将同感与其他意向行为作了类比，以便澄清内在于同感行为之中的特殊当下化（Vergegenwärtigung，presentification）。其中最为显著的则是同感与回忆之间的类比，而在许慈等人看来，这个类比本身导致了诸多严重的问题。也即，胡塞尔的同感理论在根基处需要求助于自我的回忆，而他人据此则变成了自我的某种回忆性变更或复制，其真正的他异性不过是自我之本己性的伪装。本章认为，这一激进的批评恰恰误解了胡塞尔有关同感之当下化的真正要义，因为这一许慈式的解读忽略了胡塞尔对同感与图像意识的类比说明，由此误解了同感意向性之中的意向结构。通过更为细致地考察胡塞尔的图像理论，本章认为我们可以澄清同感感知中所隐含的复杂意向性：首先，同感是一种包含着当下拥有（Gegenwärtigung，presentation）与当下化的特殊意向融合（intentional fusion）；其次，同感意向性本质上是双重的，它同时指向他人的感性被给予的身体以及他人的非感性被给予的主体性；最后，同感感知也是自足的，也即它既不能被还原为简单的外感知，也不是其他意向行为的派生物，比如回忆、期待与纯粹想象的派生物。就此而言，本章将澄清同感之为一种"拟－视角获取"的拟态特征（quasi-ness）。换言之，由于同感之当下化的意向性成就，同感者可以当下化他人的第一人称视角，从而获得对其意向生活的拟态的、非述谓性的理解。

当然，一个同感理论如果不能阐明他人之身体表达性所扮演的角色及其对人际理解的贡献，那么它就还是不完整的。在绝大多数情况下，人们对他人之身体表达性的理解都是在两种立场之间来回摆动：要么是一种笛卡尔主义——将他人之身体当作是完全无意义的实体，要么是一种行为主义——将他人之身体当作是他人心智生活的完全显现。在第四章中，笔者提供了一个替代性的解释，以强调他人身体行为的"格式塔"（Gestalt），而又不至于落入笛卡尔主义或行为主义的极端之中。在《逻辑研究》"第一研究"之中，胡塞尔认为他人外在的行为与其内在的心理生活之间不存在紧密的联系，因而该行为的意义是有待解释的，以便确定它所指示的心理生活。这一笛卡尔式的理解自然会受到怀疑主义的挑战，而且经常受到批评。但是，正如胡塞尔在后来改进其指示（indication）理论一样，他也对他人之身体表达性提供了一个全新的说明。在此，胡塞尔认识到，指示子（indicator）与被指示项之间并不是一种外在的、偶然的关系；相反，指示子所承担的是一种物理基底（Anhalt）的作用，其功能在于当下化或激活被指示的事态。相应地，胡塞尔认为，他人之身体是充满意义的，而且它是一种真正的"表达统一体"（expressive unity），源初地当下化或展现了他人的心智状态。胡塞尔修正了他对他人之身体表达性的解释，并强调了他人行为之为整体的重要性——就此而言，他的解释与梅洛-庞蒂在《行为的结构》（*The Structure of Behavior*）一书中所建立的理论具有本质的相似性。基于此，本章还进一步讨论了身体表达性的构造性要素，并提出有关他人身体表达性的格式塔理论。

基于上述四个独立的分析，本书希望能与许慈式的解读相对照，澄清胡塞尔同感理论中的一些核心问题，比如具身性问题、处境性问题、同感意向性问题，乃至于身体表达性问题。胡塞尔深入分析了具体的同感体验，澄清了同感行为的前反思的意向成就，从而帮助我们更好地理解日常生活中与他人的社会交往与理解。于此，我们可以更为均衡地反思胡塞尔他者理论中的方法论，并对他的还原操作给出中肯、适当的解释。因此，第五章的主要任务是概述前面章节的主要成果，以便确定他者构造的一个核心问题，即如何恰当地理解他人的本真被给予样式。相应地，现象学还原的目的并不在于确保一个笛卡尔式的确定性（certitude），由此而演绎出世界的其他部分；相反，还原的超越论功能在于这一事实——它澄清了他人之源初被给予的超越论主体性。只有通过这种彻底的自身反思或自身批判，我们才能合法地主张——超越论主体性总是已然内在于交互主体性的网络之中，而只有超越论的主体性得到了完全实现，超越论的交互主体性才具有可能性。就此而言，本书认为胡塞尔的还原操作还提供了这样一个框架，以此可以分析列维纳斯伦理学的现象学意义。对于列维纳斯而言，他者的面容照亮了这样一种生存论的实际性——当暴露在他者质询性的目光下时，自我总是已然受缚于某种回应的急迫性（urgency），并且体验到这一伦理处境的尖锐性——回应这个在"我"面前的面容，这正是"我的"责任。

本书的讨论主要是基于胡塞尔有关交互主体性的研究手稿，并将之置于他关于诸如图像意识等现象的分析之中。在某种程度上，本书构成了对《笛卡尔式沉思》中"第五沉思"的一个新的解读。在结束本导论之前，笔者希望能表明这一条解释路线的合理性，并使之区别于主流文献中的其他解读路线。

在过去的很长一段时间内（即便现在也是如此），研究者都将胡塞尔的第五沉思当作他交互主体性理论最为重要的文本。这当然是一个公允的判断，因为这一文本依然是胡塞尔有关交互主体性问题最为系统的阐述。但是，这个文本本身异常浓缩、复杂，有时甚至让人困惑，以至于激起了众多的释义乃至争论。胡塞尔的支持者尝试重构其内在的逻辑，以便能为他的超越论哲学提供辩护；而反对者则通常攻讦其中的核心议题，以达到攻讦其超越论立场的目的，甚至于为他们自己的方案提供参照与支持。这个文本本身则变成了"无穷争论的战场"（康德语）。本书认为，一个合理的处理方式是将这个文本置回到胡塞尔的整个哲学发展脉络之中，弄清楚它是如何被预备、如何被打草稿、如何被实际写作出来的，乃至于后来是如何得到反思、修订及进一步发展的。简言之，对"第五沉思"作公允解读，我们需要仔细地考虑胡塞尔有关交互主体性的研究手稿，特别是三卷本的《交互主体性现象学》（*Zur Phänomenologie der Intersubjektivität*）（Hua 13-15），以便能够明确胡塞尔所真正关切的议题。当然，正如丹·扎哈维（Dan Zahavi）在其突破性的著作《胡塞尔与超越论交互主体性》（*Husserl and Transcendental Intersubjectivity*）一书中指出，这一努力并不意味着"质疑《笛卡尔式沉思》的哲学品质，而仅仅是强调：如果不参照研究手稿，这一著作的真正意义就会很难得到理解"（Zahavi，2001，第 213 页）。

确实，研究者正在意识到胡塞尔研究手稿的重要性，并不断征引这些手稿来支持其解读。但就同感这一问题而言，我们还需基于研究手稿来系统地重构他的同感理论。就此而言，本书不同于其他研究胡塞尔交互主体性理论的著作，比如 Haney（1994）、Costello（2012）以及 Franck（2014），因为他们主要还是依赖于"第五沉思"。需要注意到的是，在经典著作《胡塞尔与芬克——现象学的起点与终点，1928—1938》（*Edmund Husserl and Eugen Fink*: *Beginnings and Ends in Phenomenology, 1928–1938*）中，罗纳德·布鲁辛那（Ronald Bruzina）通过芬克的著作，特别是其《第六笛卡尔式沉思》，提出了一个别致的解读。以芬克为中介，布鲁辛那阐明了"第五沉思"中的一些核心议题（Bruzina，2004）。尽管这一解读富有原创性和新意，但本书依然认为：通过胡塞尔自己的研究手稿来解读胡塞尔，这不但在哲学上更为恰当，而且在注解上也更为严格。

因而，本书既有注解性的任务，也带有系统性的目的。一方面，本书希望能展现胡塞尔思想的演进，这不是为了展示胡塞尔的观点在不断变化，而是为了表明其所处理之问题的复杂性。正如当代争论社会认知（social cognition）的文献所示，同感行为是最让人费解的现象之一，并且已然引发众多讨论。就这个议题而言，似乎还没有一个简单或者是单一的解释方案。胡塞尔——这位不断寻求新的起点的现象学家，尝试去忠实于这个问题本身，并在其大半生（1905—1938 年）的哲学工作中提出了不同的思考方向和实验性方案。另一方面，本书也希望能展现被胡塞尔视为比较成熟的同感解释，并将之与许慈式的解读相互对照。当然，本书不可能全面地展示胡塞尔的最后想法——这也不切实际。正如他的手稿显示，胡塞尔越来越觉察到交互主体性问题的复杂，并且在他哲学思考的最后阶段，就相关的议题写下了大量的手稿，比如婴儿的发展、世代性、死亡、爱、性别差异。因此，本书希望能通过批判性地检讨许慈式的解读，从而聚焦于同感问题并重构胡塞尔的论证。本书既是对胡塞尔思想的注解，也是对同感这一人类生活核心现象的哲学研究。

# 第一章　具身性与同感

本章所关切的核心问题在于，在自我身体的自身构造的基础上，我们如何能够将他人的身体视为有生命的（animated）。在日常生活中，我们遇到他人，并且在持续的世界体验中与他们相接触（Hua 6，166［163］[1]）。对于"彼此互为共存"（Miteinanderleben）（同上）这一事实，我们鲜有怀疑；而且我们很少会提出这类问题，比如：我们所感知的那个人是否跟自己一样，也是一个有意识的生物体？在这一"自然态度"内[2]，我们通常都是平顺地与他人共存着，不会有意地去刻画自己关于他人存在的信念——例如，我们所遇到的他人具有与自己相似的特征。但是，一旦我们更为仔细地考察这一自然的信念，并且反思我们经验到陌生他人的方式，我们就会发现"互为共存"乃是最为复杂且最让人费解的现象之一。我们看起来好像是将他人感知为另一个具身存在者，将他们的身体视为有生命的对象；然而，我们却不能以他们感知自己身体的方式来感知他们，比如我们不可能像他人自发地挥动手臂那样来挥动他人的手臂，一如我们不能源初地体验到他人的主体性体验（Hua 14，345）。这恰恰引出了这样的问题——我们到底是如何将他人的身体理解为有生命的身体，而非无生命的物理物？胡塞尔认为，这类理解必须奠基于主体对本己身体（Eigenleiblichkeit）的觉知（Hua 14，281），而且依赖于一种特殊的"意义传递"（Sinnesübertragung），从而使得他人身体获得"身体之为身体"这一意义（Hua 1，143）。简言之，我们只有通过一种类比性统觉，才能将他人的身体理解为有生命的存在物；而在胡塞尔看来，这一统觉构成了同感行为的核心。

自《笛卡尔式沉思》（1929）发表伊始，胡塞尔的类比统觉理论——或更一般地说，同感理论——就受到了众多评估与批评。其中一个不断出现的核心议题在于，胡塞尔关于自我身体与他人身体之间的相似性解释到

---

[1] 本书遵循胡塞尔研究的国际惯例，相关文献多引自《胡塞尔全集》（*Husserliana*），并以 Hua 标出，后面为卷数和页码；如果有英译本，则用方括号加注英译本的页码。具体书目信息参看本书参考文献中"胡塞尔相关著作"部分。原文引文均由笔者据德文译出，并辅以英译本校注。所有译文与观点由作者自行负责。

[2] 对于人类在"自然态度"中的相遇，更为细致的分析可参看 Gurwitsch（1979）。

底成不成立。依据胡塞尔的说法，这一身体相似性不仅是构造他者身体的起点，也是其整个同感理论的基石。尽管这一身体相似性具有理论的重要性，但批评者认为胡塞尔对它的解释在根本上是有问题的。他们认为，胡塞尔似乎预设了，这一身体相似性就是自我身体与他人身体之间的一种生理学的（physiological）或形态学的（physiomorphic）类似性。但是这一出发点在根本上不足以说明他人身体的生命特征。这一批评值得严肃地对待，不仅因为它切中了胡塞尔同感理论的核心，而且也因为它跟同感行为的一些核心问题有关：譬如，哪一种相似性能够充当同感行为的出发点或动机（motivation）①？我们对他人所设定的基本态度是什么？这些问题将成为本章讨论的导引。

为了弄清楚同感问题，我们首先需要考察身体（Leib）所扮演的核心角色，由此才可能澄清同感的具身性质。也就是说，同感行为首先是由一个功能性身体（fungierender Leib，functioning body）②来实现并为之所限定。为此，本章第一节首先解释功能性身体，并指出身体总是在感知体验中被共同体验到，而且它具身化了感知体验中的第一人称视角。进而，本节会阐明身体的索引性（indexity）以及能动性（kinaesthesis）特征，表明第一人称视角在本质上正是交互主体性的。在感知某个对象时，感知者同时也设定了另一个关于同一对象的可能视角，而这个被设定的可能视角不能同时被感知者所具有，它能且只能是隶属于另一个可能当下共存的陌生主体。由此，我们可以对同感行为的视角性（perspectivity）作出预先刻画。

第二节则着重考虑上述相似性议题，并相对于主流解读给出一个全新的解释方案。本节强调触觉经验在身体的自身构造中的优先性，从而阐明它在胡塞尔重新思考相似性议题时所扮演的重要作用。胡塞尔的身体理论使得我们可以区分出导向性空间与同质性空间，而且他认为只有导向性空间才是人际理解真正发生的场域。只有在这一导向性空间之内，我们才能说明他人身体在直接的触觉性接触（tactual contact）中具有一种独特的二元被给予性——同时被把握为主体与对象。由此，我们可以将上述身体相似性问题重新定义为一种自我与他人身体之间相似的二元被给予性，而非一种外观上的形态学相似性。本节将会表明，更新之后的相似性论题将彰

①　在胡塞尔的发生现象学中，motivation 是一个重要的概念，倪梁康、李云飞、陈伟等人均翻译为"动机引发"，以强调它的"动机"含义。但这个翻译在处理 motivation 的不定式 motivate/motivieren 时，没有办法照顾到"激发""促使"等含义。为了照顾其动词形态的含义，本书视上下文分别翻译为"动机"或"促发"等，并适当标出原文。

②　功能性，德文原文为 fungierender，也即"正在起作用"之意，但为行文简便，本书权译为"功能性"。

显出胡塞尔对同感的基本规定，也即同感在本质上就是一种"我与你"的相遇（I-Thou encounter）。

在第三节中，笔者将重构胡塞尔关于类比统觉的理论，并在此检讨许慈的批评。笔者主张应该将类比统觉理解为一种"拟－视角获取"，从而说明自我是如何辨识出真正的他异性视角。与许慈相对，本章认为"第五沉思"中所涉及的意义传递现象更多是一种意义阐明（sense-explication），而非意义创造（sense-creation）。因而，对他人身体的同感感知所关切的不是该身体的生理学构成，而是该身体"之于自我"（for me）的意义——作为"为我"的他异性具身视角。

## 第一节　功能性身体与潜在的他异性

胡塞尔的同感理论就其本质而言是一种感知理论。他对同感的具体分析与他的感知理论紧密相关，而身体显然在后者中扮演了关键的角色。因而，身体亦对同感行为起到了关键作用。然而，理解身体的首要困难在于，它不是一个抽离于感知行为而独立存在的实体，也不是一个预先勾画感知经验的存在物。相反，身体就其功能而言是在感知过程中被一同构造出来的（co-constituted），即"在所有的事物经验中，身体被一道体验为一个功能性身体（因而就不单单是一个物体）"（Hua 14，57；15，264）。因此，为了准确地理解同感行为，我们需要先澄清身体在同感感知中所起到的潜在作用。

### 一、身体在感知中的共同构造

当我们感知一个外在对象时，譬如桌面上的一台电脑，我们可以从不同的角度来看它：通过绕着它走，从而将它的不同侧面收入眼中。当然，当我们正在感知这台电脑时，只能够从一个特定的角度来看它，而其他侧面则显然不在我们当下的视野之内。严格来说，被感知之物有且仅有一个侧面实际被给予，而其他侧面对于当下感知而言则是隐匿的。但这并不意味着这些隐匿的侧面并未被意指到；相反，我们在感知过程中模糊地预期到它们，抑或说是共同意指着它们。例如，当我们看着电脑的正面时，也预期它的背面具有如此这般的颜色，而不管此对背面的真实颜色的预期是否准确（Hua 16，58 [49]）。就此而言，感知行为实际上包括了被意指侧面的"真正"（proper）显现以及被共同意指侧面的"非真正"

（improper）显现（Hua 11，5［41］；16，50［43］）：它是一个"充实意向与空洞意向的复合"（Hua 16，57［48］）。换句话说，感知具有这样一个视域结构——通过它，所感知对象未被看到的侧面与被直观到的侧面一同被给予了；或者说，它们被"侧显"了出来。一如胡塞尔在《事物与空间》（*Ding und Raum*）中详尽描述的那样，这种视域结构刻画了感知经验的一个本质特征。

那么，一个显著的问题在于：为何视域结构之于感知是不可或缺的？如果感知在严格意义上仅仅指向直观被给予的侧面，那么这样的感知是否可能呢？亦即是说，当所感知对象的直观显现与其他非直观显现彼此分离时，我们是否还能在一系列变化着的感知行为中感知到同一个"不变的"对象？显然，外在对象从各个不同的侧面显现出来，但严格来说有且仅有一个侧面实际上直观地呈现。那么，如果这里的呈现只是该对象单一侧面的展示，并且该对象的直观被给予性与视域结构分离开来，那么我们就只剩下一系列离散的诸多显现，并且需要借助其他方式将这些离散的显现整合为一个统一体（Hua 16，60［51］）。然而，这种整合并不等于构成了一个单一的对象。"毕竟，一张白纸前侧面的显现与另一张白纸背侧面的显现完全吻合，但我们依然将它们视为两个相似但不同对象的显现"（Zahavi，1999，第 95 页；参看 Hua 16，155［131］）。因此，为了将这些诸多显现视为隶属于同一个对象，它们之间必然具有某种延续性（continuum），以便它们能够弥合为一体。也就是说，在对当下侧面的直观呈现中，那些未被直观到的侧面必然已经被共同意向到，不管是以预期的，还是以预持的方式。因此，只要外在对象具有多重的显现，并且这些显现隶属于同一个对象，那么直观的被给予性与非直观的共同被给予性构成的视域结构之于感知行为就是不可或缺的。

同时，感知的视域结构并不意味着共同被给予的侧面像直观被给予的侧面一样，是完完全全呈现出来的；否则，感知也不能确保感知对象的同一性。我们可以假设，外在对象的所有侧面都能被同时直观到，以至于它们在一个感知行为中绝对地被给予（Hua 16，116［97］）。在此情形中，一方面，我们直接掌握到前侧面饱满的颜色和其他细节；另一方面，又以近乎完满的方式掌握了其他侧面（Hua 16，115［96］）。换句话说，依据这一假设，感知对象的每一个侧面都完完全全地显现出来，以至于我们可以说：所显现之物的诸多呈现就等同于所显现之物本身，而非所显现之物的某个呈现。但是，如果更仔细地思考这个假设，我们就会发现它是经不起推敲的。假定我们对外在对象可以具有如此详尽、彻底的感知，那么只要我们稍微改变一下视角，随之而来的新感知就不再是对同一个"不变"对象的感知了。既然之前被感知的对象已经从所有侧面都显现了出来，并且改变视角必然会引入一个新的侧面，那么依据假定，这个新感知就不可能隶属于之前的感知系列，因而它也就不是对之前感知对象的感知。也就是说，依据假定，我们每次能且只能感知一个对象；每当新的感知行为出现时，所感知的对象也必然不再相同。譬如说，"我"现在盯着这个屏幕，然后稍微改变一下角度再看。根据假设，"我"两次看到的屏幕必定是两个不同的对象——这显然是非常奇怪的。因此，如果未被看到的侧面也如前侧面一样是完完全全直观地被给予的话，我们也就不能感知任何同一的对象，因为每一个感知行为都必然引入一个全新的对象①。故此，我们必须否定上述假设并承认这一事实，也即未被看到的侧面并不是像前侧面那样是被完全而直观地被给予的，倘若我们还坚持认为那些新看到的侧面确确实实是同一个对象的另外侧面。诚如胡塞尔在《事物与空间》中指出，真实的感知经验必然排除掉这样一种设想，即感知对象的所有侧面都完完全全地被给予（Hua 16，116）："正如我们对实在物之体验的分析必然表明的那样，完全的直观——对所有侧面以及在所有位置都是源初的直观经验——是不可能的。"（Hua 15，97）胡塞尔甚至认为，即便上帝想要感知同一个超越世界及其中的超越事物，他也必须服从同一个视域结构（Hua 3，351［362］；16，117［98］）。

因而，感知本身必然是从某个视角出发的。它表现为一个从当下被给予性到更多被给予性的延展过程，从而将未被看到的侧面带入直观之中，不管它们是对先前感知中所预期之物的肯定或是否定（Hua 11，67［108］）。正如胡塞尔在 1930 年所写的一段手稿中确认："在感知的过程中总是有更新的侧面进入实际自身展现，而我在这个进程中总是可以更好地认知该对象。"（Hua 15，81）通过这样一个过程，当感知者持续地接近、探究被感知之物时，后者就变得越来越饱满、得到越来越确切的规定（同上；参看 Hua 16，111［93］）。

那么，如此刻画的感知行为到底是如何进行的呢？或者说，那些共同被给予的侧面是如何转变为直观的显现呢？回答这些问题很快就会揭示身体所起到的构造性作用。当"我"试图去拿电脑边上的咖啡杯，"我"不仅注意到它所处的空间位置，以便将自己的手伸过去；与此同

---

① 参见胡塞尔在《逻辑研究》中的一句话："如果感知像它假装的那样，总是对象的真真正正的自身展示，那么，它的特殊本质在这个自身展示中得以穷尽，因而对每一个对象就只会有唯一的一个感知。"（Hua 19-2，589）

时，还持续地觉知到该空间位置与自己身体之间的关系，例如它离"我"的右手更近，而且"我"还觉知到自己的具身能力，也即"我"可以伸出手去拿那个杯子。我们可以说，感知不是一个独立的心智现象；它是与身体紧密耦合在一起的具身行为：在感知的同时，"我"不断地具有对自身身体的觉知。更确切地说，每个感知行为本质上都具有一种双重性：一方面，感知的视角性质与对身体位置的自身觉知相联结；另一方面，这个身体位置具有一种内在的可能性，也即移动自身身体的具身能力，譬如向前或向后的能力（Claesges，1964，第64页）。据此，感知对象的显现方式实质上是受身体约束的："同一个事物是在与自我身体的关系之中而向我显现为一系列的表象。"（Hua 13，12）① 换言之，在对象的视角性显现与感知身体之间存在一个内在的意向关联：当下直观显现的侧面是当下身体位置的关联项，而那些未被看到的侧面则是身体可能具有之空间位置的关联项。抑或说，感知的被给予性不断地回溯到一个感知身体，即这两者之间存在一种"条件"（wenn-so）关系：

> 如果这个［动觉］系统的系列自由地伸展开来，譬如说眼睛或手指的任何运动，那么与之相交织在一起并以此为前提［Motivat］，则必然会出现一个对应的［显现］系列，而且该系列是被激发而来的［motiviert］。（Hua 4，57–58［63］；参看 Hua 6，164［161］；9，390；13，287、386）

进一步来说，如果"我"以特定的方式不断地移动，那么被感知对象的显现也会持续地并对应地变化。譬如说，一旦"我"移到电脑的背面，那么之前未被看到的背面就会由此而被直观到，之前所预期但尚未明确的颜色也会被确定下来。胡塞尔据此认为，感知本质上包含了两个对应的平行序列：就意向活动一侧而言，身体活动是一个激发者系列，它由动觉系统（kinaesthetic system）——自由移动的系统——所管控；就意向相关项一侧而言，则是一系列视角性的显现，它们被激发出来并且由视域结构所规定。因此，身体是感知行为不可或缺的构成部分；虽然身体本身并不是感知，它却使得我们得以感知外在事物并在外部事物的复多显现中指称这个事物本身（Hua 4，56［61］；参看 Zahavi，2003，第100页）。

---

① 在同一处手稿中，胡塞尔接着说："另一个可能性会在与另一个身体的关系中产生，也即另一个显现序列会展现'同一个'事物。"显然，即便在感知被给予性之中，已然隐含着一个交互主体性的议题，胡塞尔后来将之称为"开放的交互主体性"（Hua 14，289）。

故此，感知本身是一个动态的过程，而感知的充实则预设了起着功能作用的身体。也即，感知中的视角性呈现方式在本质上依赖于身体所处的位置及其移动性（Hua 4，55［60］、66［71］；参看 Claesges，1964，第128 页）。正是由于身体的这种作用，我们才能在外在事物复多的显现中构造出同一个对象，进而构造出同一的空间。确切地说，感知在本质上是具身的行为；在感知中被一同经验到的身体不是一个单纯的事物，而是一个被体验到的、起到构造性作用的身体。为了明确身体之功能性的现象学意义，我们需要阐明身体的自身被给予性或是其自身构造（Welton，1999；参看 Hua 15，266）。

## 二、身体的自身构造与视角性问题

胡塞尔现象学的一个重要贡献在于，对身体的主体性维度作了持续而深入的分析。由此，他可以彻底地与主流的、视人类身体为单纯生理躯体（Körperding）① 的笛卡尔主义分道扬镳。一如上文指出，视角性的被给予性总是回溯到一个身体位置，即身体是作为世界的某个感知视角而存在的。当"我"感知某个东西时，总是从自己身体的"这里"（here）感知到它，据此"我"才有一个关于该对象的"视角"。另外，当"我"在周遭中导向时，其中的事物总是相对于"我"的"这里"而环绕着"我"，在空间中得到远近的配置。从感知上说，身体就是导向的中心，"是此时此刻的载体，据此纯粹自我才观看着这个感性世界的空间"（Hua 4，56［61］）。就此而言，身体是一个组织性的要点，我们要依据它才能区分出空间上的近与远、左与右、上与下（Hua 4，56［62］）。当然，这个"这里"并不是空间中某个可探测的点，可以被 GPS 所定位的几何位置；相反，在"这里"的存在感总是即刻被感觉到的，不管在何时、走向哪里，它总是与"我"一道："身体总是在此（der Leib ist immer da）。"（Waldenfels，2000a，第 31 页）

身体性的"这里"之所以特殊，是因为它作为一个点却没有任何空间延展，而与之相对，所有其他的点总是作为"那里"（there）而被给予（Hua 4，158［166］）。如埃迪·施泰因（Edith Stein）写道，它不可能

---

① 事实上，胡塞尔区分了两类具身性：一类是具身化（Verleichlichung），一类则是躯体化（Verkörperung）。而且他对具身性概念的使用并不局限于肉身化的主体，而且适用于一般的精神性产物，比如音乐、绘画甚至于社会机构，等等。在他看来，具身性是它们于空间中存在的方式，而且它们的精神性维度以具身性的方式间接地系泊于同一空间之中（Hua 6，220［216］）。

"在几何学上被定位于我躯体上的某个点"（Stein，1989，第43页）；相反，它是感知经验中某个理想的抽象中心，人们只有依据它才能有序地组织自己的空间经验。比如，某个风景是通过某个视觉中心而被看到的，某块丝绸则是通过手掌的触觉中心而被触知到的，诸如此类。（同上）因此，"我"的身体就是"对我而言最切近之物（for me the nearest），乃是感知、感觉、意愿等的最切近之物"（Hua 14，58）。胡塞尔有时还采用诸如"空点"（Nullpunkt）或者是"空显现"（Nullerscheinung）来描述这种无延展性质。从比喻的角度来说，这个导向点可以被视为坐标的原点：它不是某个特定的点，但它却是所有坐标点获得其意义的那个原点。因此，"此时此地"（here and now）就构成了自我的个体化，它"使得空间与时间得以获得其意义，也即从此时此地开始"（Levinas，1987，第36页）。身体的"这里"是终极的中心，是绝对的点；与之相对，所有被感知到的对象才能是"那里"（Hua 4，159［166］；14，58）。

本章第三节将会表明，身体索引的绝对性在胡塞尔的同感理论中扮演着关键的角色。就现在而言，我们需要明确的是这种索引的绝对性究竟意味着什么——身体的"这里"原则上排除了它同时存在于"那里"的可能性，因此具身主体就不可能同时存在于"这里"和"那里"。但为何如此呢？我们可以设想一个可能世界，其中"我"可以将自己投射并复制到任意一个空间位置（Hua 14，45），并且在这个类似于幻觉的世界中，被投射或虚拟的自我能够跟真实的、进行着投射的自我进行对话。若此，"我"就具有第二个自我，以及同时存在的"第二个这里"。但是即便在这种情况下，"我"并不能具有一个单一的"这里"，而只能是两个数量上的"这里"。被投射的自我是从被投射的立足点说话的，据此"他"才能感知到一个跟他说话的"自我"，而"我"自己真实的自我则是从真实的立足点跟他交谈，"我"在此正在进行投射与倾听。但是，这两个（虚拟与真实的）感知性的"这里"彼此间是相互排斥的，因为被投射的这里对于进行投射的自我而言必然是一个"那里"，反之亦然。因而，"自我不能同时存在于这里与那里"就构成了一个先天（a priori）规律（Hua 13，264）。因而，"我"的绝对在此与它所标识的个体性必然不同于他人所在的"那里"。与之一致，自我的主体性就被严格地限定在"这里"，因为"我"只能是从自我的第一人称视角来感知他人及自身绝对的"这里"。与此同时，"我"不可能同时具有他人的视角，因为若是这样的话，他人的视角就会被还原为自我的（一部分），而自我也将同时具有关于这个世界的两个视角——依据上述定义，这其实是一个矛盾。因此，感知只能是从第一人称视角出发，而第一人称视角总是指称或归于一个他人不可能同时分有的"属我性"（mineness）。

然而，单单索引性并不足以让人们将对象感知为同一的。它需要一种"平滑的过渡"（sliding transition），以便使得变动的显现得以延续（Zahavi，1999，第 95 页）。显然，这种过渡预设了身体的移动性——如前文所示，这种移动性首先是一种前课题化的、前反思的身体性自身觉知；用胡塞尔的话来说，它是一种动觉。在打羽毛球时，"我"的注意力首先是指向对手的姿势、球的线路。此时自己的身体直接地被共同体验到，它无需"我"的注意就在共同起着作用。但如果不停地关注自己的身体，"我"的注意力就会分散，以至于很难跟上对手的动作。当然，这不是在主张一件微不足道的事情，好像说我们在探知世界以及其中的对象时，身体总是在运作着。要点在于感知预设了身体移动性的某种极小的参与（contribution）（同上；Zahavi，2003，第 100 页）。比如说，"我"对球路的观察预设了对眼球运动的觉知，即便无需去反思或察觉这种觉知。

那么，将动觉与其他身体运动区分开来的特征在于它的自发性（spontaneity），动觉是一种真正的"意愿行动"（volitional action）。换句话说，动觉是一种自我所"掌控"的、隶属于自我意志的身体运动（Hua 14，447）。就此而言，胡塞尔认为，"所有动觉——不管是作为'我运动''我做'（I do），都被一种复杂的统一性结合在一块——其中动觉意义上的'静止'，也是一种'我做'的模式"（Hua 6，108［106］）。因而作为整体的动觉就构成一个"我能"（I can）的领域，其中"我"总是可以由自己来触发新的运动（Ich-bewege-mich）（Hua 16，206［174］）。通过实现这种开放的自我移动的潜能，"我"总是可以更新、丰富自己的感知经验并进一步确定所感知的对象（同上）。胡塞尔甚至认为，为了感知到运动，动觉必须已经潜在地在运作了——它是"一种中介（Mittel），产生了其他物体的间接的自发运动，比如东西被我直接地、自发地运动着的手所推动、抓住、举起，等等"（Hua 4，151）。"我"的身体总是直接被体验到并处在"我"的权能范围内；而恰恰是通过这种内体感的（interoceptive）移动，其他的空间运动形式才能被感知到。当然，这不是说动觉是其他物体运动的因果性来源，即便人们确实可以通过推动某个东西以便使它移动起来；相反，关键点在于，如果人们想要感知到其他的运动形式（包括感知到自己在空间中的运动，比如感知到自己挥手的动作），那么动觉就必须被预设于其中（Hua 14，62；15，293）。就此而言，感知静态的对象以及空间中的运动都必然预设了某种极小的（minimal）自身运动觉知。①

正如阿瓦·诺伊（Alva Noë）后来所主张的，感知内在地就与前反思的身体行动（bodily action）结合在一块，并以后者为基础："成为一个感知者就是潜在地理解到运动对感觉刺激（sensory stimulation）的影响。"（Noë，2004，第 1 页）也就是说，与对特定对象的意向指向一道，"我"还具有一种"动觉意向性"（kinaesthetic intentionality）（Hua 15，316；参看 Waldenfels，2000a，第 146 页），或者如梅洛-庞蒂所说的"动感意向性"（motor intentionality）——它所指向的是感知对象共同被给予的侧面。"我"可以通过实现那些可能的动觉位置来充实这一动觉意向性，然后将那些未被看到的侧面带入直观之中。借助这种动觉，"我"总是可以前进或是后退，将任意空间上的"那里"转变为本己的"这里"。胡塞尔写道：

> 通过自由地变更我的动觉，特别是通过环绕四周，我可以如此这般地改变我的位置，以至于我可以将任意一个"在彼"变为"在此"，也就是说，我可以以具身的方式获得任意一个空间位置。这意味着，通过从那里出发而进行感知，我将可以看到同一个事物，但仅是以相应不同的显现方式，就像这些显现方式隶属于"我在那儿"一样。或者说，这意味着，任一事物就其构造而言不仅包括我当下"从这里出发"的显现系统，而且包括由于将我放到"那里"这一位置变化而导致的完全确定的对应显现系统。（Hua 1，146［116–117］）

我们很快可以看到，上述引文对于理解视角性以及胡塞尔的同感理论都是极为关键的。尽管自我的视角总是以第一人称的方式被给予，总是"属我的"；但它却是一个自身超越的视角，因为与之相结合的动觉要素总是预许了新的、开放的视角。当感知特定对象时，"我"不是将意向目光局限于真正直观被给予的侧面，而是越过这些本真直观显现而指向那些未本真显现的共同被给予的侧面。换句话说，"我"总是越过了当前的视角而预期着可能的视角——那些当下未被看到的侧面相对于这些可能的视角则成为了本真显现。但这并不是说，这些与当下感知相关联的可能视角

---

① 这点关涉到胡塞尔空间构造理论中的一个一般性难题：身体是空间构造的前提，其中也包括自己身体的构造。这里明显包含了一个循环——对空间内身体的构造预设了某个构造着的身体。胡塞尔的解决方案，可参看 Claesges（1964，第 99 页），另参看胡塞尔自己的解释（Hua 15，326–327）。

本质上就是"属我的"——如前所述,"我"原则上不可能同时具有关于同一个对象的两个不同视角。因此,这个可能的视角就必须归属于陌生的主体,它必然隶属于一个可能的陌生主体。人们可能会反对说,即便不能同时具有两个不同的视角,但这个可能的视角仍然可能是"属我的",因为它可能是人们潜在的、尚未实现的视角。确实,人们总是可以将一个潜在的视角变为现实的视角。但这并不构成真正的反驳,因为核心的问题在于:当"我"正在感知一个此时此刻的对象时,那个可能的视角不可能是"属我的"。如上述引文所指出的,胡塞尔认为,感知对象就其当下而言不仅向自我显现,与此同时还可能向其他主体显现(Hua 13,12)。也就是说,尽管该可能视角不能同时被给予"我",但我们可以设想它在当下还同时向可能的陌生主体显现——比如说,他可能正在看"我"此时此刻所不能直观到的背面。胡塞尔在以下引文中确认了这一点:

> 我不能从另外一个立足点获得从"我当下立足点"(我的身体现在所占据的位置)所能获得的显现;与立足点之转变一起变化的还有这些显现,显然它们相互之间是不相容的。我可以在另一个时间点,或者当我占有另一个空间位置时,具有那不相容的显现(即与"在那里"相对应的显现)。相似的,"他人"现在也可以具有同一个显现(与"在那里"相对应的显现),如果他现在恰好处在那个位置。(Hua 13,2–3;参看 Hua 13,377–378;1,145[115–116];4,322)

扎哈维指出,如果对感知的视角性特征加以详查,我们就会立刻发现感知已然内在地包含了一个对他异主体的指称(Zahavi,2001,第49页)。也就是说,对任意事物的视角性感知都潜在地接受了其他主体的存在有效性,而不管感知主体是否实际上经验到他人(同上,第50页)。即便在"我"的感知场域中没有任何其他人,由于视域结构的规定性,"我"在感知行为中也必然设定了其他主体的存在。因而可以说,第一人称视角本质上就是交互主体性的。而通过对功能性身体及其构成要素(索引性与移动性)的彻底阐明,我们就可以明确地发现,一个"陌生"的视角已然潜在地内在于第一人称视角之中,由此人们才能够感知到单一的同一对象。比如说,一个陌生他者可以向"我"指出,"我"现在所看到的那个人实际上不过是一个完美的人偶(mannequin)(Hua 6,165[162])。只有设定并接受了其他主体的存在有效性,我们才能在视域结构之中感知超越的外在对象。当然,这并不是说,当感知特定对象时,"我"必须同时感知到另外一个主体。关键在于，"每个对象感知都最起码预设了对他人之为共同感知者的指称"（Zahavi，1997，第312页）。也就是说，感知就其视域结构而言必然已经预设了他异主体性。

综上所述，通过严格地检讨身体的构造性功能，我们可以确定地说，在第一人称视角之中已然包含了他异的视角，从而感知行为可以满足视域结构的形式要求。故此，第一人称视角本质上也是自我超越的，它在结构上内在地指向了他异视角。就此而言，超越论的主体无论如何都不是一个孤独的自我，也不是封闭于所谓的超越论意识之内；相反，它本质上是向他异性开放的主体——抑或说，超越论的主体性就其彻底的构造而言已然内在于交互主体性的网络之中：前者为后者提供了明见性的基础，后者则是前者之构造的完成（Zahavi，2001，第61、84页）。就像胡塞尔在《笛卡尔式沉思》的一份早期手稿中写道：

> 自我发现自己之为孤独的本质便包含了在其生命之持续开展中发现同侪的相伴。①

上述发现为本书的整个研究奠定了基调。第一人称视角本质上是交互主体性的，而主体性存在就其彻底性而言包含了与他异存在的不可还原的联系。更为重要的是，通过他异性视角的系统展开及其在第一人称生活当中的兑现（cash in），我们可以获得对胡塞尔同感理论的全新理解。也就是说，功能性身体及其移动性潜在地提供了这样的可能性，由此自我可以在特定的拟态中获得他人的视角，而不至于打破自我与他者之间的区别②。对此，我们将留待第三节作进一步展开。

## 第二节　身体的二元显现与相似性问题

当然，身体除了主体性维度，还有一个客观的、解剖学意义上的维度——可以被外在观察到的维度（Hua 4，144［152］）。因而，一方面，我们具有身体前反思的或前课题化的被给予性：当"我"沉浸于世界体验

---

① 参看德文原文："zum Wesen des sich als *solus* findenden Ich gehört, dass es im Lauf seines Fortlebens sich als *socius* von Genossen finden könnte."（Hua 15，52）

② 在本书第三章中，笔者会继续展开论述此处提及的"拟 – 视角获取"。这种基于身体的构造才得以可能的能力还规定了一种特殊或自足的意向性类型，也即一种特殊的"二元意向性"。

之中时，它作为一个功能性身体总是在此（mit dabei ist）；另一方面，同一个身体也可以作为客观的身体而被反思、课题化——它构成一个公共可观察的身体，可以供医学研究（Hua 14，56）。现在的问题在于，我们应该如何理解这两种显现方式？胡塞尔坚持认为，它们一开始就是作为"初始的统一体"而被构造的："人们在此需要注意到，身体在所有事物性经验中都被共同体验为一个功能性身体（因而不是一个单纯的事物），它恰恰是以一种统一的二重性而被体验为一个被体验到的物体以及一个功能性的身体，即便当它自己被体验为一个物体时也是如此。"（Hua 14，57）①

胡塞尔在一份写于 1921 年的手稿中提示，恰恰是在身体的完整构造（fulfledged constitution）及其与同感的相关性这一脉络下，他才严肃地思考了著名的"双重感觉"现象（Hua 14，75–77）。通过细致地分析触觉经验，我们可以完整地说明身体的"双重但统一的方式"，从而揭示出同感的动机问题（motivation）——在何种意义上，人们将他异身体视为与自己身体相似的（similar）（Hua 14，283–284）。对第一个问题的澄清必然能够为澄清第二个问题铺平道路（Hua 14，515；参看 Hua 14，340；15，660）。正如胡塞尔在《欧洲科学的危机与超越论的现象学》（以下简称《危机》）一书中明确指出，以下两个问题是紧密地联系在一起的："意识是如何产生的，由此自己的身体跟其他物理物一样可以获得一种存在的有效性，以及另一方面，我感知域中的特定物理物如何可以算是一个身体，一个'他异'之自我主体的身体？"（Hua 6，109［107］）在第一小节中，笔者主要处理第一个问题，并在第二小节处理第二个问题。

## 一、身体及其整全的构造

如果注意到胡塞尔在《现象学的构造研究：纯粹现象学和现象学哲学的观念（第二卷）》（以下简称《观念 II》）第 36 节中引入触觉经验的语境，我们就可以发现：胡塞尔在其中所阐明的要义在于感受行为（Empfindnis）与感受材料（Empfindung）之间的区分。这一区分的独特性在于，感受行为与感受材料位于身体表面的相同位置。当触摸某物，比如说滑过桌面时，"我"正在感触的这只手作为感知器官具有关于被触摸者的各种感受材料，比如它的硬度、光滑度以及冰冷的感觉。而且这些感觉

---

① 另参看："Erfahrung von Leiblichkeit als Leiblichkeit ist also schon seelische oder vielmehr zwei-seitig psychophysische Erfahrung."（Hua 9，131）笔者译为：对具身性之为具身性的经验因而已然是心灵上的，或者更进一步乃是二元的、心理物理的经验。

表象被对象化为感知对象（这张桌子）的实在属性。然而，其中让人惊叹的事情在于，这一系列的触觉感觉同时也"位于""我"的身体一侧，而只要"我"的注意力转向这些局域化的感觉，马上就能发现，"我"具有一个平行的"内在"感受——"我"在这皮肤的同一块区域正感受着或触摸着。用胡塞尔的话说，"在手的内部，与被经验到的运动相平行的，我发现了运动感觉，等等"（Hua 4，146［153］）。简言之，"我"在触觉中发现了两个平行的体验系列：一方面是对被感知者物理性质的感觉，另一方面是同一个位置上对被感知物的感受行为。

神奇的是，当我们将自己的双手放在一块时，这两个系列的体验居然变成自反性的（reflexive）了，而且两者之间相互启明——像诸如软硬、粗细这类的触觉感觉就会变成感受着的那个手的属性，而后者也获得了物理的规定——比如"被感觉为柔软、温存的"。而其中被触摸到的手则将自身揭示为一个感受着的器官，与此同时触摸着的手则被对象化或者是物理化为一个外在的实体——它"降解为一个物体"（Merleau-Ponty，1968，第 134 页）。胡塞尔就此说了一段极为著名的话：

> 触摸自己的左手，我具有一些触觉显现；也即，我不止是在感受，而且感知到具有如此形式的柔软、光滑的显现。对运动的指示性感觉以及对触觉的表征性感觉被对象化为"左手"这个物体的性质，它事实上也隶属于我的右手。但当我触摸左手时，我也在其中发现一系列的触觉感觉，它们"局域"（localized）于此，尽管这些并不是其性质的构成部分（比如这只手、这个物理物的粗糙性、光滑性）。（Hua 4，144–145［152］）

就此而言，触觉体验所揭示的是自身身体体验的深度。一如上述，"我"并不是仅仅将自己的身体体验为一个生理构成物，一个与世界中其他事物并列的生物化学的躯体。对身体的事物性体验同时也包含着一个不可分割的感受性系列，而后者则是从内部而被体验到的。同时，我们作为具身之主体也不是单单具有一种自我封闭的意识生活，然后通过获取并处理感性刺激探究这个世界。相反的是，我们总是已经受到一个身体拖累（encumbered），从而是系泊于（anchored）这个世界之中（Merleau-Ponty，1968，第 68 页）。一个超越于物理世界的非世间主体显然不可能具有这种双重感觉，因为它原则上不能从外面而被物理地触摸到。为了具有这两个体验系列，主体必须具有一个物理的延展，由此它不仅能触摸他物，还能被他物所触摸。从现象学上讲，主体因其具身性而被嵌入到世界之中。胡塞尔写道：

> 我的身体（Leib）是这样一种东西，在其中自我绝对直接地体验到心灵生活的具身化（Verleiblichung）——感觉、表象、感受等心理生活，它们是自我的本己生命，或者它在身体的格式塔、在变动的身体－物体行为中"表达出来"，由此自我所一下子感知到的就不单单是一个物体身体以及它的事物性行为，而是同时就感知到自己的心理生活，最终将之感知为同一的：后者在前者中自身肉身化（sich-verleiblichen），其中一个在另一个中将自身表达出来（Sich-ausdrücken）。（Hua 8，61）

上述引文表明，尽管感觉材料系列与感受行为系列是同一个触觉中的两个不同面向，应该就其不同的存在模式而被区分开来，但它们无论如何都不是本体论意义上两个独立的领域，好像我们能够在其中打入一个楔子。触摸的手已然具有一个可以被触摸的"外在"，而且它通过被触摸才揭示自己物理实在的一面，从而真正地深入到感性实在之中。这里的问题并不在于这种双重感觉是否会消失，比如萨特所说的打上一针麻醉剂（Sartre，2003，第 348 页）；相反，这里真正的问题在于，触摸着的手需要通过被触摸到才能揭示出自己的功能性身体特征，而它与此同时在外部的触摸中又物理化或者是外在化了："这两者互为构成，并且不可分割。"（Landgrebe，1981，第 45 页）触摸的手与被触摸的手相互启明，以至于触摸与被触摸之间、主体与客体之间、内在与外在之间的界限在某种程度变得模糊甚至于被打破（同上）。[①]一如梅洛－庞蒂富有洞见地观察到，"我的身体中敞开了一个裂隙，我的身体分为被看到的身体与正在看的身体，被触摸到的身体与正在触摸的身体"（Merleau-Ponty，1968，第 123 页）。然而，"其中也有一种迭代或者侵入（encroachment），我们必须说，

---

① 当然，胡塞尔是否还受限于笛卡尔式的主体－客体、内在－外在等区分，他是否能够摆脱某种笛卡尔主义，甚或我们是否寻求诸如海德格尔的"此"（Da）概念作为更好的解决方案，以便对主体－客体、内在－外在等二元对立保持中立，从而更好地解释在世界之中存在（being-in-the-world）的具体经验：这是有待争论的（参看 Overgaard，2004，第 158 页）。但笔者认为，这种设问的方式已经有些偏颇了，因为在胡塞尔的使用中，诸如"主体"（subject）与"客体"（object）这些概念已经经过了非常重大的意义变化，而且它们不再是以传统的方式而被使用（参看 Waldenfels，2000a，第 42 页；Hua 14，86）。笔者认为一个更为恰当的设问方式可能是：胡塞尔对身体的探讨在何种程度上更新了我们对主体性的理解，从而转变了主体或主体性的意义。

事物侵入到我们之中，而我们也侵入事物之中"（同上）。就此而言，身体源初地以两种截然不同但又统一交织在一起的方式显现自身；或者说，功能性身体与物质化的身体是同一身体的两个不可或缺的维度：

> 身体源初地就以双重性被构造起来：首先，它是一个物理物、物质；它具有延展，其中包括实在的属性、颜色、光滑性、硬度、冷暖，或者其他诸如此类的物质性质。其次，我在其中发现或者是感觉到：手背上的温存、脚趾上的寒冷、指尖的感觉。（Hua 4，145［153］）

相应地，身体也就被构造为一个二元统一体，其内在性总是在对应的外在性中被局域化，而其外在性作为源初的表达领域 ① 则总是指示着一种对应的内在性（Hua 8，79）。正如胡塞尔在其他手稿中强调：

> 第一性的、源初的表达：这个双重的（doppelseitige）（外在的与内在的）"自我移动"通过其外在性（…）而指示着其内在性。首要的是对身体性本身的构造，对外在身体与内在身体之统一体的构造。（Hua 14，328–329）

> 两者是不可分割地统一的，并且一同实现出来，内在性持续地奠基于外在性之中。（Hua 14，491）

毋庸讳言，胡塞尔并不是简单地认为，身体具有一个从内部来看的内在维度和一个从外部来看的外在维度，而这两者不过是注意力转向所产生的结果。胡塞尔真正想要强调的是这两个维度的原始的功能性统一对于我们的动觉移动与具身处境所起到的作用。这两个维度一旦有一个受损，我们在世间的具身存在就会受到严重的阻碍。②

至此为止，我们的讨论导出了这样一个问题，也即身体的外在化。显然，只要稍微仔细思考一下这个问题就可以发现，它已然指向了他者的问

---

① "相互理解的可能性预设了'具身性的表达'：就其内在与外在的总体显现中的具身性。"（Die Möglichkeit der Wechselverständigung setzt „Ausdruck in der Leiblichkeit" voraus: die Leiblichkeit in inneren und äusseren Gesamterscheinungen.）（Hua 14，70）我们在第四章有关身体表达性的讨论中会返回到这一问题。

② 关于这一点，新近的研究进展可以参看 Ratcliffe（2008）。

题，因为外在化的身体是主体间可通达的。① 胡塞尔的一些手稿显示，他对这个问题的看法显得有些摇摆不定：一方面他认为外在化需要依助于他者的共同构造，另一方面他又认为这不过就是自我的成就。一段写于 1920 年的手稿显示，胡塞尔所困扰的问题在于："难道这不是说，在源初的体验中我的身体正是我的身体（因而先于任何通过交互主体性的客观化），而无论如何都没有一个'物理躯体'（Dingleib）的基底？"（Hua 14，57）就其手稿所展示的思想演进而言，胡塞尔对第一个提议是有迟疑的，而且他最终倾向于第二个方案。

我们可以假设身体的外在化是他者共同构造的结果。如果"我"将自己封闭于一个绝对的唯我论态度或领域之内，并且对自己的存在感到充分自足，在这种唯我论的生活中感到惬意和安定，那么就没有什么东西能推动自己进行自身异化（self-alienation）（Hua 15，29—30），而只有这种异化才能最终将"我"带到外部世界之中。因而，这样的动机必然预设了陌己他者的在场，也即他者的异化目光，由此"我"才能最终在镜子中"发现"一个可以被后续识别为自己的身体的东西（Hua 14，508–509）。这个假设更为吸引人的地方在于，身体在某种程度上并不是完美的构造物，比如在唯我论的态度中，"我"既不能看到自己的眼睛，也看不到自己的后背（Hua 4，159［167］）。即便"我"可以通过伸展手臂来触摸到它们，他者的视角无疑更具有优势，因为他者可以对这些身体部位进行更为精确的描述。但在胡塞尔的同感理论这个语境内，这一论述却面临着一个严重的循环。更具体来说，"我"将他者的身体感知为有生命的，并认出他者的视角——这预设了自我身体是完全构造的；也就是说，感知他者预设了自我的身体已然是外在化了的。但根据这个假设，自我身体的外在化反过来又预设了他者（参看 A. D. Smith，2003，第 224 页；Zahavi，2012，第 238 页）。就此而言，我们显然面临着一个循环论证，因而这个提议并不具有说服力。

在第二个方案中，胡塞尔认为，可以将外在化问题视为一种通过特殊的感觉局域化（sensory localization）来达成自身外在化（self-exteriorization）的过程；它的实现与他者无关，但其实现的结果则构成了后来与他者相遇

---

① 一个相关联的问题则是自我的世俗化（mundanization），这也经常跟身体的外在化问题相互混淆在一起（参看 Overgaard，2004，第 153—154 页）。尽管世俗化的可能性预设了外在化的成功，前者是后者的结果，但这两个问题应该被区分开来，因为后者是前者的必要但非充分条件。也就是说，身体的外在化使得同感得以可能，而同感进一步建立起与他者的关系，使得自我的世俗化得以可能；但这种奠基关系并不能反转过来。

的可能性条件（Waldenfels，2004；Zahavi，1999，第170页）。当触摸某个东西时，"我"不仅具有被触摸者的感觉，同时"我"发现这些感觉与被触摸者同处一个空间位置。因而"我"可以将感受行为的点与被局域化的感觉等同起来。这种感受行为与感觉材料的位置对应构成了身体空间化的初始形式。尽管感受行为尚不是在空间之内，但它的位置却与感觉材料的位置一一对应。我们甚至可以说，感受行为以及诸如温度、冰冷等感觉材料是局域化于空间之内的，因而导致了它的外在化。胡塞尔将这个论证视为身体之自身外在化的初始构造（Hua 14，329）。简言之，身体在本质上被构造为一种本真的二元显现形式，因而其自身构造严格来说是在自我的领域之内（也即一个不涉及任何他者的领域）完成的。

正如胡塞尔最终认识到，自我身体完整的自身构造必须是预备好的，然后才能真正地彻底地研究同感问题。也即，"首要的议题在于具身性（Leiblichkeit）的构造，也即身体之外在性与内在性的统一性构造"（Hua 14，328–329）。因而，彻底的自身构造至少构成了两个目的：一方面，它让胡塞尔的同感理论免于循环；另一方面，这一自身构造也表明了身体之被体验为身体的意义，从而构成了这样的意义有效性的基础。基于此，我们就可以真正地阐明他人身体之为一个相似的、有生命的身体究竟意味着什么。

## 二、身体相似性问题：批评与回应

通过上述讨论，我们现在可以恰当地来对待第二个问题，也即在何种意义上他人身体具有与自我身体的相似性。胡塞尔相信，自我身体的自身构造（self-constitution）为解释他人身体的被给予性提供了一个跳板，而后者则是被前者所推动的（Hua 14，331）。换言之，他人身体的被给予性样式只有依据自我身体的本真被给予性才能得到合理的理解，因为"我是依据那些规约着我对自己表达性身体的理解的规则（ana logon），来把握他人的表达性身体，而非反过来"（Bernet，2003，第50页）。

然而，在胡塞尔的同感理论中，身体相似性问题却比大部分批评者所设想的要复杂得多。很多作者都认为，尽管这个相似性可能很重要（Hua 1，140；13，270；14，163），胡塞尔似乎基本上将之当作一种身体形态上的相似性（physiomorphic similarity），也即他人身体的外观与自己身体的物理显现相重叠或者相类似（Schutz，1970a；Theunissen，1986，第60—65页；Kozlowski，1991，第108页；Reynaert，2001；de Preester，2008；P. Smith，2011）。尽管其他作者对此体型相似性有所保留，认为它并不足以作为胡塞尔同感理论的坚固基石，但他们还是将之当作最为显著的解释（Depraz，1995，第 3 章；Held，1972；Zahavi，2012，第 238 页）。[①] 我们很快就能看到，这种体型上的相似性会造成一系列的困难，它甚至因而遭到了众多的批评，以至于有些作者认为胡塞尔的同感理论并没有一个牢靠的基础。另外，胡塞尔本人关于这个提议的思考在 1914—1915 年和 1926—1927 年之间显然是经历了非常重大的发展和转变。通过认真地思考触觉模态以及其中的身体被给予性，胡塞尔超越了他关于体型相似性的半成熟的论述，并给出了一个更为让人信服的论述。其结果是，他最终认为，"这个使同感得以可能的相似性"（Hua 14，283–284）必须是自我身体的二元显现（twofold manifestation）与他人身体的二元显现之间的相似方式。[②] 在这个小节中，笔者将展开论述胡塞尔有关相似性议题的思想发展，并表明我们为何应该支持二元显现的方案而非主流解释。

首先，理解相似性较为直观、直接的方式是认为它不过是两个物理物（自我躯体与他人躯体）之间的相似性。陌己身体只能以外在的方式被感知到，而自我身体首先是从内部而体验到的（参看 Schutz，1970a，第 64—65 页）。自我的身体作为一个特殊的同一体是在直接而独特的方式中被给予的：它是绝对的"在此"，"我"既不能疏离它、也不能侵入它，而且它总是将感知场域导向为"那里的"。"我"可以自由地转向而居有任意的空间位置，并且具有一系列位于自己身体之内或之上的动觉感觉以及感受材料。但当"我"感知他人时，这些特征统统都不会出现，因为后者在严格的意义上只能在其外在显现中被看到。基于此，问题显然在于：当感知到他人的身体时，"我"是如何不借助于任何比较就经验并意识到自

---

① 值得注意的是，德普拉兹（Natalie Depraz）在其《超越性与具身性》（*Transcendance et incarnation*）一书中提供了一个极为复杂的解释，参看 Depraz（1995，第 11 小节）。与之对照，朗普（Georg Römpp）（1992，第 4 章第 3 小节）则倾向于降低胡塞尔同感理论中身体相似性的重要性，可能是因为这个议题本身隐含着复杂的争议。

② 耿宁在其《编者导言》（Hua 13，XXIV；14，XXXIV）中明确说过，胡塞尔本人对体型相似性并不满意，并且常年思考着一个更好的替代性方案。然而，这一点似乎并没有引起众多评论者的注意。对于身体相似性议题的一个广为流传的解释（或误解）可以追溯到许慈的经典论文《胡塞尔中的超越论交互主体性问题》（"The Problem of Transcendental Intersubjectivity in Husserl"）（1970a），后续的批评系统地以之为基础。一个相似的情况亦可见于耿宁一开始对"源初还原"（primordial reduction）两种意义的强调，这在文献的争论中亦鲜有提及（参看 Overgaard，2002，第 221 页脚注 12）。

我与他人之间的相似性？<sup>①</sup> 在 1914—1915 年之间，胡塞尔认为，既然他人身体之于自我的显现在原则上不能具有"这里"的模式，那么我们可以设想一种"自身躯体化"（Verkörperung），由此自我躯体（Körper）的显现就能实现与他人躯体之显现的重叠（Theunissen，1986，第 67 页）。<sup>②</sup> 依据胡塞尔，这一自身躯体化之所以能成功是基于动觉变更的可能性：自我之自由移动性在本质上包含着变更自身动觉处境并具有任意空间位置的可能性，由此自我可以设想（erdenken）——如果"我"移到他人的空间位置，那么"我"当下"这里"的身体就会像他人的身体那样显现出来了，一如"我"在他人的位置"那里"一样（Hua 13，55、266、277、289、331–332）。根据这个思路，胡塞尔认为人们可以具有自身身体的两种显现，由此"自我可以实现'对自己身体处于任意另一个空间位置的设想（Versetzung）'，那么自我就具有两个显现的配置：自我身体的空显现方式（Null-Erscheinungsweisen），以及自我身体的外在显现方式"（Hua 13，277）。其结果是，"我"的身体具有了与他人身体一样的外在显现，由此"我"就可以通过自身躯体化来获得与他人身体之显现的重叠，也即获得同感所需要的相似性。

但为了避免一些误解，我们需要在此指出两件事情。首先，自身躯体化（self-physicalization）不同于自身外在化（self-exteriorization），尽管这两个表述容易引起混淆（参看 A. D. Smith，2003，第 224 页）。其理由在于，在 1914—1915 年之间，胡塞尔依然在努力完成对身体之完全构造的说明；相应地，他有关身体的表述容易让人产生这样的印象，也即胡塞尔

---

① "基础的前设是：陌生的身体躯体与我的躯体身体是相似的。我是如何经验这个相似性，也即这个相似性如何能够不需比较性的观察与经验就直接起作用、被意识到？"（Hua 13，270），以及"现在首要的困难在于：'陌己'的躯体实际上并不是以我的身体以及我的躯体的方式而被构造起来的，正如它不能在空显现的方式（Null-Erscheinungsweise）中被给予"（Hua 13，273–274）。

② 科兹洛夫斯基（Kozlowski）坚持认为，我们应该区分两种获得相似性的方式：（1）他人身体相对于自我身体的显现而被视为与自我身体是相似的；（2）自我身体相对于他人身体的显现而被视为与他人身体是相似的。他写道："人们应该注意到，在感知域中，他人的人类躯体是完全显现的，而自己的身体只是部分显现的，因而这里的问题是：这两个身体哪个跟哪个是源初相像的（welcher von beiden welchem ursprünglich ähnelt）？"（Kozlowski，1991，第114 页）。他认为，胡塞尔所持有的是前一种立场，因为他的理论是基于一种"初始的自身关系"（primären Selbstbezug），而正确地解释身体性议题的方式应该是第二种，因为他人的躯体能够在其所有侧面都完全地被给予，而自己的躯体只能被部分地给予。因而，"在意识中，他人躯体不是与自己的身体相关联起来的，而是相反：自我将自己的躯体部分与他人源初地被感知到的躯体相'比较'"（同上，第 115 页）。但是，依据本书的解释，胡塞尔的立场应该更接近科兹洛夫斯基自己的主张，因为自身躯体化的目的正是为了获得自我身体之显现相对于他人身体显现的相似性。因此，科兹洛夫斯基指责胡塞尔的"自我中心主义"——这似乎有点无的放矢了。

的身体论述分别处在两个本体论上截然不同的领域——身体（Leib）与躯体（Körper），或者萨特意义上"为我的身体"（the-body-for-me）与"为他的身体"（the-body-for-other）。[①] 在 1920 年代早期，胡塞尔通过更为深入地思考"双重感觉"这一现象，修正了有关自身躯体化的观点，并提出了一个更为恰切的身体理论（参看上述）。我们甚至可以说，胡塞尔对身体之完全构造的说明是与其同感理论一同发展起来的。其次，正如第三节所说明的，胡塞尔不仅是放弃了这一时期所发展起来的动觉变更理论，而且彻底地改变了它的构造功能。也就是说，动觉变更——在诸如 Hineinbewegung、Versetzung、Hineinversetzung、Hineindenken 等术语的表达中 [②]，所扮演的角色不再是自身躯体化，而是意义传递。胡塞尔坚持认为，只有通过自身的动觉变更，人们才能真正理解陌生身体之为另一个"身体"，并具有本真的他异视角的意义。

不管怎样，正如胡塞尔在 1920 年所意识到的，他有关体型相似性的论述面临着几个主要的困难。一方面，"我将自己的身体把握为'为他人的身体'"与"我将他人的身体把握为'为自我的身体'"两者之间并不一致。诚如科兹洛夫斯基敏锐地指出，他人身体可以在最大的可能性中被完整地给予，只要距离与环境都合适的话；与之对照，自己的身体却只能被部分地给予，自我对自己身体的某些部位（例如后背）不具有视觉的通达（Kozlowski，1991，第 113 页；参看 Hua 14，239、473、522、527）。胡塞尔在《观念 II》中承认，单纯的视觉模态并不能够给出完整的躯体构造，更别说是身体构造了（Hua 4，150 [158]）。因此，单单就身体的形态而言，自己的身体最多只能部分地与他人身体相重叠；但这离外部的一致性还相去甚远。

另一方面，更为严重的问题在于，胡塞尔对相似性议题的解释不能真正弥合他人身体之为躯体与他人身体之为身体之间的裂隙。更具体来说，如果相似性被完全局限于身体显现的范围内，那么科兹洛夫斯基认为，这就"不可能去同感到躯体之内的心理内容"（Kozlowski，1991，第 112 页）。尽管科兹洛夫斯基坚持对胡塞尔作一种笛卡尔主义式的解读，但他对上述困难已然是非常敏锐的；也即，基于这种解释，胡塞尔就只能处理他人的物理被给予性，但却无法言及他人之主体性的特殊被给予性，因为

---

① 许慈对这一点的批评尤为经典（Schutz，1970a）。同时参看胡塞尔自己的说明："任何时候，我都不可从自己出发实际上真正将自己的身体感知为一个物理物，而只能从他人出发。"（Hua 14，62）

② 这些词都表达了相同或相近的意思，即设想自己于其中，hinein- 是方向性前缀。

它从一开始就被胡塞尔的相似性理论所排除出去。在一段写于 1920 年的自我批评中，胡塞尔应该是意识到了这个困难。他写道："但是，在何种程度上我的身体原则上成为一个'类似于其他的'躯体，因而不仅使得与其他同类躯体的相似性得以可能，而且是这样一种相似性——我可以通过它来统觉'另一个身体'与'在那里的主体'？"（Hua 13，273）这种新的理解要求对相似性解释作出修正，胡塞尔在此脉络中经常指称一个"第二身体 - 躯体"（der zweite Leibkörper）。

在 1926—1927 年之间，胡塞尔通过思考由触觉经验所刻画的身体被给予性，获得了关于身体相似性的更为合理的方案，从而将之与先前基于视觉模态的身体被给予性相区分开来。① 他质疑了以前基于视觉模态的"旧解释"（Hua 14，522）是否能充分地解释他人身体与自己身体之间的相似性，因为他人身体不仅跟自我身体以相似的方式行为着，而且其行为方式指示着一个内在性——这才是使得它富有意义的。基于这个基本的观察，胡塞尔对身体相似性的考虑引出了一些截然不同的观点。"那么现在根本的事情在于，这里不是一个单纯固定的物理物之间的相似性，也不单纯是我所能观察到的物理行为的相似性——根据其变化以及该变化的因果性所作的观察；而是一个作为与自我之身体行为的'行为'（Gehaben）相似性，也即作为身体的相似性。"（Hua 14，284；另参看 Zahavi，2012，第 238 页）然而，问题在于：我们如何在视觉相似性之外还能阐明他人行为与自我行为之间的相似性？在现象学上来说，讨论一个非视觉给予的相似性是否具有合法性？更为困难的地方在于，为了从一开始就避免可能的循环，这里的相似性应该是源初地被给予或被感知到的，而无需任何其他已经预设了同感行为的比较或其他意向成就。

跟对相似性议题的思考一道，胡塞尔还提出了一个关键的区分——同质性（homogeneous）或客观性空间与导向性（oriented）或周遭空间之间的区分。首先，导向空间总是切近于自我身边，它总是可以通过动觉变更直接达及的，比如伸出自己的手、转动自己的头、移动自己的身体，等等。胡塞尔经常将导向空间称为"切近场域"（Nahfeld）——它总是可以在触觉感官中被达及。在切近场域中，身体则是那个最切近的、最为亲密

---

① 需要注意的是，胡塞尔在《观念 II》的一个脚注中还简要地提及另一个基于声觉模态的解决方案，也即小孩在发展出其他感性相似性之前，其所产生的声音（voice）构成了同感的第一座桥梁（Hua 4，96 [101]；另参看 de Preester，2008，第 134 页）。然而，如果注意到该文本中触觉模态相对于其他感性模态的（本体论）优先性，我们可以合理地认为，对于声音模态的提及要么是编校者施泰因的个人兴趣，要么则是胡塞尔哲学工作之实验性特征的另一个例子。

的场域：它是"空场域"（Nullsphäre），与之对照的则是所有其他事物都在"外场域"中被给予。倘若自我的身体及其所有的本质规定性都降解为一个单纯的物理物，倘若自我不再具有作为"这里"的身体被给予性，倘若自我失去了动觉变更的能力，那么也就不再会有"那里"被给予，也即没有对象在"那里"的模式中被给予。只有通过身体的动觉，自我才能居有任意的空间位置"那里"并将之变为具身的"这里"。换言之，只有通过动觉上的"去远"（Entfernungskinästhese）（Hua 14，521）①，自我才能接近那些或清晰或模糊的远域（far-field），并将其中的对象带入本己的切近场域之中，并最终使得它们变为可以触摸到。就此胡塞尔写道：

> 然而，我们还是需要强调下面这一点：就存在者的被给予方式（ontischen Gegebenheitsweisen）及其被导向方式而言，所有外在事物的存在意义都回溯到可触摸与可把捉的方式，回溯到切近场域（Nahsphäre），也即推动与碰触的实际与直接可能性的场域，那么所有的外在物事总是在源初领域之内，在自我之本真的初始经验范围内——总是回溯到自我的触觉性身体（berührenden Leib）。（Hua 15，309）

> 任意"外部世界"中的切近之物，它要么实际上可以用触摸的方式被感知到，要么通过诸如伸出手而直接被触摸到。但源初的事物对自我而言也是可获得的，也即通过移动（Gehen）。（Hua 14，511–512）

换言之，自我的触觉经验刻画了一个场域——空场域与切近场域，所有的远场域及其中的对象都不停地向之回溯。

与之相对，同质性或客观空间则具有一个完全不同的存在模式。在这个空间内，所有的对象都可以得到科学的规定，以至于它们不但可以被精确地测量，还可以被精确地操作。在这种情况下，比如手头的这台电脑，它就不再被"我"当作用来工作的工具了，不再是帮"我"处理各种事务的东西；相反，它不过是诸如 CPU、内存、显示器等零散部件的组装。相似的，"我"的身体也不再是在"这里"的模式中被感知到；它不过是占据了空间中的任意一个点——它可以被诸如 GPS 等测量工具所精确定位。就此而言，身体完全退化为一个单纯的物理物。在同质性空间内，不再有

---

① 当然，这里可以比较海德格尔在《存在与时间》中有关"去远"（Ent-fernung）的说明。有趣的是，胡塞尔始终强调空间导向与去远都是植根于一个源初的身体动觉，但海德格尔在《存在与时间》中只言及此在在世中的实践性筹划，而鲜有言及身体的构造性功能。

"这里与那里""上与下""左与右""前与后"之间的区分，因为讨论这些区分本身就需预设并回溯到一个"动觉的这里"（kinaesthetic here）。就此而言，每一个客观的点就其性质而言与其他点并无差别，因而我们可以在原则上用一个身体来替代另一个身体，而没有任何冲突。因此，就身体的被给予方式而言，自我身体跟他人身体就没有任何差别了，"自我的身体因而就是一个彻彻底底的物理躯体，以至于它跟任何其他的物理躯体是如此的相似，反之亦然"（Hua 14，514）。换言之，身体不过是一个物理存在物，而身体行为也就被剥夺了任何的主体性意义。"我们具有一个躯体的世界，其本质特征为所有躯体所具有；我们具有为'灵魂'所标识的人类（动物）；它差不多就像是一个事物的类，一具有特殊的属性特征的类，有点像木头和石头。"（Hua 15，309–310）只要有预先给定的速度和时间，我们就能测量身体的运动，并预测它最终会运动到哪里。然而，这里没有为主体性的身体及其对应的内在被给予的运动预留任何空间，因为原则上它从一开始就被这个同质性空间所排除出去了。最终，胡塞尔写道，"它［身体］实际上等同于任何其他的外在身体，反之亦然——如果空身体（Nullkörper）与外在身体（Aussenkörper）之间的源初对立，类似的还有空空间（Nullraumes）与外空间（äußeren Raumes）概念之间的对立，在一个同质性的身体概念（homogenen Körperbegriff）中被扬弃掉的话"（Hua 14，513）。这种身体存在的状态显然相当于胡塞尔所说的"自我遗忘"（self-forgetfulness）状态："它在内核上是一种关于我们在世间中的具身存在采取自然主义态度的产物，以至于身体变成了一个纯粹的物理器官。"（Hua 4，184［193］）

同质性空间与导向空间这个区分①对于确定身体相似性的真正意义是极为关键的：因为它首次明确了身体相似性议题的立足点。具体来说，胡塞尔对相似性议题的新解释只能是在导向空间之中实现的，因为他人的身体就其本真显现的方式而言，不同于单纯物理物的显现。进而言之，这个区分使得我们可以真正地讨论与相似性相关联的差异性，也即什么东西内在地区分了陌己身体的被给予性与自我身体的被给予性。显然，单纯的生理学差异不能满足这个目的。这并不是因为身体可以通过手术的改造来或多或少逼近另外一个身体，而是因为单纯的物理被给予性并不指示任何陌己主体性的本真被给予性。确实，现象学对身体之被给予性的澄清不仅使得这个步骤得以可能，而且还使得它成为必要。一方面，完全构造的身体

---

① 在第二章中，我们会继续讨论这个导向性空间及其相对于他人之境遇化呈现的重要性。

展示了其本真被给予的方式——在触觉体验中的二元显现。另一方面，基于触觉模态相较于视觉模态在身体构造中的构造优先性①，我们需要在触觉经验范围内严肃地考虑他人身体的本真被给予性。换言之，我们首先并不是像一个非参与的观察者那样观察他人的身体；相反，我们首先是与他人建立了某种接触（contact）——不管以物理方式还是其他方式，也即我们首先与他人进行了互动（interact）。

就此而言，我们可以进一步澄清他人身体在切近场域中的被给予性——首先是在触觉感官范围内的被给予性。正如一段胡塞尔写于1922年的笔记证实，"现在我们在切近的范围内——这是一个可能性，具有一个事物——它与我们的身体具有外在的相同性或相似性。通常，这样一种相似性首先是以触觉的方式而直接起作用的，就某些器官而言也可以以视觉的方式"（Hua 14，239）。他人身体在导向空间之中的诸多被给予性中，我们可以凸显出一种特殊的现象，也即"握手"这个动作②。恰恰是通过阐明这个显现的现象学意义，我们才能够恰当地说明身体相似性这个议题。

首先，与他人握手这个事情显然不同于用自己的右手来触摸自己的左手：最起码，这里不会出现唯独在自身触发中所出现的那种双重感觉现象。但是，当我们与他人握手时，我们的的确确具有某种初看起来非常平常以至于容易被忽略的东西。伸出自己的右手已然意味着一种好客的姿态："我"在"迎接"（greeting）你，或者说，并未回避或者是躲开。在与他人接触的时候，"我"可以通过改变注意力而发现一般的感受行为与感受材料序列。"我"感觉到"我"正在感受着他人手掌的温度、纹理以及柔软。与此同时，"我"也感觉到"我"被抓住，或轻或重。"我"感觉到某种既不能从自我中推演出来亦不可以被还原为自己的东西。在自己的触觉经验空间内，"我"发现了某种"侵入"，由此才得以向自己揭示出自己被一个陌生他人所侵入这一事实，而"我"自己则又显现为一个正在迎接着该陌生他人的主体。并且这个侵入既不会将自我"降解"或堕落为一个单纯的对象，也不会通过握住他人的手而将他对象化——这正是萨特在其关于"看"（look）的分析中所提示的自我与他者之间有关主体与对

---

① 参看胡塞尔的话："一个只具有视觉感官的主体根本就不可能具有显现着的身体。"（Hua 4，150［158］）

② 可以注意到，De Warren（2009，第235页）对这个现象的解释又有所不同。在相同的意义上，列维纳斯在《总体与无限》讨论了一种本质上相同的交互触觉经验，也即"爱抚"（caress）。他认为这种感性的爱抚不仅表明了一种亲密的人际空间（intimacy），而且呈示了一种非对象化的人际关系（参看 Levinas，1969，第256页）。

象的冲突。在这里，两只隶属于匿名者的物理性的手显然不能促成本真的相遇。在"握手"这个现象中，他人身体的被给予性与自我身体的被给予性依然是不相称的：他人的主体性是通过自我之被他人所握住而被揭示出来的，而自我的主体性是直接被给予或是从"内在"而被直接感受到。只要他人的主体性并不像自我主体性那样是直接而原本地被给予，那么自我与他人原则上就不可能等同。他人的主体性之于自我在原则上是"不可见的"，当然这与自我之主体性的"不可见性"并不相同。"我"直接生活于自己的身体之中，而"我"只能以一种间接的方式来经验到他人的身体，也即通过被触摸。

更为准确地说：在握手这一经验中所体验到的不仅仅是他人的手的相似物理属性，譬如手的柔软、手掌的形状、身体的温度等。这些"我"都可以在自己的手上找到相似的对应。更为重要的是，在握手时，因为被他人所握住（侵入），"我"直接就体验到他人的主体性或内在性。他人身体的"有生命的"一面原原本本就在场，因而是必然被给予的，由此这个握手行为才能真正算得上是"握手"。"我"与一个雕像的握手并不是一种真正的握手，它至多只能算是一种派生的模式。

在有些手稿中，胡塞尔将诸如"握手"这种具体的相遇形式刻画为一种相同水平线上的自我之间的相遇，而非一种通过客体化目光（objectifying gaze）来达成的相遇，在后者中自我的自身性（ipseity）与他者的他异性（alterity）之间进入了永恒的主体性"战争"：要么是自我的自身性，要么是他者的他异性，最终会（被）退化为一种纯粹的客体性或者是匿名性。在胡塞尔看来，这并不是一种初始的相遇形式——在导向空间中所发生的相遇。与否定他者的他异性相反，自我在导向空间中与他者的意向关系始终是对他者的他异性保持开放。胡塞尔写道：

> 作为经验之对象的人总是且必然是一个面对面的自我、一个"您"（Thou）［对立的自我、他人（alter），而且是作为自我的相同水平（Ebenbild）被统觉为对面之身体的主体］。（Hua 14，78；参看 Hua 1，125［94］）

> 这种直接的交流，更或者，"触摸"、我与你之间的源初的联系（Konnex）在源初的经验性同感中变为现实：我具有一种彼此间面对面站着的源初关系。（Hua 14，166–167）

总而言之，胡塞尔对身体相似性议题的理解在 1914—1915 年和

1926—1927 年之间经历了重要的发展与变化，其动因之一便是他对视觉模态与触觉模态之构造性功能的思考。相应地，胡塞尔不仅考虑了自我身体与他人身体之间的物理相似性，严肃地对待了其中的困难，而且他还阐明了一种真正的相似性形式，以便表明他人身体之为相似身体的意义，以及这种相似性与自我身体之被给予性之间的差异。正如我们马上可以看到的，只有基于后一种身体性相似性的解释，胡塞尔的同感理论才能得到真正的激发。

## 第三节　意义传递与他人身体

在上一节，我们明确了他人身体与自我身体之间相似性的意义。他人的身体不仅是作为物理实体而被给予的，而且是作为"第二身体 – 躯体"而被给予的。人们可能会反驳说，如果他人的身体已然作为"第二身体 – 躯体"被给予了，那么是否还有必要去寻求一种"意义传递"理论，以便解释"我们如何将他人身体感知为有生命的"。这看起来像是一个窃题论证，因为我们已经预设了我们所要证明的那个东西：他人身体的有生命（animation）在解释（对意义传递的解释）之初就已经被预设好了。但笔者认为，采取此种论证是合理的。现象学之解释不仅是关心实事的"所是"（what）；而且更关心实事的"如何"（how），也即事物是如何源初地呈现给一个意向主体的。就他人身体的"所是"而言，胡塞尔自始至终都是一致的，他经常断定："基本的前提在于——陌生的身体躯体（Leibkörper）与自我的躯体身体（Körperleib）是相似的。"（Hua 13，270）但困难在于澄清其中的"如何"这个问题：我们的同感感知是如何被潜在的相似性运作所推动（motivated）；或者说，我们是如何将一个陌生身体感知为有生命的？因此，"所是"问题与"如何"问题之间的差异是非常显然的，并且我们需要将之分开来分析。[①] 本章剩下的部分将聚焦于后一

---

① 一般来说，笔者基本上同意大卫·卡尔（David Carr）关于"第五沉思"中有关他人之构造问题的理解。其中最为主要的关切既不是形而上学问题——他人心灵是否存在，也不是认识论问题——证实自己关于他人之存在的信念。这两个问题都不是胡塞尔的主要兴趣。他异自我的存在已然被给予了，尽管是在加括号的状态之中，而对他异自我的经验则是事实如此，因而无需进一步的证实。（Hua 1，150［121］）因而，真正的现象学任务在于阐明他异自我"之于自我的存在性"（being-for-me-ness）的现象学意义，以及他异自我在自我主体性生活中的被给予样式（Carr，1987，第 45 页；Hua 1，120［87–88］）。对于胡塞尔而言，解释他者的"现象学意义"是最为相关、也是最为困难的任务（Hua 1，122［90］；150［121］）。

个问题，并在此批判性地检讨许慈广为流传的解读。①

在"第五沉思"中，胡塞尔所关切的是非常广泛意义上的他人问题，包括对唯我论的反驳、同感的被动构造问题乃至于诸如共同体、社会以及最终的人类历史等高阶的交互主体性问题。其中，在意义传递中完成对陌生身体的构造一般被视为胡塞尔的同感理论之原型（proto-type），即人们如何能够通过类比统觉来同感到他人的意识生活。胡塞尔本人的意图可能更为明确，也即我们如何能够以现象学的方式来阐明他人身体之为有生命的身体的意义（Hua 1，151 [122]、153 [124]），而他人整体的心理生活则隶属于"高阶的心理领域"（Hua 1，149 [120]）。

胡塞尔的论证过程包括三个步骤（或者相互关联的三个方面）。② 在一般的感知经验中，"我"总是看到他人身体是"有血有肉的"（leibhafting, in flesh and blood），一个跟自我身体具有相似特征的身体：它具有充满律动的肢体、特殊面貌的脸、特定体态的行为（Hua 1，149 [109]）。从一开始，这个身体就是隶属于另一个自我而非"我"："如果我们坚持自己的事实经验，我们在任何时候对另一个人的经验，我们发现那个在感性中被看到的身体实际上一下子就被经验为另一个人的身体。"（Hua 1，150 [121]；参看 Hua 1，11 [90]）这里关键的问题在于：首先，"我"为何只是挑选出人类的身体作为同感的对象，而非诸如游鱼或者是飞鸟——它们或多或少是类自我的存在者（ego-like being）？与之相关的是，如果被感知的身体不过是一个完美地类似于真实人类的木偶或者是蜡像，那又如何呢？换言之，难道没有什么动机（motive），以便将他人身体当作是一个人类身体？第二个问题在于，假设"我"确实具有这个动机，那么"我"如何能够在本己领域之内将他人身体经验为有生命的，或者说，其有生命的性质是以何种方式被给予"我"的？第三个也是最为重要的问题在于，假设"我"确实将他人身体感知为有生命的，这个感知会不会是个唯我论的幻想，以至于被感知的身体不过是自我身体的一个复制品（duplication）？也即，"我"如何能够在这个特殊的统觉中保证自我与他

---

① 在众多对胡塞尔"第五沉思"他者理论的批评中，许慈的解读依然享有极高的权威性，这不仅是因为他给出了胡塞尔理论的第一个系统性的解释，而且还因为他提出了胡塞尔超越论进路的"世间性"（mundane）替代方案。关于胡塞尔的超越论进路以及许慈"世间性"方案的更为详尽的分析，参看 Zahavi（2001，第 22 页以下）。

② 可供参考的是，克劳斯·黑尔德（Klaus Held）认为，胡塞尔的论证实际上包括四个步骤，其中第一步是"被动结对"（passive pairing）（参看 Held，1972，第 33—34 页）。这基本上成为了文献中的标准解释。单就类比统觉而言，笔者认为无需处理被动性构造这个复杂的问题就可以作出清楚说明。在第二章第三节，笔者的讨论会返回到被动构造，以及有关他人显现的被动性分析等问题。

者之间的区分（differentiation）？需要确定的是，"我"可以幻想自己正站在"那里"——这个假定是他人所具有的位置，但如何能够合法地断言，这个身体是属于陌己自我而非自我本身呢？

首先，我们确实需要一个动机（motivation）。有人可能会说，这个动机跟一般对象感知中的动机一样——当下被给予的侧面激发（motivate）了后续对未被看到侧面的感知（参看 de Preester，2008，第 135 页）。这个提议尽管看起来很有说服力，但本身并不足以激发对他人身体的感知，因为依据定义，人们可能只是绕着他人身体转圈，而不会去考虑它的自我性质。因此，这个动机必然在别的地方。一如前述，胡塞尔本人将身体相似性当作同感的可能性条件（Hua 14，281；参看 Hua 14，131）。他写道，"当我'看到'一个陌生的身体、将一个陌生的手视为手，一个外在对象在某个位置上与我的手相似……所有这些都是通过相似性而被激发（motiviert）为相类的（Analogon）"（Hua 14，163；参看 Hua 1，140［111］）。恰恰是通过这个内在于感知经验中的相似性，"我"才被激发，以便将他人的手把握为"手"、把他人的脚把握为"走路的脚"、把他人的运动序列把握为某种提示着"内在的"动觉序列的东西（Hua 1，148［119］）。

人们可能还会表示怀疑：这个相似性解释是否会导致只专注于人类他者，从而排除掉与其他生命体同感的可能性，比如某些非人类的存在物？（Schutz，1970a，第 64 页）倘若如此，许慈认为，胡塞尔的同感理论就"不可能解释清楚，我如何能够将源初领域中所出现的这个或那个身体理解为鱼的身体或者鸟的身体，也即理解为隶属于生活于其中的某个类似自我的存在者"（同上）。如果胡塞尔不能对一般的生命体提供解释的话，这最起码构成了一个理论的缺陷。

如前所述，身体相似性议题所关切的是身体间相似的被给予性样式，而非身体间的体型相似性（参看 Hua 15，173）。因此，问题并不在于我们是否将动物感知为有生命的存在者（living beings）；而在于，如果这里所定义的身体相似性不存在的话，我们是否还能与其他非人类的生命存在者建立一种同感的关系？胡塞尔在早期的一份手稿中认为这是不可能的。胡塞尔设想过这样一个思想实验，内容是关于我们是否能够同感到一个地球以外的、跟人类相似的存在者。胡塞尔认为，如果这些存在者跟我们这些地球上的人类相似，如果它们是以相似于我们感知自己的方式而被感知到，那么"同感的关系就是可设想的"（Hua 13，218）。但是，"如果它们具有与我们完全不同的感官，以至于同感最基本的可能性条件都未被满足"（同上），也即如果相似性条件缺失了的话，那么我们就不再能够将它们识别出来，不管它们是像人类，还是非人类。胡塞尔继而认为，只有在上述相似性的基础上，人们才能与陌己自我建立起真正的、广义上的同感关系（Hua 15，102–103）。

然而，问题仍然在于，我们如何将他人身体感知为有生命的。在其经年的哲学思考中，胡塞尔对这个问题的实验性表述实际上并不是完全一致的，一如前述讨论所示。但是，胡塞尔自始至终坚持认为，我们是通过动觉能力来达成这种"将……感知为……"（perceiving-as）①——我们的感知行为内在地就具有将空间的"那里"转变为"这里"的可能性，也即越出当下的视角而进入另一个陌己视角的可能性，由此我们可以在转换了的视角中相应地观看这个世界（Hua 1，146 [116]）。换言之，主体就其内在规定性而言就是一个自身超越的主体；也即，"每一个经验都指向进一步的经验，后者会充实并证实被统觉到的视域"（Hua 1，144 [114]）。

就他人身体的感知而言，显然它总是在"那里"的模式中被给予的；与之相反，自我身体则总是在"这里"的模式中被给予的。更为重要的是，"我"的同感感知内在地具有一个动机结构（motivational structure）——据此"我"总是可以移到他人的空间位置并居有他所能看到的、他依据其"这里"的导向——"一如"（as if）"我"在"那里"一样，感知着同样一些实体以及自我本身。当感知他人身体时，"我"的身体移动性使得"我"可以用一种"拟态"（as-if）的模式来同时当下化他人的视角。更确切来说，"我"以拟态的方式获得了他人的具身视角。当然，感知他人的身体首先是"感知"他人的具身视角。依据这个视角，"我"的身体及周遭世界也以某个受到规约的显现系统而显现出来（Hua 1，146 [116–117]；参看 Carr，1987，第 57 页；Carr，2009，第 105—106 页）。胡塞尔采用了很多的术语来表述这种"拟 – 视角获得"的独特意向特征：比如说 Hingehen、Hineinbewegung、Hineinversetzung、Hineindenken 以及 Hineinphantasien。②构词法显示，这些术语的核心在于动觉的移动性。胡塞尔将这种拟视角获取当作是"同感理论的出发点"（Hua 14，163），因为只有通过这种意向行为，我们才能当下化他人从其视角所感知的世界，由此来理解他人的绝对"在此"，其动觉感觉以及源初的世界——其身体的主体性维度（Hua 14，163；1，146 [117]）。当然，它们是以一种原则上不同于"我"体验自己身体的方式而被给予

---

① 本书的第四章将更为详尽地讨论"将……感知为……"或感知中的"作为"（as）结构。

② 胡塞尔对这个论点并不陌生（参看 Hua 14，499、527）。本书第三章将会进一步明确这一"拟性"的意义，以及胡塞尔的同感意向性理论。

的。用胡塞尔的话说，这是一种统觉（ap-perception），而非一般意义上的感知："我并不是将他统觉为具有——更具体来说——我在这里所能具有的那种空间显现模式；相反……我将他统觉为具有这样一些空间显现模式——倘若我走到他那里并就在他所在之处时所具有的空间显现模式。"（Hua 1，146［117］）

恰恰是在这个节点上，胡塞尔给出了关于"意义传递"的定义："类比统觉（assimilative apperception）之所以是可能并得以建立，是因为处在'那里'的外在身体类比地（analogically）从自我［的身体］具有了作为身体的意义；因而，也具有了另一个与自我之源初世界相类的世界的身体这一意义。"（Hua 1，147［118］、143［113］）胡塞尔还将意义传递刻画为一种"统觉传递"（apperceptive transfer）、"类比统觉"（analogizing apperception），以便表达出这个"意义传递"中所包含的细微差别：一方面，意义传递本质上是一种统觉；另一方面，它是基于相似性而成立的，因而应该更恰当地被刻画为一种"类比的"（analogical 或者是 analogizing）统觉。

一如许慈指出，在类比统觉中包含着一些根本性的困难。首先，如果类比统觉是一种意向行为，那么它的意向特征是什么？它跟《纯粹现象学通论：纯粹现象学哲学的观念（第一卷）》（下称《观念Ⅰ》）中所设想的那种赋义（Sinngebung）行为一样吗？它是否是一种将无生命、无意义材料激活或者赋以生命的意向行为？（参看 Hua 1，148［119］；Schutz，1970a，第61—62页）[①] 许慈认为情况正是这样，因为他明确将被感知的陌生身体当作了一个无生命的躯体（同上，第69—70页），而意义传递则变成了一种意向激活，由此"我将'身体'以及'有别于自我的身体'这个意义赋以陌生的物理器官"（同上，第61—62页）。根据这一解读，人们确实可以指责胡塞尔的同感理论在本质上是一种知性主义的学说（参看 Barber，2010）。第二个困难在于确证性（verification）问题：人们如何能够确证类比统觉不是一种幻觉，不是"将自己放到他人的位置之上"（Schutz，1970a，第64页；参看 Theunissen，1986，第71、75页）。换言之，人们如何能够在类比统觉中确保自我与他人之间的区分？许慈坚持认为，胡塞尔的理论最终会造成一种自我对他人的替代，因为根据他的解读，类比统觉实质上正是一种"唯我论的经验"（Schutz，1970a，第69

---

① 实际上，这是"赋义"（sinngebenden）这个术语在这个语境中唯一的一次出现。

页），其中不存在任何关于他人之本真性质的超越论线索。[①]

现在让我们暂且抛开胡塞尔到底是否是一个唯我论者这个话题，先聚焦于类比统觉的意向特征，以便确定它到底是否是一个"赋义"行为。一如上述，意义传递不是一个与功能性身体无关的独立的心智行为（mentalization）。恰恰相反，意义传递最好是被理解为一种拟－视角获取，其中潜在的动觉能力与同感感知相互交织在一起，并使得后者可以理解陌生的视角。正如在一般的外感知之中，动觉能力是被一个预先给定的显现序列所推动的，以至于感知者在第一人称视角之外还设定了可能的陌生视角。在他人感知中，动觉能力的独特性在于，被设定的陌生视角在他人身体上得到了"兑现"：它成了他人身体实际具化（incarnate）的一个视角。因此，我们可以合理地推断，对他人身体的感知本质上是二元性的。在拟－视角获取中，"我"不仅经验到他人的身体，而且还经验到自己正在被他人所感知。"我"看到他人正在其第一人称视角中看着"我"自己："我看到他人在看我。"（I see the other sees me.）依据这一解读，笔者认为胡塞尔在"第五沉思"的开头就设定了整个研究的基调："我与此同时将他们（陌生身体）经验为这个世界的主体（subjects for this world），作为经验着它（也即我自己也在经验着的同一个世界）、并且在这个行为中也作为经验着自我的主体，甚至于就像我自己经验这个世界以及其中的他者。"（Hua 1，123［91］）简言之，同感感知首先应该被刻画为对他人之具身视角的获取。胡塞尔有时认为，只有通过这种拟－视角获取，我们才能真正识别出他人本真的视角性。在此，类比统觉显然不是一个类比推理（Analogieschluß），而是一种彻彻底底的感知行为（Hua 14，494；1，141［111］）。通过类比统觉，我们直接就"看到"他人的身体——将之视为有生命的。

那么，类比统觉是一个赋义过程么？准确来说，依据"赋义"这个概念的不同解释，其答案也是不同的。一方面，许慈明确认为，赋义是一种意义创造过程，由此人们对陌生的物理身体赋以"身体"这个意义。就此而言，类比统觉显然不是赋义行为。一个更为合理的解释应该是将"赋义"这个术语解释为一种意义阐明过程，一种澄清他人的身体（lived corporeality）在自我的经验中将如何呈现出来的过程——如果我们确实经验到他人的话（Hua 1，122［90］）。就此而言，类比统觉则可以被看成是一种赋义行为，因为它恰恰是具体现象学分析的结果。

---

[①]　许慈本人的论述是较为迂回的，具体可参看 Schutz（1970a，第 64—67 页）。

另一个问题在于，类比统觉能够确保自我与他者的区分么？换言之，我们如何能够保证，我们真正识别到一个本真的陌生视角，而非将自己的视角投射到或复制到他人之上？这个问题是相对容易回答的，如果我们准确地理解了身体之索引性的特征，也即自我不可能同时既在"这里"又在"那里"（Hua 1，148［119］；参看本章第二节）。当自我感知他人身体时，自我在身体上就是在"这里"的，因而不可能同时在字面的意义上获取他人的视角（也即实际就在他人的位置之上）。① 否则的话，他人的视角就会被还原为"我的视角"，并且"他人就会成为自我本质的单纯部分，并最终他自己与我自己会成为同一的"（Hua 1，139［109］、144［114］）。通过这种理解，我们可以看到他异性的真正所在。他人视角在自我的经验中被识别出来，但这并不意味着它会被"总体化"到自我的领域之内。换言之，我们对具身性的考察可以揭示出，他人视角既不能被还原为自我视角，也不能从后者派生而来——它恰恰是隶属于陌生主体的。

需要注意的是，胡塞尔在其手稿中进一步发展了这一论述，通过解构（abbauen）正常的同感（Hua 14，67），来考察考虑诸如"异议"（dissent）等人际视角的关系（Hua 4，79）以及对动物的可能同感经验。但就本章的任务而言，我们对胡塞尔的同感理论模型中对陌生身体感知的讨论已基本完成。

# 第四节 结论

本章主要讨论了同感的具身性性质，系统地阐述了胡塞尔的具身性理论以及它跟同感理论的基本关联。由此，本章不仅分析了自我身体的自身构造，而且表明了这一彻底的自身构造构成了一个坚实的理论跳板，以便恰切地理解他人的身体以及作为在"那里"的他人视角。本章指出，身体在一般的感知中扮演了不可或缺的角色；更为重要的是，它的整全构造及其二元显现性质构成了我们理解他人之身体被给予性的中介。依据胡塞尔的理论，他人身体首先不是被经验为一个物理的、无生命的实物，而是在一开始就被经验为一种独特的心理－物理统一体。或者用胡塞尔的话来

---

① 参看胡塞尔本人的说法："自我乃是以具身的方式在此，也即作为围绕着自我而被导向的源初世界的中心。因此，我自己的总体之源初本己性作为单子，就具有此处之内容，而非是作为任意一个被规定之彼处的内容，后者随着'我能并我做'而变化。这些内容彼此相互排斥，而不能同时存在。"（Hua 1，148）

说，他人身体是被本真地经验为"第二身体－躯体"。

本章也详细地阐明了，胡塞尔的同感原型是一种类比统觉。这种统觉形式最好是被理解为一种"拟－视角获取"——它以动觉的方式使得同感者得以获得他人的视角，而又不至于打破自我与他者的区分。依据胡塞尔的说法，这里的"拟态"构成了同感意向性一种特殊的居间性质（mediacy）。换言之，同感意向性既不是事物感知那种直接的感知，也不是完全间接的感知——好像他人的内在状态原则上是不可通达的。对于胡塞尔而言，同感意向性是特殊的直接性与间接性的意向融合。对于这个"拟态"应该如何理解，我们留待第三章讨论。在那里笔者将会说明，同感感知本质上是一种拟态－感知（quasi-perception），它具有一种独特的二元意向性（bi-directionality），而非一般事物感知之中的一元意向性（uni-directionality）。

# 第二章　情境化的同感——他异感触与同感转向

在第一章中，我们所获得的重要洞见之一便是，同感必须是源初地置于导向性空间之中，如此同感才具有真正的人际相遇的形式，也即一种面对面（face-to-face）的我与你（I-Thou）相遇。换言之，如此理解的同感本质上具有一种处境化（situatedness）的特征。同感是发生于具体的情境（context）之中的，一个在某种程度上已经被分环勾连的情境。但是这并不是一个平庸无奇的说明，好像不过是说人们是在一个特定的社会环境中感知到他人。关键点在于，同感的处境化是以一种内隐的（implicit）方式在背景中运作着，并且对人际理解产生了前述谓意义上的作用。更具体来说，同感的处境总是已经预先勾勒出一种氛围（ambience），同感者与被同感者恰恰是在这种氛围中相互接触的。因此，这个氛围也就构成了人际理解的意义构架。

为了说明这一点，让我们先来看一个例子。假设你正在一个嘈杂的酒吧里与朋友聚会。淡淡的啤酒花香味在搅扰着你们的讨论：你们在谈荷兰队在 2010 年南非世界杯中输给西班牙队之后，终于在 2014 年还以颜色。在某个时刻，你的注意力不自主地被一个角落吸引着，好像你发现了一件了不得的事情，它在那里不停地散发着某种迷人的光彩。你与朋友的交流依然如旧，但你就是忍不住地往那个角落看过去。你发现那里端坐着一位女士，嘴角挂着让人无法拒绝的微笑。你看得越仔细，则发现越多细节：窈窕淑女，披着些许蜷曲的、染过的头发，妆容精致，眼睛如海洋般深湛而清澈。你甚至可以从她的面部表情"读出"（read）她正在与朋友热情地交谈着，或许也是有关巴西世界杯的比赛。

那么，一个直接的问题在于：你是如何注意到这个特定的人，并且从一开始就将她从嘈杂的酒吧环境中挑选出来？一种解释是说，你只是偶然看到这个人，并被其迷人的微笑所吸引。即便如此，有待解释的仍然是：为什么是这个人而非其他人？你如何挑选出这个人而不是任何其他人？显然，这个人必然在这个嘈杂的环境中"凸显"出来，就像空白画板上一个耀眼的色斑，然后你才能首先将这个特定的人识别并挑选出来。换言之，这个人必然已经发出了某种吸引，以至于你的目光才会被她拉了过去。确实，倘若缺少这种显眼的凸显，这个人可能就跟其他的陌生人没什么两样，她也就落入了你的意向雷达的范围之外。就此而言，我们可以提炼上述问题：在你注意到其存在之前，这个人是如何在感知域中首先凸显出来的？甚或说，他人在导向空间中的前课题化（pre-thematic）在场是如何进入到课题化焦点之中，以至于他可以被进一步审视或查看？需要确定的是，只有在课题化焦点的范围内，我们才能以后续的方式实行更具认知特征的"读心"（mind-reading）行为，以便以命题的方式来说明这个人可能会如何感觉，例如热情、淡漠，等等。

胡塞尔在其研究手稿中指出，这种同感模式揭示出具体的他人经验中所包含的一个重要层面（substratum）。他写道，"相互间实际的同感处境还可能具有其他的模式。……它还可能是，在我忙于任意其他事情，不管是事还是人，他人作为感知域中的人已然在此了——我并未专注于他，并未在明确的同感中，特别地理解其个人的、身体的存在，理解其表达性的言辞"（Hua 15，471–472）。依据胡塞尔的说法，这种内隐的同感是一种我们在其中已然与他人相接触的行为，并且据此，高阶的、更为认知性的同感形式得以建立。需要注意的是，潜在的同感并不是空洞的、无意义的；相反，它已然充满了该特定处境所支撑并提供的意义，而这个意义就其来源而言是由他人的前课题化在场所触发的。

那么，首要的问题在于，我们应该如何解释这种潜在的同感？其同感的发生是如何进行的？甚或说，我们应该如何理解他人在感知域中的前课题化的出现（pre-thematic emergence）？为了回答这些问题，我们需要考虑感触（affection）[①] 以及情境化（contextualization）的构造性作用。如胡塞尔所阐明的，他人必然已经对自我发出了某种吸引，这样自我才能转向他人前课题化的被给予性。也就是说，他人的感触力是先于真实的同感经验的，他人通过这种感触力才能从对比性的情境中首先凸显出来。胡塞尔指出，这一层次的同感经验是一种被动发生的过程，自我由此被动地接收

---

① 在日常语用中，affection 是指一类的情感，特别是对异性的喜爱，因而往往跟其他情感性的概念相混用（比如 emotion、affect、feeling、pathos 等）。但在胡塞尔研究中，affection/Affektion 首先是指发生分析中所涉及的一种特殊要素——某个东西基于自身的特质而在周遭环境中发出的吸引力并且该吸引力作用于主体之上。在中文文献中，倪梁康、李云飞等人将 affection 译作"触发"。本书认为，如果跟随胡塞尔对单纯"感受性"（Sinnlichkeit）的强调，强调 affection 本身与感觉或情感上的关联，可能将之译作"感触"会是一个更好的选择。梁家荣在其论文《心情与世界：〈存在与时间〉中的情感论》（《世界哲学》2019 年第 1 期）也建议使用同样的译名。

到他人前述谓的吸引，而无需主动地将其课题化目光转到他人身上。本章将进一步探讨，分析他人前课题化的被给予性不仅有助于理解胡塞尔的同感理论，更为重要的是，它还澄清了同感经验中的一个基本维度，也即他人的感触以及同感之情境的构造性功能。

为了论述同感之情境的重要性，本章将会阐述胡塞尔在其《被动综合分析》（*Analysen Zur Passiven Synthese*）以及其他手稿中对感触的分析。由此，本章会论述两个论题：（1）他人的被动性出现乃是基于他人内在于特定处境的感触力（第一节）；（2）内隐的同感包括两个互为交织的要素，也即他人的触发性感触以及自我之被触发的回应，或者说是他异感触（hetero-affection）与自我转向（egoic advertence）。就此而言，内隐的同感包含了一种特殊的意向性——感觉或感触意向性（feeling intentionality），自我借此以前述谓的方式与他人的前课题化在场相遭遇（第二节）。基于上述分析，本章将会对"第五沉思"中的"联想结对"（associative pairing）作出新的解释，以确定在被动构造层面上自我与他人之间的前社会性关系（第三节）。

## 第一节　感触与他人的处境化出现

他人的出现不是无中生有的（*ex nihilo*）。与他人的相遇必然发生于导向空间之内，其中自我与他人首先是作为具身主体而被给予的。这一具身性特征不仅意味着身体的重要性，而且还指出了同感的嵌入性特征（embeddedness）。也就是说，由于其具身性质，人际相遇必然是置于某个特定的场域之中，人们在其中达成真正的面对面交往。然而，问题还在于：相遇的处境性如何并且在何种程度上规约了人际的理解？这还有待于进一步的研究。对处境性进行仔细检讨，我们会发现之前被广为忽视的感触力的构造性作用——只有通过感触力，他人预先被给予的在场才能首先变得可辨别。胡塞尔写道，"当我开始之时，我已经具有了'预先被给予性'（Vorgegebenheiten）。无需我将自然当作后续的理论课题，它总是已然为我持续在此，它从自身中发出了持续的感触（Affektionen）"（Hua 14，439；参看 Hua 11，164）。就此而言，我们需要对感触显现以及与之相关联的处境性作进一步的分析，以便展现出它们相对于他者之被动构造的意义。

## 一、感触的发起：处境与对照

在胡塞尔对感触的分析中，起到导引性线索作用的是这个问题——某个感知域中预先被给予的东西是如何凸显出来的，或者说它在单纯的感知域中如何变得如此显著（prominent），进而演进为一个人们可以检讨、阐明、判断甚至评价的确定对象？胡塞尔的分析使得他进入了被动性领域[①]，其中在人们将特定对象挑选出来之前，该对象已经以某种方式搅扰了人们的感知经验。就前面的例子而言：被注意的那个人必然具有某种特殊的"气味"或者是要素，她是如此让人感兴趣，才能促成兴趣的转向。这一特殊的要素不仅将人们的注意力转向到这个人后来的行为序列；更为重要的是，它一下子就凸显出了这个人，好像她的在场一下子就淹没了所有其他的声音，并且将她从整个感知域中呈现出来（参看 Hua 11，155［203］）。

就这种被动性出现来说，我们可以至少区分出两个层次或过程（Hua 1，§38、129［98］）。[②] 一方面，存在着这样的第一个层次，其中那个女士继续与同事聊天，激发着别人的兴趣、吸引着别人的注意，但别人却未注意到这个女生；另一方面，存在着这样的第二个层次：这个女士在感知域中凸显了出来，以至于她"抓住了别人的眼球"，使得别人的注意力从与朋友聊天转向了她的在场，比如注意到她头发的颜色、她的情绪等。胡塞尔分别用两个术语来标识这两个层次。其中，他将后一种情况标识为一种"主动意向"（active intention），其中自我专注地将某个对象课题化，"在感知中具有一种认知的觉知（cognitively aware）"（Hua 11，52［93］）。与之相对，胡塞尔将前一种经验标识为一种"被动意向"（passive intention），那些处于背景之中的东西尚未被课题化或者尚未被确定，但它们无论如何都已经被意向到或者是经验到，因为自我在这种被动意向中只是经受到其发出的吸引（Reiz），只是尚未清楚地注意到它（Hua 11，84［127–

---

① 我们应该注意到，胡塞尔对"被动性"（passivity）的使用在不同语境中具有不用的语意。正如很多研究者已经表明的，我们可以在胡塞尔的现象学中区分两类被动性。一方面，在流动的意识生活中存在一种源初的被动性，即不包含任何自我主动性的三类源初被动性：（1）意识流的自我时间化（self-temporalization）；（2）感知行为的预持（向前的指向），以及感知行为中的滞留（向后的沉落）；（3）从对象一侧发出的感触或感触力。另一方面，胡塞尔还将"习性"（habitus）视为一种被动性形式，因为所获得并沉积下来的经验通过"被动结对"被动地形塑着我们对外部世界的熟悉性（familiarity）以及对其类型（typicality）的理解。进一步的讨论，可参看 Held（1972）、Holenstein（1972）以及 Schutz（1970b）。关于这个议题的新近讨论，可参看 Montavont（2000）、Steinbock（2004）和 Biceaga（2010）。中文学界新近的研究，可以参看李云飞《胡塞尔发生现象学引论》（北京师范大学出版社 2019 年版）。

② 安东尼·斯坦博克（Anthony Steinbock）（2004）认为，我们甚至可以在主动性与被动性领域找到更为精细的分层（参看 Hua 11，64［105］；9，130）。

128］）。需要注意的是，这是一种没有任何意愿性或目的性的比较，没有任何识别、判断或评价的经受（living through）（Hua 4，213［224–225］）。

但在继续讨论被动意向性的基本特征之前，我们还是先交代一下被动意向性与主动意向性之间的关系。胡塞尔认为，主动意向性必然预设了被动意向性："一个起作用的（functioning）自我只有在这种情况下才能存在，也即当它具有某物时，只有当这个某物必须首先感触它［自我］，而自我对之有所反应；自我的所有主动性都预设了感触。"（Hua 4，338［349］；Hua 9，209）自我在主动将其意向目光指向对象之前，它必须已经被某个意向相关项所刺激或吸引了。没有这一被吸引或被刺激的状态，自我也就缺失了转向感性被给予性的动机基础，更别说是采用某个赞同性或否定性立场，以至于对之加以确认。胡塞尔在《超越论逻辑》的讲座课程中说：

> 被动性是自在首要的，因为所有主动性本质上都预设了被动性的基底，也即那些已经在其中被预先构造（pre-constituted）的类对象（Gegenständlichkeit，object-like formation）。（Hua 31，3［276］；参看Hua 1，112［78］；11，54［94］）

正是在这个脉络中，胡塞尔引入了感触这个现象。通过细致地揭示感触的发生过程及其结构，胡塞尔对纯粹被动性中被预先构造之物作了详尽的分析。"每个'我作为'（Ich-tue）都是自我与某物的关联，自我对之有所意识。而且某物必然已经被自我所意识到，以便自我能首先转向它，而无此'转向'（Zuwendung）则没有任何与某物之关联的作为。这个转向预设了感触，但某物只有在'被意识到'的情况下才能发出感触，才能对自我发出或大或小的吸引。"（Hua 14，44）简言之，感触必然先于并推动了自我的行为，以至于自我能够转向外在之物、陌己之物。[①] 在下文中，笔者将说明感触力的发生条件，以及感触的显现结构。

我们不应该将感触与因果刺激（不管是视觉的还是听觉的）混淆起来（Steinbock，2004，第24页）。胡塞尔的兴趣并不在于感性主义的理

---

① 参看胡塞尔的原文："这个同一的自我极——作为感触及行动（以及反应）的中心——是自身在此的，并且于它而言，正如所有陌己之物，以及所有'进来的'感触和行动是在此的，也即作为能够再次触到这同一自我的某物。"（diese identische Ichpol, das Zentrum der Affektionen und Aktionen (auch Reaktionen), ist für sich selbst da, und für ihn ist, wie alles Ichfremde, so auch alle „eingetretene" Affektion und Aktion da, als etwas, das selbst wieder dieses selbe Ich affizieren kann.) (Hua 14, 28) 在《自身觉知与他异性》（*Self-Awareness and Alterity*）（1999）一书中，扎哈维对自身感触（self-affection）与他异感触（hetero-affection）作了进一步的区分。

论——将外部刺激视为孤立且无意义的材料，并且将意义构造视为一种将这些无生命、无性质的材料组装起来的过程。[①] 相反的是，胡塞尔认为："那些相对于主体存在在那里却无任何价值的纯粹感觉材料（以及高阶的感觉对象）是一种抽象。那些未能触及到情绪的东西根本就不可能被给予。"[②] 依据胡塞尔的理论，那些凸显出来的东西已然具有了意义，因为它发出感触力不仅是相对于一个富有意义的情境，而且还是相对于它所吸引的经验之自我。就此而言，感触的凸显包含了两个不可分割的相关项（Hua 11，38 [77]）。一方面，感触意味着一种从对象一侧发出的吸引；另一方面，感触同时也包含着自我的倾向性，也即遵守并回应吸引物的倾向，因而也是一个采取立场（position-taking）的倾向，不管是采纳这个吸引抑或是忽视它（Hua 11，148–49 [196]、75 [118]）。

那么，人们可能会问：感触力到底是如何浮现出来的呢？或者说，那些处于背景之中的东西是如何首先变得显眼的呢？胡塞尔认为，这里必须满足一个"可行条件"（favorable condition），如此，感触力才能引人注意。胡塞尔明确地坚持，这个"凸显"必须内在于感知域的整体之中并且与之互为交织在一起。一个孤立的感受材料是难以理解的，它也不可能发出吸引力。正如"凸显"对应的德语单词"Abgehobenheit"显示，它意味着与周遭环境的一个对比，以至于某个东西能够在这个情境中被"举"起来。如果某个东西感触到我们并吸引了我们的注意，那么它必然因其差异性与异质性而从其他东西之中脱颖而出。自然而言，相较于相似性与同质性，异质性产生的"对比"更能引起我们的注意，而且它在感触的形成以及感触的凸显中扮演着更为基本的角色。胡塞尔注意到，只要在源印象领域内存在着感触力，那么"作为最源初的感触之条件"的对比（contrast）就已经在起作用了（Hua 11，149 [197]、158 [206]）；而"感触现在不过是对比的一个功能"（同上）。简言之，感触之物必然相对于源印象领域之内的其他东西具有足够的差异性，它才能"捕获"自我的兴趣。换言之，"决定施加于自我之上的吸引力的大小的，并不是刺激（stimulus）自

---

① 比如说，胡塞尔在《危机》中的一段话："感觉材料——就其从产生的任意性中被抽取出来而言，乃是从外部而来的感触，并且外在世界中表明其身体：这对于他 [洛克] 而言并不是一个问题，而是被视为理所当然的。"（Hua 6，87 [85]）对此问题的进一步讨论，可以参看斯坦博克为《主动被动综合的分析》英译本 Analyses Concerning Passive and Active Synthesis 所撰写的译者导言；另参看 Zahavi（1999，第 118 页）。

② 可见胡塞尔手稿 MS A VI26，42a。转引自 Lotz（2007，第 40 页），同时参看 Hart（1992，第 88—89 页）。有趣的是，列维纳斯也持有相同的看法："纯粹的接受性（receptivity），也即纯粹感性而无任何意义的接受性，只能是一个神话或抽象"（Levinas，1987，第 77 页）以及"意义先行于予料并且照亮了它们"（同上，第 78 页）。

身，而是它在任意时刻相较于当下场域中其他感性刺激的'相对'对比度（*relative* height of contrast）"（Mishara，1990，第 38 页）。

需要注意的是，一方面，这种情境的对比并不等同于自我对不同感性个体的主动比较，因为这时自我主动性还没未被实行；另一方面，这个对比本身也不是不同感性区块的自在区划，比如红色色块与边上蓝色区块之间的区划。不管这种自在的区划多么清楚，只要它并不是必然进入意识范围之内，它就不必然构成一个"对比"。胡塞尔的分析表明，对比在其最源初的意义上来说，是相应感性个体所发出的感触力之间的相对大小或轻重（magnitude or weight），因为只有那些对自我产生或大或小感触力的东西才意味着对自我的差异。

胡塞尔就此提供了一个著名的例子：

> 旋律在响着，没有发出任何显著的感触力——或者如果这甚至是可能的话，没有对我们发出任何感触的吸引。我们忙于其他事情，并且旋律并没有像"干扰"一样对我们产生影响。现在来了一段非常动听的音响，一个片段，它引起感官上特别的愉悦或不愉悦。这个个别片段不仅生动地变成富有感触力的东西；而且，整个旋律一下子就被拱现出来，以至于它在当下的场域中已然是鲜活的。（ Hua 11，155［203］）

我们应该如何解释这一动听片段的出现呢？首先，这个特别的片段看起来并不是自我努力的结果，不是自我挑选出来的，因为这时自我甚至还没有注意到它。其次，这个片段看起来也不是自发地脱离于这段旋律，然后闯入听者的意识生活。如果是这样的话，那么就很难解释为何是这个特定的片段而非另一个片段，恰恰在这个特定的时刻而非另一个时刻，以这一特定的方式而非别的方式，打动了听者（Waldenfels，2010）。胡塞尔的看法是："以合乎意识的方式被构造的东西对自我就是在此的，只要它发出感触。"[①] 这意味着构成对比的两个项已然发出了感触力，而且其中一项的感触力比另一个要更大；或者说，其中一个感触力演进或加强了另一个感触力。如果我们稍微展开胡塞尔的例子，这会显得更加清楚。比如说，音乐在背景中循环着，其中其他的感性材料（如同事的呼吸、走廊里的脚

---

① 参看德文原文："für das Ich ist bewusstseinsmässig Konstitiertes nur da, sofern es affiziert."（Hua 11，162［210］）

步声、垃圾桶里发出的果皮味）都在散发着或强或弱的吸引力，努力要闯进"我"的意识范围之内，抢着要抓住"我"的注意。胡塞尔说，"所有这些都在同一时间里发生着，而只要我们转向它自己，倾听它，那么音乐就胜出了（wins out）"（Hua 11，150［197］）。旋律的感触力淹没了或覆盖了其他的感触力，以至于它自己主导了"我"的课题焦点并占据了"我"的兴趣。胡塞尔采用不同的概念来描述这些源印象范围内相互竞争的感触力，比如"重量"（weight）、"强度"（intensity）、"程度"（degree）等。他写道，"每个具体的、特定的被构造之物一开始自在凸显出来，而不是首先通过感触被构造，都必然在某种程度上发出感触（affiziert）"（Hua 11，161［209］）。通过这个解释，我们可以合理地说，除了旋律的实际感触力之外，那些还未浮现出来的感触力无论如何也不是中性的；相反，它们也具有重要性，具有"发出感触的趋向"（Hua 11，149［196］），并且一旦"可行条件"得到了满足，它们就会浮现出来。换言之，旋律的片段在被"凸举"出这个感触场域之前，它们必然已经以前感触的方式被组织或编排成某种轮廓或格式塔。①

就此而言，我们遇到了胡塞尔感触分析中的一个核心议题：作为整体的感知域是被不同层次的感触力所勾画的，并且就此而言它依据感触力之强度分布而被组织起来。胡塞尔写道，"任意一种被构造的意义都是预先被给予的，只要它发出了感触之吸引；它变成被给予的，只要自我遵循这个吸引并在注意力中转向它、把握住它"（Hua 11，162［210］）。

胡塞尔认为，这种感触力的分布并不是静态和固定的，因为感触力的一个本质属性在于它是"不断变化的感触浮现"（constantly altering affective relief）（Hua 11，164［212］）。凸显之物在某个特定时刻的感触力可能会在另一时刻消退、保持或者加强。相应地，一旦其可行条件得到了满足，当前不凸显的东西也可以变得引人瞩目（参看 Hua 11，147［512］）。显然，那些在感触上绝对惰性的东西不可能突然进入意识范围之内，也没有一个感触力能持久地在感知域中保持凸显状态。胡塞尔认为，"我们处于一种感触之趋向的相对性之中"（Hua 11，150［190］）。一方面，当情境发生变化时，同一个感触力的强度可能会发生起伏（Hua

---

① 这里，一个关联的问题是：我们应该如何理解以前感触的方式预先被给予以及以感触的方式被给予性之间的阈值问题？胡塞尔对感触的分析触及了前感触背景中感触被给予性的动机问题；但他的分析表明，对这个阈值问题他并未有明确的定论。对这个问题的进一步讨论，以及胡塞尔的分析如何不同于 19 世纪经验心理学关于"绝对阈值"的讨论，参看 Mishara（1990，第 40 页）。

11，168［216］）。胡塞尔写道，"当前比较弱的感触会由于另一个觉醒的、触发着的感触而变强；相反，一个强的感触也会变弱，当它所依赖的条件相应变化之后"（Hua 11，163［211］）。比如说，动听的旋律可能会退缩到背景之中去，如果某个人突然打断"我"，而这个打断是如此之强，以至于它径直抑制住了先前有效的凸显者。另一方面，胡塞尔承认，这种相对性在很大程度上与给定时刻起作用的自我兴趣有关，不管是当前的兴趣，还是累积下来的与经验相关的习惯兴趣，抑或是某个与所有兴趣均无关的极端对比。① 举例而言，当"我"参加一个羽毛球高级课程并希望提高自己羽毛球的技术水平时，那么战术的配合以及实现这些战术的技术动作就会是最为吸引人的，因为它们与"我"当前的课题兴趣直接相关。或者用胡塞尔的话来说，它们"隶属于实际真实的以及职业的兴趣活动"（Hua 15，54）。但如果"我"是在看一场羽毛球比赛，而且自己恰巧也是业余爱好者，那么运动员在场上细腻的放网、劈吊时手腕的动作就会变得更为吸引人。也就是说，这些动作"使我回想起自己的习惯性兴趣"（Hua 15，54–55）。但是，如果这时球馆内突然发生的干扰，比如一个气球突然爆炸了，那么它就会径直压住所有其他的竞争性对比，甚至在"我"理解这个事情之前就已经吸引了"我"的注意（同上；另参看 Hua 11，150［97］）。

我们在此可以阐明这种感触的浮现结构。阿隆·米沙拉（Aaron Mishara）指出，这个结构具有一个动态的拓扑学特征，也即在源印象领域内的对比具有一个拓扑结构。当一个感性个体变得凸显时，它从其他的个体之中脱颖而出，并进入了自我的课题兴趣之内；它在所有竞争性的感触力中间占据统治地位。如此，凸显的感触力就形成了整个感触浮现的顶点，而其他相对较弱的凸显则"形成了相对于更为凸显之个体的突出性而言的谷底乃至背景"（Mishara，1990，第 39 页）。因此，感触力的分布就构成了源印象领域内的感触性拓扑，它每时每刻都能够"就其自身独特的相应对比之间的感触浮现特征，以拓扑的方式被标记、画出"（同上）。

我们至此为止的分析还有一个结果：我们可以说明"具体的、活生生的当下领域内合乎法则的结构规律性"（Hua 11，158［206］）。与前感触力与感触力的分布相一致，感知域具有一个背景（background）和前景（foreground）。一如胡塞尔自己的隐喻所示，前感触力对于意识而言并非

---

① 参看胡塞尔于《贝尔瑙时间手稿》中的观点："存在视域就是兴趣视域（der Seinshorizont ist Interessenhorizont）。"（Hua Mat 8，35）另参看 Zahavi（1999，第 119—120 页）和 Waldenfels（2004）。

是"无";相反,它不过是抵达了意识的"前室"(antechamber),构成了意识缄默的前感触背景。与之相比,凸显物的特殊感触(Sonderaffektion)则抓住了自我的注意,构成了意识当前的课题范围或前域。胡塞尔写道:

> 普遍来看,在每个活生生的当下中自然都有一个特定的凸显浮现,一个可注意到的浮现,它可以抓获我的注意。在这个情形中,我们相应地要区分背景与前景。后者是广义上的课题对象。而在一个可能相当鲜活的意识居有中,我们可能发现不了这种凸显,如果它没有引起自我的特殊回应趋向,没有进入到自我极。(Hua 11,167〔215〕)
>
> 在当下领域内:感触之背景与前景的区分。在感触之前景中:则是课题域(自我所把握并持有的东西)以及非课题域的区分。(Hua 11,411〔512〕)①

简言之,在"我"当下的意向房间内,"我"正以感知的方式探索或表征着这些被给予的东西——它们合乎感触力的分布而被组织在其中。然而,"我"只能将意向目光导向某个单一的对象——它构成了感知的核心;而其他边缘域中被给予的对象在视域中逗留,"我"也未专注地去阐明它们。相较于那些当下较远的或者记忆中过去的对象而言,这些逗留的边缘域对象又发出更强的感触力(Hua 11,171〔220〕)。这并不意味着前一组预先被给予的感触力是完完全全虚无的;相反,胡塞尔认为它们以内隐的方式组织或提示着当前的在世经验,从而以空洞的方式与当前对课题对象的感知联结在一起(Hua 11,75〔117〕)。

胡塞尔的分析表明,在整体背景中浮现出来的东西总是已经充满了意义,并且在源印象领域内不同的感触力依据不同的强度而分布起来。正是在这个意义上,一般意义上的陌生之物的被动出现必然受到这个处境性的约束并得到它的预先勾画(pre-delineated)。就此而言,处境总是潜在地在背景之中起作用,更为重要的是,它以发生的方式提供了被动出现的意义构架(meaning scaffolding)。下文将指出,内隐性同感正好落入这个发生范围之内。

---

① 值得注意的是,这个结论与阿隆·古尔维奇(Aron Gurwitsch)在其代表作《意识的领域》(*The Field of Consciousness*)一书中的发现具有惊人的相似。其中,古尔维奇将意识域分为了三个构成部分(segments):主题(theme)、主题域(thematic field)以及非主题或边缘域(marginal field)(Begout,2007,第23页)。但是,古尔维奇认为这个区分主要是基于心智之眼的转变,而胡塞尔则明确认为感知域的组织结构必然回溯到一个更根本的层面,也即在被动性中被预先给予之物的感触力分布。

## 二、前课题化的相遇与他人的被动构造

前述讨论显然对于我们理解他人的被动性显现是非常重要的，因为它首次说明了这一类显现的本质构成要素——感触及其情境性。具体来说，自我所处的导向空间本质上为感触之浮现所区划，只要这个导向空间是最为直接的周遭世界（Umwelt），那么，其中所有的事物都已然以被动的方式预先被给予了，而且事物只有在其中才能首先呈现给意识生活。就此而言，一个显著的问题在于：他者是否首先通过向自我发出感触的方式而被给予？如果是这样的话，那么在何种意义上人际相遇是发生于一个充满意义的处境之内？相应地，这种处境性在何种程度上在人际相遇中发挥了构造性作用？

为了回答这些问题，我们需要首先回顾克劳斯·黑尔德（Klaus Held）发表于 1972 年的经典论文《交互主体性问题与现象学之超越论哲学的观念》（"Das Problem der Intersubjektivität und die Idee einer Phänomenologischen Transzendentalphilosophie"）。在这篇论文中，黑尔德就现象学对他人经验的解说提出了一个核心问题："我们所要研究的是这样一类具体意识：在其中一个共作用（Mitfungieren）在同一个当下在某个立场中出现，既不多也不少。在这样一个意识中就已经有某种话语，也即是陌生经验的统觉，在其中一个同时共作用的主体尚未被课题化，但它已经以某种立场被共同意识到。"（Held，1972，第 45 页；参看 Hua 15，461–462）

黑尔德在这里至少指出了两个问题：第一，在具体的人际相遇中，同时共存的陌生主体必然已经以非课题化或前课题化的方式被把握到了；第二，对陌生主体的课题化把握在发生上必然基于对该主体的前课题化把握，并为后者所激发，因为前者是对前课题化经验的理论概念化。黑尔德认为，最为源初的同感经验就其形式而言不是课题性的。当与朋友握手、与同事交谈时，"我"并不是作为一个"不参与的观察者"而行动的（同上，第 46 页）。因此，诸如爱、友谊、对话、冲突、协作等真正的人际关系均不等同于对他人的课题性研究。与之相反，我们是以非课题化或前反思的方式生活于这些关系之中，在这些世间的关系之中与他们交往，并参与其中。这不意味着我们从始至终都不能采取某个带兴趣的立场。"我"确确实实采用了这一类型的行动，但仅仅当上述关系"垮塌"了，并且妨碍了我们自发的生存经验（das lebendige Erlebnis）时，我们才不得不检讨到底哪里出了差错。换言之，对他人采取一种人为的、以认知为导向的立

场——这更多是一种生存论上的派生形式，而非日常生活中与他人相遇的默认范式（Hua 4，183［193］）。需要确认的是，在绝大多数情况下，我们与邻居、伴侣、家人分享着社会化的生活，与同一个社会阶层或群体的成员协作，如此等等。在这些具体的社会生活情境之中，"我们彼此生活在一起，彼此交谈，在问候中相互握手致意，或者在爱与厌恶、在性情与行动中，在言谈与对话中彼此相连"（Hua 4，183［192］）。我们以一种显著的自发性或流畅性来进行社会生活，以至于我们从未注意到这种自发性与流畅性到底有多么重要。类似的，黑尔德总结说，"他人经验的源初形式（Gestalt）不在于它的课题化，而是在共同的世界经验中对匿名共主体（Mitsubjekt）共同意识到"（Held，1972，第47页）。这种源初的同感经验为高阶的社会理解奠定了基础，"在统觉中对共作用之自我的任意非课题化共同经验必然为对该自我的课题化经验奠定基础"（同上，第48页）。

与之相关，黑尔德认为，陌生经验的超越论理论在本质上是发生性的①，因为对意识生活的"一种考古学再现与解释"（an archeological recovering and interpretation）（Hua Mat 8，23）会揭示出，人际经验必然回溯到一个意向层次，其中"共主体的呈现"先于"自我的主动性"。换言之，对他人的课题化意识"就其自身而言预设了对共主体的被动构造"（Held，1972，第50页）。如此的话，那么这种前课题化的相遇看起来是怎样的呢？而且在对他人之他异性的构造分析中，这种对他人的被动构造又是如何进行的呢？黑尔德承认，与胡塞尔对类比统觉的分析相比，这些问题都是"一个全新的任务"（同上，第50页）——这将构成本章下面的主要分析内容。

基于前述对感触浮现的阐明，我们可以自然地得出，在最为源初的被动性层次上，他人的前课题化被给予性应该就其对自我的感触来进行理解，这种前课题化被给予性是我们将之再－认（re-cognize）或课题化为一个陌生主体之前的被给予性。胡塞尔在一份写于1927年的附录中表明，在这个时期他开始就课题化的不同模式来理解不同层次的同感，并且就他人的不同被给予性模式区分了课题化与前课题化的同感（Hua 14，

---

① 对胡塞尔超越论交互主体性理论中诸层次的进一步讨论，参看 Lee（2002）以及 Sakakibara（2008）。

438—439）。① 这一思路在其后期的《现象学人类学》（1932）手稿中达到了顶峰。胡塞尔写道：

> 经验可以是任意兴趣之中的经验，同感经验亦是如此。那些隶属于兴趣之实现的所有东西，都基于某个出于兴趣之行动，从而源初地或二阶地是课题化的：我指向这个，在原本的意义上我指向这个源初的课题之物。而经验也可以是在课题化之外的经验，在此经验中实际地转向它，有时已然在转向的路上，但尚未实际地导向它。（Hua 15，461）

换言之，这种"兴趣之外"（ausserthematische）的同感在类型上就是前课题化的，并且为课题化的同感铺平了道路（Hua 14，439）。胡塞尔后来界定，这种前课题化的同感"具有呼唤（Anrufenden）的特征、作用于自我的吸引这个特征"（Hua 15，462）。他人必然已经在某种程度上感触到自我，以至于其呼声能够触发一个对应的行为（An-tun），例如倾听（Hinhören）、照看（Hinsehen）、回应（An-reden）等。而这些对应行为显然与"转向"（Zu-wendung）具有相同的意向结构（Hua 15，462、474）。恰恰是通过吸引性的感触浮现以及相关联的回应性行为（antwortende Tätigkeit），他人的前课题化在场才能首先凸显出来，即便他的前课题化呼唤可能消散，比如说它并未落入自我的课题性的兴趣范围之内（Hua 15，462）。

胡塞尔继而解释说，他人前课题性的感触浮现具有一种内在的"模糊性"（Undeutlichkeit/Unklarheit）（Hua 15，462）。这种模糊性特征并不意味着他人是面目模糊的，也不意味着他人的感触性浮现一开始就是缄默或无意义的。胡塞尔所要强调的是，与他人的感触性相遇尚未被精确地确定或规定，他人意识生活的准确意义尚未得到述谓式的阐明与分析（Waldenfels，2007，第 23 页）。然而，他人的感触性显现总是已经具有了

---

① 在一份写于 1920 年的手稿中，胡塞尔已经提到了这一区分，但他采用的是另一种区分，也即区分"本真同感"和"非本真同感"。他写道："非本真的同感乃是一种被动的、联结性的对陌生主体性的指示；而本真同感则是一种主动的'共做'（Mittun）和'共承受'（Mitleiden），让自己被激发（Motivieren-lassen），但同时在内在激发的基础上去追随（Nachgehen）而非联结（Assoziation）。"（Hua 13，455）换言之，本真同感是指一种主动的同感，通过主动地采用自身的经验、知识和心智能力，才获得有关他人的更好的理解；而非本真同感则是一种在先的、起到动机引发的他人经验，而无需"后续反思"（nachkommenden Reflexion）这一被动的、前反思的相遇。关于后一点，可以参看 Yamaguchi（1982，第 88—89 页）。

某种意义：自我所回应的他人总是已然具有了其呼唤的强弱，基于此，自我才有相对应的转向。恰恰是在这个意义语境之内，自我才能进一步展开对他人之心智生活的准确解释与预测。

胡塞尔的分析更进一步：感触之浮现不仅有关被动性领域之内他人的前课题化被给予性；而且更为重要的是，它还导向了对陌生主体的意义构造问题。对后一问题作仔细考察，我们就可以更为精确地确定他人在被动层面的意义构造中情境化的重要性。

在《被动综合分析》的手稿中，胡塞尔认为，意义构造预设了感触，因为被构造者本身——他人之为他人本身，必然在执行构造之前就已经发出了或强或弱的感触吸引。胡塞尔说道，"只有当感触开始在一个或多个方面衍进为满足聚合（concrescence）与对比（contrast）条件的实际感触，并且可能在感触的条件之下——只有这时，一个新的统一体形成才开始发生"（Hua 11，152［199–200］；参看 Hua 11，153［201］）。毕竟，那些感触力上是中性或空无之物不可能被给予，更别说被构造为一个意义统一体了。相应地，他人之在场也就不可能进入自我的意识生活，除非他在被构造为意义统一体之前，也即被构造为一个他异自我（alter ego）之前，已经感触到自我。在这一情形中，他人施于自我之上的感触力先于自我对他异自我的构造，并且构成了后者的基础。

然而，他者的这种被动的意义构造包含着一个核心问题：难道说，他人之所以能感触到自我，恰恰是因为他已经被构造为某种统一体？也就是说，如若他人尚未是一个最为初始意义上的统一体，那他又如何能对自我发出感触之吸引呢？显然，如果某物尚未形成或融合成一个完全的形式，很难说它能够发出任何感触；或者说，它是如此的弥散，以至于很难吸引到任何注意力，正如完全消散在水中的一滴牛奶一样。因此，他人作为一种感触的源泉，必然已经获得了某种统一性。

同时，他人之为陌己主体，之为另一个自为主体，并不依赖于任何自我的成就。具体来说，如果我们假定他人从一开始就被界定为"另一个"（another）自主的主体——他统握着自身的身体，一如自我统握着本己的身体；他依据其具身的"在此"感知着周遭的世界，一如自我从本己的具身"在此"感知着周遭的世界一样。那么，依据这个定义，他人之为他异自我就独立于任何自我之意向构造的成就。换言之，他人之为他异自我的意义统一性就先于其对自我的感触并构成后者的基础。胡塞尔本人意识到这个可能性，并指出"存在着某种无条件的必然融合，它们在所有情形中均以固定的、合乎规则的方式进行着；也即，在这种方式中，我们甚至必须考虑到，即便如果感触无处不在，且不管处于何种程度，它对统一性之形成都不构成任何作用"（Hua 11，159［207-208］）。简言之，他人之为他异自我的意义构造在这个意义上独立于感触，他人必须已经被构造，以便可以对自我发出某种感触的吸引。

就此而言，我们似乎面临着一个构造层面的循环：一方面，他人的意义构造预设了他人的感触性浮现；另一方面，同样可以理解的是，他人的感触之浮现又预设了他人必须已经被构造为某个意义统一体，以便他能够对自我发出感触力，进而才能被进一步构造（Yamaguchi，1982，第45页；Steinbock，1995，第154页）。①胡塞尔本人显然是注意到这个存在于广义的陌己之物（Ichfremd）的意义构造与感触浮现之间循环，而且他也承认这个问题是"难以回答的"（Hua 11，153、159-160）。

如果进一步理解这个循环，而非简单地基于此来否定胡塞尔关于他者被动构造的学说，那么我们不仅能够更好地理解同感行为之处境化的意义，而且能够更全面地把握胡塞尔有关陌己他者的构造理论。尽管从另一个角度出发，米歇尔·托尼森（Michael Theunissen）提醒我们，胡塞尔的他者构造理论不可避免地导向一种逻辑上的难题，因为他者作为自身构造着的主体是被另一个自身构造着的主体（也即超越论自我）所构造②。因此，我们如何能够在现象学上说明，超越论自我所构造之陌己自我同时是"构造着的"（constituting）并且是"被构造的"（constituted）（Carr，1987，第52页；Theunissen，1986，第161页）？如果胡塞尔的他者构造理论不能回避这个循环问题的话——这在托尼森看来是不可避免的，那么他的超越论进路就很难成功了。其结果是，一个诸如许慈的"世间的"进路或者是马丁·布伯（Martin Buber）的"我与你"之间的对话进路就必须被接受了。③

托尼森的结论无疑是有些操之过急，而且急切地用其他方案来替代胡塞尔的理论事实上也会广泛地低估或忽略其超越论进路中的丰富内涵。我们如果深入地检讨上述逻辑难题产生的原因，并合理地对之作出

---

① 进一步的讨论，可以参看 Steinbock（1995，第155页）、Bégout（2000，第188—198页）和 Biceaga（2010，第38—41页）。

② 公正地看，托尼森的论证大体上是基于许慈对胡塞尔类比统觉理论的解读。但他似乎对"构造"（constitution）这个概念采用了一个较为特殊的解读，将之解读为"创造"（creation）。当然，作为胡塞尔超越论现象学中最为重要的操作性概念之一，"构造"这个概念在胡塞尔文本中的语义并不是从一而终的，在芬克的经典解释中，它同时具有"阐明"（explication）的意思。

③ 进一步的讨论，可参看 Zahavi（2001）、Theunissen（1986）以及 Lee（2006）。

解释，就可以明白它为何是"无害的"。我们需要重新审查胡塞尔现象学中的还原问题——这个首次区分自我领域与他者领域的方法论立场。还原的结果是一体两面的：一方面，他人及其所有的构造成就被人为地从本己的自我领域中排除出去，这个排除本身导致了一个"超越论的鲁滨孙"（transcendental Robinson）（Held，1972，第49页）；另一方面，本真地属于他人及其构造成就的东西首次得到了现象学的阐明，由此本己之物与陌己之物、自我与他人、自我性与他异性之间的真正边界得到现象学的解释（参看本书第五章）。在此意义上，现象学的还原研究事实上具有一种"Z"字形（zig-zag）的结构（Hua 6，59［58］）。①

而就被动构造的还原而言，胡塞尔写道："在我们对最底层之发生层面的考虑中，我们以抽象的方式来表述该问题——这对于系统的发生现象学确实是必要的：我们这样做，好像说自我的世界是唯一源印象在场的，而且从不断前伸的主体规则中产生的超越性统觉（transcending apperception）好像不起任何作用，好像不存在任何从世界生活、美学与实践兴趣、价值等等之中所获得的知识模式。"（Hua 11，150［197–198］）换言之，诸如概念、述谓知识或者是积淀等在发生上后来的东西都必须被放入括号之内，这样我们才能够阐明底层的被动构造的源初创立（Urstiftung）。为了这个目的，这一抽象还原导致了两个结果：其一，它说明了感触浮现如何导致他者的前课题化在场；其二，它使得我们得以将他人的前课题化在场区分为实际的感触性在场以及前感触性在场（pre-affective presence）（参看本章第一节第一小节）。

对我们理解上述循环问题而言，后一个结果是更为关键的。他人的感触性显现并不是凭空而来的，而是已经被一个周遭世界所预先勾画，以至于他人的前感触性在场首先是在周遭世界之中被预先给予的，而这个世界则具有一些内在的性质，比如熟知性（familiarity）以及亲知性（acquaintance）（Hua 11，162［210］；15，466；Held，1972，第47页）。就此而言，在他人被构造为他人之前，他人已经被赋予了"某个"意义。胡

---

① 参看胡塞尔本人在《主动综合分析》手稿中的一个说法："对于下述处境的性质，常见的倒是只有当我们已经获得了某些在主动性中被构造的东西、已经做好的东西，我们才能谈论这些低阶的层次；而如果我们从主动性中抽离出来，那么低阶的层次首先就是不可避免的且本质上也还是未经规定的，以至于只有当我们进入高阶层面的后续研究之后，我们才能理解低阶层次之成就的纯粹性。"（Hua 31，2［275］）换言之，从发生分析的角度来看，高阶构造预设了在前的被动性感触浮显；但从实际分析的角度来看，我们之所以能以考古学的方式来研究这些低阶的意向成就，仅因为我们已经具有了这些在主动性中被完成的、已然做好的东西。恰恰是在这个意义上说，胡塞尔认为其后期的发生分析本质上从属于一种"解构"（Abbau）分析。

塞尔写道：

> 他人——进入或是应该进入第一性认知（erste Kenntnisnahme）
> 的他人，不是径直就相对于可理解之物的具体风格的他人，不是像已
> 知之物那样可以直接被经验到、在第一眼中就在某个经验的视域中被
> 统觉到、不是可以直接实现出来并形成认知的他人。相反，他人首先
> 是未被理解的（unverständlich）他人。当然，所有如此之他异、如此
> 不可理解的东西都具有一个可知的内核（einen Kern der Bekanntheit）；
> 非此，它原则上不可能被经验到，不可能被经验为他人。（Hua 15，
> 432；参看 Hua 1，113［80］）

显然，胡塞尔是意识到理解陌己他人所包含的复杂性，并且拒绝了
这样一个观点：我们初识就能完完全全地认识到另一个他人。正如胡塞尔
所强调的，认识他人必然是在某个感触情境之内，后者自在地对他人认知
设定了某种意义限制。他人恰恰是在某个同感之处境中呈现出来的，而我
们也只有通过这个处境才得以对他人形成初步的亲知，也即同感可知性的
内核。用胡塞尔的话来说，他人在情境之中的出现激发了自我的注意，由
此，"自我才能以专注的方式转向他，由这开始，努力达到自明的直观，
越来越多地揭示对象自身，从而努力获取知识，获得对对象更为准确的
观点"（Hua 11，148–149［196］）。我们可以肯定、明确、修正甚至是否
定先前的理解，但关键的一点在于，这种肯定、明确、修正乃至否定只能
施加于那些在发生学上是第一性的亲知——同感之处境所导向并预许的理
解。

就此而言，我们可以对上述"循环"问题采取一个"辩证"方案（参
看 Bégout，2007）。一方面，他人的前感触性在场，在其实际感触到自我
之前，就已经具有了"某个"意义。这个意义"无需我们注意到它，并且
在注意到它之前就已经预先被给予我们了。但是，它至少还是在某种程度
上感触到我们"（Hua 11，153［201］；31，5［277］）。这个"某个"意
义已然是预先被给予的，因为它为同感之处境所模糊地预先描画（Hua
11，124［170］），或者说，它被这个处境以非清晰的方式所决定。另一
方面，他人之为陌己自我这个不明确的意义只有在满足特定条件时才能在
感触中浮现出来。"自我服从感触的吸引，并专注地转向它，抓住它"，由
此，这个不明确的意义"才能从被动性的黑暗中呈现出来，变成被把握到
的某物"（Hua 11，162［210］；Hua 31，5［277］）。反过来说，如果相关

的感触条件未得到满足，那么他人之为陌己自我的意义就会持存于清醒意识的阈值之下；如果非明确之意义这个条件未得到满足，那么他人就不可能感触到我们，因为没有这种最弱的亲知形式（Bekanntheit），自我也就缺乏任何方式或机会去认识到他人。

简言之，尽管上述循环问题看起来导致了不可克服的难题，但它却促使我们更为深入地研究现象学的"实事"。其结果是，我们可以更好地理解他人在周遭世界中的被动构造。古尔维奇敏锐地观察到，"所出现以及被强加之物是由处境及其本质结构所预先刻画的；我们越是忠实于它，那么我们也就越是为之所引导，也即当我们沉浸于自身并顺从于它时，也就越少保留"（Gurwitsch，1979，第 67 页）。

## 第二节　同感转向与被动意向性

到此为止，我们解释了他人在被动构造中的前课题化被给予性。然而，我们还未触及一个相关的议题——被动性同感所具有的被动意向性。更具体而言，批评者担心胡塞尔的意向性理论不能忠实于他人特殊的被给予性模式。并且，由于胡塞尔经典的意向性理论被刻画为"关于某物之为某物的意识"，那么通过在意向行为中将他人把握为"他人"，他人的真正他异性是否就被整合到"已知"的范畴之内，从而剥夺了他人的他异性了呢？（Waldenfels，2007，第 22—23、72 页）。换言之，在把握他人的过程中，他人是否最终被变成了一个无差别的对象，而非是另一个主体？通过进一步考察感触现象，本书认为情况并不是如此。胡塞尔对被动构造的分析不仅阐明了与他人的前课题性相遇，而且还提供了一种新的意向性类型，它能够忠实地描述他人的发生学呈现，也能忠实于他人的他异性。

胡塞尔认为，他人的感触会引发自我的对应行动，感触的吸引是自我转向的相关项（Hua 9，209；参看 Hua 1，133［80］；14，529），而后者则构成了初始的感性域（Hua 4，XII.2）。胡塞尔关键的洞见在于，这个感性的转向包含了一种特殊的意向性，"一个非本真的意向性，因为感触之吸引尚未有真正意义上的'意向朝向'，对此我们需要一个'自我'，但这里已经存在了一个'表象'（Vorstellung von），一个统觉"（Hua 4，335）。这种意向性形式应该被理解为一种前述谓的意向形式，由此，自我初步地（rudimentarily）筹劳于世界之中，但未将之课题化。就此意义而言，它是一种前对象化的意向性，而非主动意识之中那种典范的对象化意向性（第二小节）。被动意向性在根本的意义上是由动觉所实现出来（第一小节）。通过论证上述两点，本章会阐明在何种意义上被动意向性本质上是一种身体的感触感觉，后者构成了转向他人的倾向性条件。

## 一、被动意向性与身体动觉

胡塞尔对感触的分析显然揭示出身体的全新维度。被感触在字面意思上就意味着经历或经受（undergo）一个感触的吸引，并且在最为底层的被动性层面，这种经历或经受显然只能是由身体来实现（EU[①]，第83页）。恰恰是在身体之中并通过身体，人们才能经受感触之吸引并可以依循着它转向这个或那个吸引物。在此意义上，胡塞尔认为身体在最底层的构造层面上说就是一个"受苦的身体"（leidende Leib），主体是一个"受苦的主体"。"自我据此作为'我经受此'（被感触到），'我感受到此'，'我经验到那个'，'我体验到'欲望或者不欲望的感觉，被动地被吸引住了，等等。"（Hua 14，30）[②] 依此线索，胡塞尔认为身体不只是物理物与心理物之间的中转点或是其统一（参看第一章）。他逐渐深入到了身体的"基底"（Untergrund），研究身体之展现的源初形式——在其中，具身主体不仅在实践中筹劳于世界之中，而且以被动的方式被一般的陌己之物所影响、所召唤（参看 Hua 4，335）。

从1920年代开始，胡塞尔开始思考主体性生活的"完全具体化"，也即主体之为"单子"（monad）的整全形式。在他看来，单子自我在活生生的当下是作为其意识生活的功能中心（Funktionszentrum）而起作用的。这个功能中心不仅发出意向目光，而且是非自我之感触力的进入通道。相应地，功能自我就其活生生的当下而言就具有一个双重的维度。一方面，它是主动的，是一个思维、意愿、评价、判断的自我；另一方面，它是被动的，因为自我同时也经受着感触力，承受痛苦与喜悦的感觉，并且被他异感触所推动。用胡塞尔的话说，"自我极就其本身而言不是感触与行动（Affektion und Aktion）的承载者、基底；这个自我是感触的进入点（Einstrahlungspunkt），感触的功能中心，也是主动性行动的出发点、主动

---

① 胡塞尔《经验与判断》的德文书名为 *Erfahrung und Urteil*，以下简称为 EU。
② 参看原文："Das Ich［…］je nachdem als „ich leide durch" (bin affiziert durch), „ich empfinde da", „ich erfahre jenes", ich leide im Empfinden Lust oder Unlust, bin passiv angezogen (strebend), bin strebend affiziert von."

性中心"（Hua 14，30）。① 换言之，自我极是所有自我主动性的统一性基底，同时也构成对陌己之感触力的源初开放性。就此而言，我们可以注意到自我生活的"深度"中包含着一种自我所不能切除掉的、源初的他异性形式。也就是说，自我在其完全的具体化中本质上就与陌生性、他异性相关联，而且它彻底地不同于自我的所属之物或是自我的熟知之物。因此，他异性就构成了主体性生活的结构性要素及其完成，因为通过这种他异性，自我已经与自身相疏离了，它预许了接触原则上新颖之物与他异之物的可能性。在此意义上，自我从一开始就是"在其指向性的行动之中，指向异己之物，也即它是被感触者"（同上）。

在此节点上，我们可以看到，身体与胡塞尔对超越论主体性的论述是直接相关的。后者不应被理解为一种纯化了的自身流动的意识生活；相反，在超越论领域的基底处存在着一个功能性身体，一个行动与感触的功能性中心。早在《观念Ⅱ》的手稿之中，胡塞尔就指出，身体是被动性领域"黑暗的基底"（Hua 4，222［234］），并且由于此，身体就宣称自身为超越论主体性的"自然一面"（Naturseite）（Hua 4，281［294］）。据此，超越论主体就不是悬浮于"自然"进程之外；相反，因其自然的一面，它本身就是被嵌入其中的（Hua 14，311）。

那么，身体在被动性领域所扮演的构造性角色到底又是什么呢？进一步而言，这种构造性角色在何种程度上参与到了被动意向性之中呢？在经典的论文《被动构造的问题》（"The Problem of Passive Constitution"）中，朗德格雷贝认为，身体构成了主体与世界之间的源初接触（primordial contact）。在最底层的被动构造过程中，身体作为一个构造性的官能（organ）构成了超越论主体性"被动的结构性要素"（Landgrebe，1981，第62页）。也即，与感触之吸引力相关联的是身体的移动倾向——由此，自我在前反思的层面以身体动觉的方式转向或者不转向它。其结果是，这个感触之吸引力要么进入到"我"当前清醒意识之内，要么旁落其外。关键在于，在这个过程中，"身体是一个居间项，与之相关联的诸倾向亦是如此——把握、举起、推动、抵触等倾向"（Hua 4，282［295］）。或者说，接受并经受一个感触的吸引力已然预设了一种最小的身体主动性——作为最底层的自我之主动性形式（Hua 4，335）。胡塞尔写道，"它是对预先被构造之意义的单纯接受，后续的解

---

① 同时参看胡塞尔在《观念Ⅱ》中的说法："与主动自我相对的是被动自我（das passive Ich），自我在其主动之时总是同时又是被动的，大致上是在作为接受性的感触性这个意义上说——这当然不排除，自我也可能是全然被动的。"（Hua 4，213）

释、判断已然预设了这一意义"（Hua 31，41［313］）。

然而，对于身体的接受性，胡塞尔认为这不仅是身体对感触吸引作出反应（re-act），比如被蚊子叮咬时的肌肉收缩；而且更为重要的是，身体本身就已经预先划定并限定了它作出反应的方向。我们可以看胡塞尔举的一个例子：

> 一个晚上，我在洛勒托（Loretto）高地散步。突然莱茵河谷方向的一束光照进了我们的视域；它即刻就以统一且感触的方式凸显了出来，但非常偶然的，这个吸引并没有引发一个专注的转向。（Hua 11，154［202］）

实际上注意力的转向并未发生，理由主要是因为这束光还不够显著，以便让散步者的注意力从其他感触力之中转移开来，比如从这位伟大思想家头脑里的思考、树林里鸟儿的啁啾，甚或是他当时正沉浸其中的漫步中转移出来。不管怎样，重要的是其中身体的功能，也即"一个被动的动觉改变了感性－联结的场域（sensuous-associative field），它构成了自我对课题之物的专注背景"（Lotz，2007，第 45 页）。换言之，"我"对突然闯进来的松鼠的反应在性质上显然不同于对这束光的反应。需要确定的是，这种差异并不在于心智上的区分，而是在很大程度上依赖于一种身体的"规范"（norm），被动动觉在任何注意力的分叉之前就已然在起作用了，以至于它预先就确定了身体一般地（normally）会跟随的方向或途径。就此而言，我们可以说，远在主动反思发生之前，身体接受性就已经是"对世界的第一性揭示"（Landgrebe，1981，第 61 页）。

若此，在被动性层面，身体就构成了"奠基性的前设：它使得自我之确定的主动性得以可能，也即使得自我的诸执态得以可能"（Hua 11，358）。当某个感触之吸引触及自我时，自我总是以某个"执态"回应——要么是跟随，要么是忽视。如此，身体本身就限制了诸可能：它只能以这种方式而非那种方式来进行。就此而言，身体构成了一种真正的"转向空间"（Spielraum）——它能以这种或那种方式来反应，但只能以限定的方式反应（Hua 14，283）。或者说，身体同时就是对可能性的开启与限制："我不可能任意地做'这个或那个'，或者以'这种或那种方式'来执行；相反，行动、运动以及本能的表达等之所以可能，仅仅是因为它们已经以典型的方式被预先规定、导引，因此也是被限定或限制。"（Lotz，2007，第 48 页）就此而言，身体是主动性与被动性、自发性与接受性的范导性形式，它在一开始就塑造着我们对世界的经验（Claesges，1964，第129页）。

## 二、被动意向性与前对象化转向

与感触力相关的是意向活动一侧的转向趋向，一种采取立场（执态）的趋向，从此，自我要么注意到、要么忽视该感触力。而这种执态已经是对某个特定之感触力的"挑出"，并以课题化的方式专注于它。问题在于："我"为何转向这一个而非那一个感触力呢？为何"我"以这一方式而非另一方式转向之？[①] 简言之，为何是这一个执态相对于另一个执态受到偏爱？通过仔细检讨这些问题，我们可以发现被动意向性的另一个重要特征——它是前对象化的意向性（pre-objectifying intentionality）。

前已表明，在身体的转向之前，感触已经以某种方式搅扰了当前的经验，而且当前的感触力必然比处境之内的其他感触力更为惹人注目，以至于它能够激发自我的转向。确实，在被动性层面而言，自我转向是一个被促发的（motivated）转向，它需要一个动机的（motivational）基础："被促发（to be motivated）意味着被某物所感触并对之作出回应。"（Zahavi，1999，第116页）但是，是否单单某个凸显性质（conspicuity）本身就能够实现这种转向呢？换言之，如果"凸显性质"足够强的话，那么它是否就能够促使自我从当前的课题兴趣转到其他的课题兴趣上去呢？比如，如果"我"耳机中的音量被不断地加大，它会在某个点变得非常恼人，以致"我"的耳膜受到损伤，而"我"这时就不得不注意到音乐的音量了。在这种情况中，凸显性质必然已经被预设了，以便它能够促发接下来的转向。否则的话，"我"就不具备相应的动机基础——其结果就是，不会转向这个特定的感触吸引，也即这个干扰性的音量。换言之，凸显性质是转向的必要条件。

但进一步的分析表明，凸显性质本身只是一个必要条件，它还需要一个"倾向性趋向"（dispositional propensity）作为补充，如此，实际的转

---

[①] 瓦登菲尔斯指出，注意（attention）是一个源初现象（Urphänomen）："注意现象始于这样的行为：每当某物出现时，恰恰是这个东西而非其他东西显现出来，并且它以这种方式而非其他方式显现出来。"（Waldenfels，2010，第2页；参看Waldenfels，2004，第237页）洛茨（Lotz）指责胡塞尔忽视了"我为何转向某物"这一问题，其理由是，胡塞尔对感触的分析既没有考虑感触与转向之间的关系，也没有考虑内在于实际转向之中的评价性感受。但这个批评显然是不公平的。尽管胡塞尔没有完全充分地处理感觉（feeling）这个问题，但他确实在《被动综合分析》的行文中提到过心性（Gemüt）和心性意识（Gemütsbewußtsein）等"同等源初的现象"，而且他在1930年代重新回到这些议题并作了广泛的分析和讨论。这些研究手稿现收录于Husserliana Materialien 8。

向才可能发生。人们可以会说，某个特定的音量之所以吸引"我"，是因为它越过了某个可以忍受的听觉阈值（threshold），以至于促使"我"作出反应，比如说降低音量。基于这个理解模式，音量不过就是一个"纯粹的感觉材料"——它可以被计量、被探测到，但它跟"我"没有任何关系。然而，这个提议显然没办法回答两个根本的问题。其一，如果接受这个提议，那么我们就会面临一个尴尬的处境，也即"我们就完全不可能去理解为何声音的音量不能被不断地提高，而没有在认知者这里造成任何反应；在这个过程中，自我可能保持着漠不关心的状态，接受这个不断提高的分贝，直到耳膜在某个时刻直接破裂"（Lotz，2007，第 54 页）。其二，即便说存在着某个可测量的心理学阈值，但这个阈值依然是后续产生的。它预设转向已经发生了，自我已然转向了这个特定的音量，由此这个音量才能被确定，进而并被测量到。换言之，这个阈值恰恰未能回答"自我为何转向这个而非别的音量"这个问题。

为了处理这个问题，克里斯蒂安·洛茨（Christian Lotz）认为，我们需要考虑感触之浮现的"性质"（qualitative）或其主体性维度。一如前述，感触力总是具有了意义或某种分量，后者反过来只有相对于经验上的与格（dative），也即相对于一个"缄默我思"（tacit cogito）才具有意义。进一步来说，转向（Zuwendung）某个东西意味着它同时也是"转离"（Abwendung，turning-away-from）别的东西。"其结果是，感触之接触只能以在此处被感触、在彼处被抵触之自我的倾向与非倾向来解释。"（Lotz，2007，第 52 页；参看 Waldenfels，2010）感触力的分量（weight）最终回溯到自我的"衡量"（weighting），尽管这不是一个认知性的衡量。在《被动综合分析》中，胡塞尔简要地提示说，这个"衡量"与某个"倾向性趋向"相关，而一个感触力相较于另一个感触力的优先性则植根于此。胡塞尔写道，"只要吸引意味着对自我的感触，它从自我的视角而言对应着'被吸引'（being-drawn），也即在吸引中存在着一个'趋向性'"（Hua 11，46［86］）。

然而，这个趋向性到底是什么呢？我们如何能够对之作现象学说明？正如洛茨所指出的，胡塞尔本人对这个问题的立场并不是清楚一致的。从手稿中来看，胡塞尔有时将"趋向性"理解为一种"心性"（Gemüt）或"心性意识"（Gemütsbewußtsein），而且认为它跟感触一样源初，因为它"在意识生活的被动性中总是不断起作用了"（Hua 31，4［277］）。在其他地方，胡塞尔又将"趋向性"刻画为意识感觉（Fühlen）的一个层次，它"显现为一种新的意向性类型"并且构成了转向的过渡（Hua 31，

5［278］）。这些刻画已经提示了一些重要的问题。第一，那么心性与感觉之间的关系及其差别是什么呢？第二，如果术语上的差别不那么重要的话，一个更为困难的问题在于，我们如何能恰当地描述感觉现象？胡塞尔有时将感觉等同于隶属于对象侧的性质。① 而别的时候，他又认为感觉应该是属于主体性生活的范围之内。② 就后一点而言，第三个问题在于，如果感觉被视为一种"新的"意向性类型，那么其性质到底是什么？它是否奠基在对象化的意向性之中，一如胡塞尔在《逻辑研究》中所理解的那样？③ 如果确实如此的话，那么"新的意向性类型"这一说法就相当令人困惑了。抑或说，胡塞尔最终修正了他在《逻辑研究》中关于感觉的看法，并且在发生现象学的范围内揭示了一种新的感觉意向性类型，以至于他最终认为感觉不是奠基于对象化意向性，它是一种自足的、新的意向性类型——一种前对象化的意向性？

这些问题自然值得细致的分析。基于发生分析，本书倾向于认为，感觉意向性在性质上是前对象化的，即便胡塞尔有时候还会坚持认为——"愉悦而无任意愉悦之物则是不可设想的"，以及"愉悦感确实要求一个与愉悦之物的关系"（Hua 19，404［108］）。纵使如此，我们还是需要区分"某物"与"确定的某物"，一如胡塞尔在《逻辑研究》"第五研究"中所作的那样。在感触浮现这个层面而言，被激起的意向感觉尚不是一个完全的感知"表象"，因为它还没有一个真正的"对象"与之相对立。相应地，感触者最多是某种"类对象"（object-like）或者对象构造过程中某个环节。扎哈维指出，被感触意味着被某个尚未被构造为对象的东西所感触（Zahavi，1999，第 120 页）。比如，听到音乐的音量在不断提高而造成的痛苦感，跟寻找这段乐章作者的过程中所经历的痛苦感，肯定是不一样

---

① 比如，"它隶属于每一个材料（hyletic），作为为我而存在的［某物］，它在感觉中接触到自我，这是它在活生生之当下中对自我而存在的源初模式。感觉——被感觉所规定，无非就是说从感觉材料一侧而言被称为感触的东西。肯定性与否定性的感觉——肯定性与否定性的感触"（胡塞尔手稿 MS E III 9, 16a; 转引自 Lotz, 2007, 第 50 页）。

② "但人们不能说，在转向之前是感觉材料（hyletische Datum），并具有一个欲望特征——不管它是什么，它都引发了我的兴趣，好像欲望还不是一个材料，也即被感触之物"。（Hua Mat 8, 324）

③ 李南麟（Nam-In Lee）（1998）指出，胡塞尔从《逻辑研究》时期到 1910 年代左右都持有这一立场。事实上，胡塞尔本人可能从来都没有放弃过这个立场。他在有关《超越论逻辑》的讲座稿中写道，"如果对象化意识已然在那里，如果一个对象已然被创设了，那么一个感觉意识就能够（can）建立在其上并能够进入与它的一种特殊的关系，进入这样一种关系——只有一个意识与另一个意识之间的关系"（Hua 31, 6）。进一步的讨论，可参看 Melle（1989）。

的。① 在后一种情况中，我们可以合理地推断，一个确定的对象已经被挑选了出来，而作为伴随经验的痛苦感必然是基于对这个对象的表征。与之相对，这样的对象显然不存在于前一种情况之中，因为感触者乃是处于一种吸引自我之注意的阶段，但尚未被对象化为一个特定对象。因此，这里关键的地方在于：尽管感触感觉（affective feeling）在术语上与某个"对象化的本能欲望"（Hua Mat 8，331）相关，但它本身无论如何都不同于对象化的意向性，而且它在发生上先于对象化行为。

胡塞尔提示，前对象化感觉跟感触之浮现是共同源初的，因为它在不同感触力在分量上的不断变化中起着不可或缺的作用（Hua 11，150 [198]）。如此理解的话，感觉作为一种被感触的状态很难说是一种中性的身体状态；相反的是，它本质上具有一种趋向性。感觉从一开始就具有一种"评价性"特征——在某个感触状态中具有一个感觉就意味着它要么是肯定性的感觉，要么是否定性的感觉。如洛茨说道，"每一个感触都关联于一个被动地偏好某个感触的感觉，此感觉赋予该感触相较于其他感触的优先性"（Lotz，2007，第 50 页）。洛茨进一步论证说，我们需要区分前对象化感觉中的两个方面：一个是就意向相关项而言，另一个是就意向行为而言。"一方面，感觉指向被体验到的对象之价值，将之体验为一个触及自我并感触自我的价值对象；另一方面，感觉关联于冲动本身，赋予后者一个肯定性或否定性的特征。"（Lotz，2007，第 51 页）但是，这些"感觉"不应被当作两个互为分离或互为独立的感觉；相反，它们是同一感觉的两个不同方面。例如说，当"我"在听一段分贝不断提高的音乐时，痛感也在不断加强。但是，"我"仍然可以区分出"恼人的"但具有价值的音符——肯定性的感觉，以及耳膜中的刺痛感——否定性的感觉。在"C 手稿"中，胡塞尔明确提到这一点：

> 材料的变化会参与进来，而且与之一道发生感触之强度上的变化，由此在功能上确定了喜悦的强度；即是说，一个之于我不愉快的变化。但这个变化也可以导致欲望、喜悦的加强，导致加强与减弱的正与否（Auf und Ab），但这个正与否还可以是令人愉悦、享受的；而且在正与否中发生一个与所期待的正向一道的提升。（Hua Mat 8，321–322）

---

① 胡塞尔在《第一哲学》II 中讨论了一个类似的案例，他比较了观看一朵盛开的花时的审美经验，与一个植物学家对花朵的理论检查。胡塞尔承认，在前一个例子中，对花朵之美丽的情感性享受（affective enjoyment）胜过了所有的经验——此时，感觉意向性构成了"主要的行为"（Hauptvollzuge），并且是作为感性感知的奠基性基底而起作用（参看 Hua 8，100–101）。

也就是说，感触力的变化会到达一个阶段，其中它变得令人愉悦或令人厌恶，这个变化正是与感觉的变化互为表里，而不管这里的感觉是愉悦感还是恶心感。这里真正重要的是这一事实——恰恰是意向行为之感觉的变化最终导致了实际的转向，而不管这是一个转向还是一个转离。持续加强的音量变得如此刺耳，以至于"我"对它的否定性感觉使得"我"不得不远离它。就此而言，通过阐明评价性感觉（valuing feeling）的底层维度，我们可以回答下述问题：为何"我"转向这个特定的感触吸引而非另一个，为何某个感触力要比其他感触力更有优势。恰当来说，评价性感觉构成了一个过渡性通道，由此，"我"要么接纳感触之吸引，要么禁止对之转向。在最基本的层面上，评价性感觉在确定某个感触力之于其他感触力的偏好方面起到了决定性的作用，并最终引发转向某个特定的感触吸引。简言之，意向行为一侧的（noetic）感觉构成了实际转向的补充性条件。胡塞尔明确地说，"感性感觉的动机起作用：它感触自我，并在一种'我行动'的趋向中感触自我，与之一道的是感觉的加强与减弱，并且相应地，它要么是肯定性的，要么是否定性的，由此采纳或放弃这个方向，自我抑制去行动，加强它或者减弱它，诸如此类"（Hua 14，452）。

对于分析被动意向性的性质而言，这个结果是非常关键的：被动意向性在本质上而言是一种身体感觉。身体不仅是一个动觉标准（kinaesthetic norm），预先勾画了自我筹划于世界的方向。更为重要的是，它是实际转向他人的一个倾向基础，因为身体感觉已然具有了一个初步的源自他异感触的评价或分量。因此，实际的同感转向，也即"自我行动"，最终植根于这一源初的感受性之中，并为之所推动。就此而言，我们可以真正地谈论一种与他人的感触性交往。他人的呼唤（appeal）在发生层面上乃是伴随着一种身体上的倾向，一个身体上"喜欢"（like）或"厌恶"（dislike），以至于他人的呼唤才能最终被自我之意识生活所捕获。在此意义上说，同感之转向——自我对他人的回应（response/answer），在感触层面已然是一种"采取立场"（执态），因为这个转向最终依赖于身体感觉的现实状态。

由此，我们可以辨识出在本小节一开始所提问题的另一个方面。显然，身体感觉构成了转向这个而非那个陌生主体，以这种方式而非另一种方式转向之的决定性要素。这表明，同感之转向显然不是任意的，转向这个感触吸引意味着是转离另一个陌生之呼唤。在这个初始的层面上，同感之回应意味着牺牲掉或忽略掉其他的陌生呼唤。具体来说，对他人的同感之转向已经意味着对这个而非另一个感触的回应，对这个而非另一个呼唤的回应。如此，同感之转向就包含了一个初步的采取立场，构成了一种原伦理（proto-ethics）的形式。或者说，这种基于感受性感觉的执态构成了现象学伦理学的发生学基础。恰当地说，伦理学本质上是一种"价值 – 感知"（Wert-nehmung）。①

## 第三节　唤醒作为一种初始的同感形式：一个预备性的澄清

基于上述分析，我们可以进一步处理胡塞尔同感现象学中一个具体的被动同感类型——结对。研究者基本上达成了一个共识，也即胡塞尔在《笛卡尔式沉思》中实际上发展了两个截然不同的他人研究进路：一种是静态的，另一种则是发生学的。就后一种进路而言，胡塞尔的核心议题及概念极具争议，也极为著名。其中一个关键且困难的问题在于，我们应如何解释"联想结对"这个特殊现象？对胡塞尔而言，这构成了他者被动构造的轴心。至此为止，本章对此都未作讨论——这一方面是因为，对这一现象的全面解读需要澄清性的预备；另一方面也需要对既有解读进行梳理。本节希望基于上述关于胡塞尔发生现象学的分析，将这个现象框定于发生分析范围之内，并根据胡塞尔后期的《现象学人类学》（1932）计划（Hua 15，第 29 号手稿），对之作出一种新的解读。

### 一、联想结对

从历史上讲，胡塞尔对"结对"（Paarung）这个概念的使用出现于不同的语境之中。② 一种用法出现于 1910—1911 年，他尝试用这个概念来理解两个莱布尼兹式单子之间的原社会性（proto-society）（Hua 13，Beilage XVIII；参看 Hua 14，295）；而另一处则出现于 1920—1921 年，其语境是胡塞尔在讨论发生学联想（association）之时（Hua 11，第 28 节）。在 1926—1927 年，当胡塞尔尝试找到一个解决自我与他人之间身体相似性问题的发生学方案时（Hua 14，523；参看本书第一章第二节），这两种使用

---

① 就笔者有限的阅读所及，Bernet（1994）可能是第一个指出感觉或感觉意向性的伦理意涵的学者。Waldenfels（2007）以及 Lotz（2007）则各自根据列维纳斯的思想分别处理了同一个议题。

② 现可查的"结对"概念最早应该是出现于"第一研究"之中（Hua 19，46）。在这里，胡塞尔主要是讨论表达行为中两个行为要素（对表达性符号的直观表象以及对含义的主体性激活）之间所形成的一个"结对"（Paar），因而这与后来被动综合分析中有关感性域中不同对象的"结对"是不同的。

渐渐汇合到了一起。其结果是，胡塞尔首次清晰地——尽管是概略地——阐述了"第五沉思"中所提及的联想结对现象。但是，这些表述并不是胡塞尔有关该现象的最终论述。1932 年，胡塞尔在《现象学人类学》这个计划之下发展出了一个更具说服力的解释。他认为，通过对前课题化同感的彻底澄清，我们可以展现出社会创立——他异感触与自我转向之间通过联想结对所建立起来的原社会交流（proto-social communication）——的现象学意义。需要注意的是，胡塞尔对联想结对的阐述还不是完全系统的；但我们可以在其后期的手稿中追踪到他有关联想结对这一现象的思想发展和演进。

因此，我们首先需要澄清这个概念。一如胡塞尔的解释，类比统觉"在意向上回溯到一个源初创立的层面"，后者则正是源初的结对（Hua 1，141–142［111–112］）——与诸如再造（reproduction）、比较（comparison）、同一化（identification）等高阶认知综合相对比的一种源初的被动综合形式。胡塞尔认为，联想结对的核心特征在于两个相关的要素：

其一，两组感性材料在意识中由于它们在被动发生中的凸显性质而直观地被给予（Hua 1，142［112］）。一如前述，这两组材料必须是基于其感触浮现才变得凸显出来的。

其二，两个不同的感触浮现的示例组建了一个相似性统一体，因而被构造为一个"结对"（同上）。换言之，恰恰由于两组材料之间的亲缘性或同质性——比如两个红三角形之间的颜色，一种相似性就得以建立，并且相似的两个关联项组成一个结对（Hua 11，132［178］）。①

人们可能会问，到底是哪一种"联想"决定了这一源初的结对呢？在"第五沉思"中，胡塞尔的答案似乎并不是一致的。他解释说，这就像是一个小孩看到剪刀之后，就会在后续的行为中自动地将前后经验联结起来——这里的联想是一种发展的（ontogenetic）亲知性。但这一解释意味着，联想结对是"再造性的"（reproductive），而且这一解释至少在表面上看起来还有利普斯同感理论的残余——对他人的同感经验需要回溯到某种发生学上的初次经验。

然而，如果我们作进一步的分析，则可以看到联想结对的真正含义。实际上，胡塞尔本人区分了三种联想：（1）初创性或唤醒性的

---

① 参看斯坦博克所举的一个例子：在攀爬一个岩面时，攀岩者遇到一个半路上的凸起，它"即刻跟所有其他的凸起相区别开来"，因为它被另一个攀岩者用白石灰作了标记。这一白石灰本身不仅是变得极为突兀，更为重要的是，"它还在一种意义传递中跟其他的白色凸起结对，然后在其周边同时引起了一个凸起的系列"（Steinbock，2004，第 29 页）。

（awakening）联想，与再造性联想相对；（2）再造性联想相对，包括回退性联想（backward association），比如回忆；（3）前进性联想（forward association），比如预期。根据胡塞尔的说法，初创性联想才是现象学上源初的，胡塞尔的理论也恰恰是由此才与早期的心理学联想理论（再造性联想理论）相区分开来。胡塞尔认为，初创性联想是一种意向的侵入（Übergreifen，encroachment），也即两个感性材料在背景中发出感触力并凸显出来而产生的两个材料之间的交织。基于这种意向侵入，则发生了两个材料之间的"一种活生生的相互唤醒，相互交织、叠加"（Hua 1，142）。需要确定的是，这种自身唤醒必然发生于源印象领域，而非意识的过去或未来（Hua 11，123［168］）。换言之，一个被给予项激起另一个被给予项的凸显性质，由此两个被给予项或部分、或完全地耦合在一起，并因此形成一种相似性或相同性——所有这些发生均无需自我的认知性参与（Hua 1，142［113］）。这显然不同于再造性联想，再造性联想中一个同一的（identical）并且可以一再同一化的（re-identifiable）对象已然被构造了起来。也就是说，再造性联想是发生于回忆意识中而非源印象领域内，而且是通过回忆才达成的，因而也非被动的接受性行为。就此而言，再造性联想在发生上依赖于初创性联想，后者构成了前者的基础，它形成了两个被给予项之间的相似性或相同性，然后才能以再造的方式被比较或同一化（identify）。胡塞尔认为，诸如回忆等再造性联想预设了一个"桥接的项"，也即某个已经被建立起来的相似性，由此当下的某物才能提醒或唤醒过去的某物（Hua 11，123［168］）。

相应地，我们可以进一步区分初创性与再造性联想。后者发生于记忆范围内——当下意识中的某个东西重新唤醒（re-awaken）过去或未来意识中的某个东西，而初创性联想则是作用于源印象范围内的滞留（retention）维度——唤醒性的感触不是落入到过去，而是保留在活生生的当下，并且它在这一统一的意识之中与另一个相似或相同的感触吸引黏附在一起，构成一个对子。

## 二、联想结对：前述谓相遇中的相互性

在联想结对的发生过程中，构成结对的又是什么呢？发出感触力的两组相关联的予料到底是什么呢？在《笛卡尔式沉思》第51小节的语境中，人们可以认为，它们是自我与他人就其各自物理性显现的身体。一如第一章所证明，自我与他人身体之间的外形相似性是如此明显，以至于很难不将它们当作直接的选项。但这个解释路线却是有问题的。一方

面，胡塞尔同感现象学中相似性议题所关切的并不是外在的相似性，而是相似的身体被给予性模式（参看本书第一章第二节）；另一方面，在被动构造这个层面上，讨论一种外形上的相似性显然是不合时宜的，因为他人的身体性尚未被构造起来，并且它还未出现于感触之呈现这个范围内。

山口一郎（Ichiro Yamaguchi）在其经典著作《埃德蒙德·胡塞尔的被动综合与交互主体性》（*Passive Synthesis und Intersubjektivität bei Edmund Husserl*）一书中提议，联想结对不是别的，正是"这里"（here）与"那里"（there）在源印象领域内构成的结对，因为身体的动觉本质上具有他人当下之所是的"存在于那里"（being there）这一可能性（Yamaguchi，1982，第 97 页；参看本书第一章第一节）。因此，山口一郎认为，"如若我在那里"（if I were there）既不是自我的回忆，也不是自我的未来状态——它不是一个"之前的那里"，也不是一个"未来的那里"；相反，它是对当下两个身体之共在（co-existence）及其"同时性"（simultaneity）的处境性统觉，是一种即刻的结对统觉（pairing apperception），即便这里已经存在着"这里"与"那里"的区别（同上，第 97—98 页）。山口一郎显然是在强调两点：第一，联想结对不是再造性的，因而它不等同于回忆性质的联想结对；第二，动觉系统在构造他人的"那里"时起到了关键的作用。

山口一郎进一步解释，这种身体的"这里"与"那里"之间的关联不是反思性的。重要的是，由于身体的移动性，这种关联是同感的"功能性"（funktioniert）要素。换言之，只要一个陌己主体进入到自我的感知域，自我总是在当下觉知到（erlebt）自我"匿名的具身自身"，以及自我存在与他人存在之间的差异，即便自我尚未主动地反思这一区分。在他看来，这一种身体上的"结对"是"一种对'这里'与'那里'之间差异的前反思意识，以及对所熟知之身体显现模式的前反思意识"（同上，第 98 页）。

山口一郎正确地指出了，联想结对构成了对身体之"这里"与"那里"的一种前反思性关联。但我们还可以进一步追问，他人的"那里"是如何首先显现出来的呢？难道不是说，这一关联已经预设了他人已然在感知域之中在场，就站在"那里"么？难道不是说，这一联想结对需要一个更为源初的基底，也即他人的发生学出现？依据本章的讨论，事实正是如此的。在后期的研究手稿中，胡塞尔写道："前提：相互的、实际的彼此在此（Füreinander-dasein），他人之内存在的相互在此。在这个处境之中，'我转向他'（wende ich mich an ihn）。"（Hua 15，471）换言之，他人之为"在那里"的被给予性预设了他人的预先被给予性已然在某种程度上感触到了自我，以至于"自我转向了他"。胡塞尔在"第五沉思"中的一些段落似乎也是如此暗示的，"在联想与统觉这一特别让我们感兴趣的情形中——对他异自我的统觉中，当他人在自我的感知域中出现时，结对首先就出现了"（Hua 1，143）。胡塞尔进一步指出，这一"闯入"（breaking-in）首先是以感触之凸显（abgehoben）的形式进行的（同上），而他人的凸显性质才能继而唤醒（awaken）或激发（motivate）一个动觉上的可能性："它让我觉知到我自己身体所看起来的样子，'倘若我在那里的话'。"（Hua 1，147［118］）依据前述分析，在感触之吸引与动觉转向之间总是存在着一个意向关联，也即他人的感触之呼唤包含着一个相关联的回应——一个"回应性的行为"（antwortende Verhalten）（Hua 15，476）。

胡塞尔认为，这种纠缠的模式构成了一种源初的交流形式（Mitteilung），或者是字面意义上的交流（*communicatio*）（Hua 15，473）。或者说，这是一种初始的参与模式。胡塞尔写道：

> 所有的社会性［首先在实际生成的社会行为的源初性中］在根底上依赖于交流共同体的实际联结，依赖于打招呼（Anrede）以及对打招呼之接纳（Aufnehmen der Anrede）的单纯联结；或者更清楚来说，依赖于呼唤（Ansprechen）与倾听（Zuhören）之间的联结。这个联结性（Verbundenheit）是自我与他人之间乃至任何人以及对他而言的他人之间的特殊重叠的原形式：自我统觉他人为自我的他人，当我反过来作出倾听［他的呼唤］。（Hua 15，475）

恰当地说，联想结对不仅仅是身体之"这里"与"那里"之间的关联，因为这一关联可能太过于形式化，以至于难以构成人际真实相遇的动机基础——一个相互呼唤与回应正在发生的相遇的动机基础。基于发生分析，我们发现，他人的具身"这里"显然不仅是一个与自我相对的空间位置；相反，他人"之于自我"的在那存在已经具有一种感触形式，一种对自我的呼唤、言说，而这种感触、呼喊、言说一开始就是具有意义的。相应地，作为被感触、被呼唤、被言说的自我，则在相应的态度中加以回应，例如口头或非口头"回应：是的"（answering yes）（Hua 15，476）。因此，我们可以说，联想结对就其本质而言，是他人之具身感触性与自我之动觉转向、他人呼唤与自我回应之间的关联。

据此，我们可以回答本章一开始的议题：前课题化的相遇本质上是内在于周遭世界这个处境之中的。胡塞尔将被动性的预先被给予性领域视为一个前述谓的领域，与之相对的是述谓性领域——其中诸如判断、评价、断言等认知行为构成了主要的内容（EU，第 15 节）。在前述谓领域中，他人的感触性出现尚未被提交给课题化的阐述，但我们依然可以阐明其发生结构——它包括一个相互的唤醒：他人感触性的预先被给予性被提交给意识，从而触发了一个对应性或回应性行为（Antun）。如果这个互为纠缠之关联项中的任意一项缺失了，那么谈论一种前课题化的相遇也就毫无意义了，因为尽管感触必然先于转向，但如果缺乏与之关联的转向，那么它依然是意识上的"无"——它未能进入清醒意识的范围之内。据此，相互性（reciprocity）或者由相互性所建立的原社会性就构成了这种前述谓相遇的内在特征。

## 第四节　结论

上述讨论表明，同感的前课题化基底在发生学上先于课题化的同感行为，并构成其基础。这种前课题化的同感具有一个感触浮现的结构；与之相应，其也包含了一种特殊的被动意向性。由此，我们可以说，他人的初始显现已经是内在于一个为感触力所勾勒的情境之中，而这个情境正好提供了人际理解的初步的意义框架。换言之，人际理解首先是由于这个周遭世界才得以可能，并且为后者所限定。另外，他人的感触性呈现对应着自我的被动性转向，自我的被动性转向是一种由身体之动觉所完成的感觉趋向性，它构成了自我之于他人的第一性立场——是对他人的第一性回应。

基于这些结果，本章希望能展现胡塞尔同感理论中的一些新的维度。与主流解释相反，本章认为胡塞尔的同感理论并不是以自我为中心，也不是以概念化为特征。同时，胡塞尔也没有忽略文化、社会、习性乃至历史等因素之于同感理解的重要性。本章指出，胡塞尔总是力图在现象学上忠实地描述他人的源初显现模式。在这种努力中，胡塞尔特别提醒我们同感行为中的被动性以及感触性现象，由此他才能彰显出他人的感触性呈现之于他人构造的重要性。在此意义上来说，人类的相遇与理解包含了诸多的层次与维度，而前课题化、前述谓的同感则构成了人际理解的基础，并且是其重要组成部分。

# 第三章　当下化与双重同感意向性

在讨论本章的主要议题——同感意向性之前，我们需要重温一下第一章中所获得的基本洞见。其中，身体的完全的二元构造不仅对于解释身体的自身觉知不可或缺，而且对于彻底地说明他人的身体构造也极为关键。对于胡塞尔而言，他人的身体首先不被当作一个单纯的物理器官，在此之上再附加上另一个实体——心理学状态。相反，他人的身体首先被感知为一个陌生的躯体身体（Körperleib），它分有与自我身体相似的二元显现方式。对胡塞尔来说，将他人身体感知为另一个身体是通过一个独特的意义传递来完成的，由此，自身身体之为身体的意义被传递给他人。在此意义上，胡塞尔将同感刻画为一种类比统觉——一如第一章所述，我们最好将之理解为一种内在植根于身体移动性中的拟 - 视角获取。

尽管"拟 - 视角获取"这一命名能够很好地说明胡塞尔同感理论中一个被广为忽视的问题——身体移动性之于同感感知的功能性作用，但是，拟 - 视角获取本身——特别是其中的拟态特征（quasi-ness）——尚未得到澄清。本章所要表明的是，同感感知的这种"拟性"造成了众多学者对胡塞尔同感理论作利普斯式的解读——胡塞尔同感理论的基础被解释为借助于自我的回忆（Held，1972；Thenissen，1986）或者自我之潜能（Kozlowski，1991），因此不过是利普斯同感理论的一个改头换面的版本（Sawicki，1997；Schloßberger，2005）。根据这种解读，胡塞尔的同感理论未能说明自我如何获得真正的他异自我，从而他异自我也并非本己自我的复制品。换言之，胡塞尔的同感理论未能解释他人的真正他异性。

笔者认为，上述解读策略及其对胡塞尔的批评在原则上误读了胡塞尔同感理论的基本要义。通过解释同感之拟性的意向结构，也即同感之当下化结构，本章要表明：胡塞尔的同感理论在本质上是一个感知理论，我们可以源初地当下化他人的他异性，而无需削弱它或取消它（Fink，1966；Römpp，1989）。由此，本章将着重论述这样一个论题：同感意向性在本质上是一种双重意向性，而非单一方向的意向性，它同时指向他人感性被给予的身体及其以非感性方式被给予的主体性（Hua 13，340）。

为了全面阐明同感的意向性类型，本章第一节将分析施泰因与胡塞尔关于同感感知的论述，以便将之置于与诸种意向行为的比较之中。依据施泰因（以及胡塞尔）的说法，同感是一种独特的感知形式，它既不能被还原为简单的外感知，也不能从其他复杂的意向行为（比如回忆、期待或纯粹想象）中派生出来。因此，同感感知不同于高阶的同感经验，比如预测性解释（predictive explanation）、道德关切（moral concern），等等。相反，同感是一种自足的、指向他人之为他人的感知形式。

本章第二节会检视胡塞尔处理同感意向性的第一个方案，也即将同感类比于回忆（recollection）。与对胡塞尔同感理论作利普斯式解读一样，这个方案会导致诸多问题，例如解释他人之同时性存在及其本真他异性方面的困难。根据这个方案，胡塞尔的同感理论只能将他人解释为本己自我的一个复制品，因而不能解释他人的本真他异性。因此，它在理论上基本失效。

而本章第三节将关注胡塞尔处理同感意向性的第二个方案，也即将同感类比于图像意识——胡塞尔现象学中典范的当下化意识。本章会阐明胡塞尔图像理论的主要特征，并指出其中复杂的意向性结构。图像意识的意向性统一地指向三个不同的意向"对象"。依据这个模型，该节会表明胡塞尔的同感感知理论如何能够在现象学上说明他人的他异性，或者说，他人在其肉身被给予之中的非感性被给予性。因而，第四节会基于这个结果来说明同感意向性的"拟性"，说明同感意向性为何在本质上是双重的。

# 第一节　对同感感知的预备性说明

## 一、术语的预备

胡塞尔的同感理论在很大程度上跟他对各种意向行为的分析有关，而通过这些分析，他才能够揭示出同感意向性的独特形式。依据胡塞尔的理论，意向行为可以大致分为两类：一类是当下拥有（Gegenwärtigung），另一类则是当下化（Vergegenwärtigung）。① 简单来说，当下拥有意味着其意向对象是"具身"在此的（leibhaftig），例如正在看的这个咖啡杯是以"具身"的方式对"我"显现的。在胡塞尔看来，只有外感知及其视域才隶属于这个范畴（Hua 9，94；11，96 [140]）。与之对比，当下化行为所相关的意向对象则不是以"具身"的方式显现的，包括回忆、期待、图像意识以及纯粹想象（Hua 11，第 17 节；Brough，2005）。这些意向行为的对象并不是像外感知对象那样的直观；相反，它们都是通过"其他东西"（something else）的中介而显现出来，因而可能仅仅以含糊、有时是完全空洞的方式显现（Hua 11，36；13，222–223）。比如，当"我"回忆过去对科隆的造访，"我"会回忆起看到科隆大教堂时震撼的心情。尽管被回忆的大教堂实际上并不在"我"的感知域之内，"我"却可以再次对之有某种"直观"，"就好像我是透过一重雾看着它"（Hua 23，202 [240]）。在此需要强调的是，如此界定的当下化并不必然如回忆般是对过去经验的再造。当下化也可以是一个源初的直观行为。比如，在图像意识中，我们可以源初而直观地看到挂在墙上的绘画，而无需指向对同一绘画的任意一个过去的经验（Hua 11，72 [114]；23，476 [565]）。

那么，就胡塞尔的同感感知理论而言，困难首先在于：同感行为到底落于这两个范畴当中的哪一个？② 它是一种当下拥有行为，一如"同感感知"这个概念所暗示的那样？还是说，它是一种当下化行为，因为同感的相关项，也即他人的心智本身，并不像外在对象那样源初直观地被给予？抑或说我们可以设想，同感是这两类意向行为的一种特殊融合？如若是这样，我们又应该如何理解这种独特的意向融合呢？为了更好地理解这个议题，我们可以先看一下施泰因在其博士论文《论同感的问题》（*Zum*

---

① 胡塞尔的技术性区分严格来说是三类（而非两类）。就意向行为的不同层面而言，我们区分为：去当下化（Entgegenwärtigung，de-presentation）、当下拥有、当下化。芬克（Eugen Fink）认为，"去当下化"特殊的地方在于，它作用于内时间意识之中的被动性领域。具体而言，滞留（retention）与预持（protention）都是"去当下化"的形式，因为它们都从活生生之当下"滑落"，因此它们构成了自身疏远（self-distantiation）或自身差异化（self-differentiation）的要素，从而构成了任意感知的结构性要素并使得后续的回忆或预期得以可能（Fink，1966，§ 9）。我们可以说，感知行为本质上并不是限定于当下在场（presence），而是内在地为去当下化所预先勾勒——它具有滞留与预持的维度。同时，这种自身差异化使得高阶的意向行为（当下化）得以可能，使得它们可以指向意识流之场域中不在场之物，高阶意向行为包括回忆、期待、图像意识甚至同感（Hua 6，189、532；Fink 1966，第 42 页）。对去当下化与当下化之间关系的进一步讨论，可参看 Fink（1966）。

② 扎哈维（2010）对同感与其他意向行为（比如回忆、图像意识与符号意识）提出了一个类似的区分。他主要是就这些行为的内容或其相关项的直观性来作比较的。与之相对，本书更多探究同感行为的意向特征，以及它与其他意向类型（当下拥有与当下化）之间的差异，从而刻画同感经验的行为特征并揭示其特殊的同感意向性。

*Problem der Einfühlung*）（Stein，2008）中关于同感的解释。我们可以认为施泰因的解释最起码是得到了胡塞尔的首肯，因为她自 1913 年离开指导老师阿道夫·莱纳赫（Adolf Reinach）之后，就去到弗赖堡跟随胡塞尔开展博士论文研究并成为其研究助手。更为重要的是，她对同感的解释与胡塞尔的相关解释具有一种实质上的相近性，这有助于我们澄清同感在当下拥有与当下化两类行为之中的位置。[①]

## 二、同感感知：当下拥有与当下化

施泰因的博士论文不仅是现象学传统中最早系统研究同感的著作之一，更为重要的是，她对同感以及其他意向行为的初步区分可以指引我们对同感意向性作进一步澄清。依循施泰因的说法，我们可以忠实地描述"（同感）被给予性的特殊模式并最终揭示出其中的奠基性关系"（Stein，2008，第 13 页）。

那么，同感是一种当下拥有的简单感知（perception simpliciter）么？施泰因给出了一个例子。一个朋友告知"我"，他的弟弟去世了而且他为此感到万分悲痛。在此，"我"清楚地认识到他的悲痛。问题在于，"我"只是通过外感知，通过看到"他的痛苦表情"（例如他苍白而扭曲的脸），就认识到他的悲痛么？（Stein，2008，第 14 页）施泰因认为，情况并不简单就是如此。当我们感知一个时间空间对象时，该对象"原本就在那里"，也即它是具身地（leibhaftig）存在于感知域之中。另外，该对象与感知主体形成一个特定的导向关系，由此感知者总是可以通过环绕该对象从而进一步规定它，比如将当前未看到的侧面变成直观显现。但是，同感并不满足上述两个条件：这个朋友的悲痛状态并不像物理对象那样直观被给予，并且我们也不能通过绕着他转就将这个悲痛状态带入本真直观之中（Hua 13，51–52）。因此，在施泰因看来，"同感本身作为对陌生体验的经验，并不具有外感知的特征"（Stein，2008，第 15 页）。

但是，这并不意味着同感行为不具有"源初性"（originality）这个特征（同上，第 15 页）。施泰因认为，尽管被同感的心智状态既不是以原原本本的方式被当下拥有，也不是处于特定的导向关系之中，但同感仍然是一个源初的经验，因为"悲痛本身是源初地（在他人的表情中）被给予

---

① 当然，Sawicki（1997）基于胡塞尔生前发表的著作（主要是《笛卡尔式沉思》），认为施泰因的同感理论有些地方超出了胡塞尔的论述，而与舍勒更为接近。有关施泰因同感理论，中文的研究可参看郁欣《同感与人格：埃迪·施泰因的交互主体性现象学研究》（江苏人民出版社 2020 年版）。

的"（第 15 页）。虽然这里的术语看起来有些含混，但施泰因所要强调的观点是清楚的。被同感到的心智状态确确实实是在他人的面部表情中被源初地把握到的，但这种把握并不是物理对象被源初把握到的那种方式。换言之，"源初被给予的表达将陌生的心灵展现（darstellt）为某种共同被给予之物（Mitgegebenes），作为现在存在着的现实性"（第 15 页）。就此而言，施泰因的立场好像有些摇摆不定，因为她一方面否认同感是一种当下拥有行为，另一方面又承认同感"共同经验到在身体表达中被表达的心灵，因而必须被当作外感知"（第 15 页）。

如果同感严格来说并不是真正的表象性感知，那么它是一种彻彻底底的当下化行为么？乍一看，施泰因好像是持有这个立场的，而且她将同感行为类比为那些"不是在其身体性在场中意向对象，而只是当下化其对象"的行为（同上，第 16 页），即回忆、预期与纯粹想象。但一经审视，施泰因的立场也还是摇摆不定的。

在施泰因看来，被回忆之物"曾经是身体性在场的"（第 16 页）。比如说，"我"所回忆的科隆大教堂不能原原本本地显现出来，否则的话"我"当下的回忆就不再是一个回忆，而是一个真正的感知。科隆大教堂只能以这样一种方式对"我"显现出来，它指示着一个时间上的"过去"，而回忆行为本身在时间上则是"当下的"。这一时间上的距离进一步确定了回忆以及预期的非原本性。施泰因观察到，"当下的非原本性指涉到某个过去时刻的原本性，后者本身具有'现在'这个特征"（第 16 页）。尽管在想象行为与被想象对象［或者胡塞尔意义上的"想象物"（imagery）］之间不存在这种时间距离，但想象本身也具有类似的非原本性，因为想象物停留在经验主体之中，它在显现方式上是模糊且难以把握的。在施泰因看来，这些当下化行为的"内容"并不像实际体验的东西那样是原原本本可被直观到的（第 16 页）。

就此而言，同感确实类似当下化行为，因为同感"就其内容而言是非原本的，如果我们坚持就其内容而言，而非将之当作某个源初被给予性的'共同被给予性'"（同上，第 19 页）。换言之，如果我们单单挑出同感的相关项——他人的心智状态，那么我们就必须承认它具有一种现象上的不可见性。不管"我"如何清楚地知道朋友的悲痛，"我"就是不能"看到"这个悲痛状态本身，更不可能像朋友那样源初地体验到这个状态。在最好的情况下，"我通过他人的面部表情来读到它"（第 19 页）。因此，就其意向相关项而言，同感行为是非原本的。施泰因总结，这个内容是隶属于他人的体验，"我"只能以类似回忆自己过往经验的方式来理解它（第 19

页)。

然而，施泰因又否认如此规定的同感行为是一个彻彻底底的当下化行为。与回忆、预期或想象不同的是，同感行为与对他人之身体表达的感知互为纠缠并以之为中介（同上，第 20 页）。也即是说，尽管被同感的内容在严格意义上说是不可见的，"我"却本真地感知到朋友"苍白而扭曲的脸"，而他的悲痛状态在其中被揭示出来——其悲痛通过身体表达并在这个身体表达之中变得源初"可见"。施泰因写道，当"我"同感另一个主体时，"任意另一个主体具有原本性，尽管我体验不到这个原本性，那个源自他的喜悦是原原本本的喜悦，尽管我不能原原本本地体验到它"（第 20 页）。

### 三、同感感知作为一种意向融合

如上所述，我们应该如何来理解施泰因对同感行为的解释呢？或者说，我们应该如何理解其解释中所包含的明显的含混性呢？对于施泰因而言，同感既不单纯是感知行为，也不单纯是当下化行为。不管是偏向哪个选项都是仓促的，因为这会"显得是对不同直观的一种任意混合"（Dullstein，2013，第 343 页），也即混合了对他人身体表达的感知以及对他人之心智状态的表征。施泰因所面临的困难并不在于她要力图将自己的"认知或表征"立场与其导师胡塞尔的感知立场作调和（同上）；相反，其困难在于尝试更严格地把握一个复杂现象，也即他人"在其最为本质的完整性（entirety）"中的显现（Stein，2008，第 14 页；参看 Hua 13，252–253）。[①] 施泰因的真正贡献恰恰在于揭示出他人主体性的不可见性以及这一主体性在其身体表达中的可见性这两者之间的相互作用；或者用胡塞尔的话说，也即他人主体性的"感知上的非显现"（the perceptual non-appearing）以及他人身体性的"源初感知显现"（the originally perceptual appearance）之间的相互作用（Hua 13，47；14，234）。相应地，同感感知看起来就兼合了（straddle）当下拥有与当下化行为，因而同时具有源初性与非原本性两个特征，以至于我们可以说同感感知是当下拥有与当下化行为的意向融合。

---

① 我们可以认为，施泰因的立场其实是受到莱纳赫 1913 年的讲座《哲学导论》的深刻影响。1913 年，施泰因刚刚在哥廷根跟莱纳赫学习现象学。施泰因博士论文的第二章——我们至此所讨论的部分——看起来更像是对莱纳赫讲座稿的一个拓展。作为胡塞尔在哥廷根时期最杰出的学生，莱纳赫有理由熟悉胡塞尔在《逻辑研究》中对"当下拥有"与"当下化"所作的区分，这很可能构成了他在讲座稿中讨论同感感知时的引导。而这也解释了施泰因的立场为何在根本上跟胡塞尔是相同的。

胡塞尔看起来是赞同这一解读的。在《观念 II》中，他写道，"我以某种方式经验到他人的体验：只要与源初的身体经验一同发生的同感是一种当下化形式，但它仍然奠定了具身共在（Mitdasein）的特征。……同感的特征在于，它指向一个源初的身体－精神－意识，但只是作为这样一种意识，也即自我本身不能原原本本地实行它"（Hua 4，198）。胡塞尔自始至终都一致地认为，同感是一种陌生感知（Fremdwahrnehmung）。严格来说，他人身体在导向空间中是以感知的方式直接被给予。然而，同感与简单的外感知又有本质的差别，因为他人的体验并不是以感知的方式而直接被给予的。在胡塞尔看来，同感具有当下化的意向成就，"通过此，我作为自我就具有了另一个自我，也即以对他人之具身存在的感知意识这一方式"（Hua 8，134）。换言之，同感是这样一种意向行为，其中当下拥有与当下化行为在构造上互为融合，赋予同感"一种更为复杂且完全新的意向性类型"（Hua 5，55；参看 Hua 1，135）。在《笛卡尔式沉思》中，胡塞尔也称之为"最为复杂的意向性"（Hua 1，140）。本章第四节将会对此作全面的阐述。

## 第二节　同感意向性：胡塞尔的第一个方案

弄清楚同感在整个意向行为中的位置之后，我们就可以更为准确地确定同感意向性的类型及其特性。总体上说，胡塞尔的同感理论主要依靠类比论证，澄清同感行为的复杂性质。从 1905 年伊始，胡塞尔在对同感感知的漫长思考过程中，主要提出了两种类比方案：一是类比同感与回忆，另一则是类比同感与图像意识。其中，在"第五沉思"（第 50、54 节）中，我们看到的就是第一种类比方案。虽然胡塞尔对回忆的解释与心理学的解释是截然不同的，但胡塞尔对回忆行为的系统性依赖则导致一些严重的困难并招致激烈的批评（Held，1972；Kozlowski，1991；Theunissen，1986）。与之相对，第二个方案虽然被胡塞尔视为第一个方案的重要补充，但它甚少引起注意和讨论。因而，我们需要对这两个方案作系统性的再检讨，因为这样不仅能够说明第二个方案的重要性，而且更为重要的是，它能够让我们深入揭示同感意向性的特殊性质。本节主要是关注第一个方案，而接下来的第三、第四节则讨论第二个方案。

## 一、胡塞尔对同感与回忆当下化的类比

我们可以在胡塞尔的类比同感理论中发现他已然求助回忆行为来说明同感，后者被刻画为一种"wie wenn ich dort wäre"（一如当我在那里）意识。黑尔德认为，"wie wenn ich dort wäre"这个短语可以作两种解读。第一，我们可以将之理解为一种"虚拟意识"，也即设想或想象自己处于他人位置的"那里"——以虚拟模态（subjunctive mood）来理解，"好像我在那里一样"（als ob ich dort wäre）（Held，1972，第35页）。如此，"他人的身体将会是一个身体，倘若我在那里"（the body would be a lived body if I were there）。但是，在这个解读中，"那里"的身体就不是一个真实的身体了，因为"在现实中，我相对于当下的那里依然在这里"（同上）。第二，"wie wenn ich dort wäre"可以被理解为一种"意向能力"。我们可以设想下面这两个情况，自己曾经在那里或者在未来某个时刻将会在那里，由此将在"那里"的身体当作身体，"当我在那里"（wenn ich dort bin）——以时间模态（temporal mood）来理解（同上）。在这个解读中，"在那里"就成了自我之"在这里"的内在可能性，即便"在那里"（不管是过去还是未来的"那里"）原则上不能与自己当下的"这里"同时存在（同上）。因此，黑尔德指出，胡塞尔实际上混合了两种截然不同的选项："这个wie wenn是一个含糊的混合：一个是意指非实在性的wie［在"好像"（als ob）的意义上］，一个是具有时间意涵的wenn（在"当⋯时候的"意义上）"。（同上）

我们可以认为，同感需要满足下述三个条件，才能够真正地切中他人的存在：（1）他人之"在那里"与自我之"在这里"是同时的（simultaneous）；（2）他人之"在那里"是实在的（real）；（3）自我与他人的区分，或者是他人的他异性。在黑尔德看来，上述两种解读，没有一个能够成功。就第一种解读而言，我们可以将"那里"的身体统觉为一个"身体"，其"那里"与自我的"这里"是同时存在的，但这个身体的"那里"是一个虚拟（as-if/fictive）的身体，而非实在的。而根据第二种解读，我们确实能够将"那里"的身体统觉为实在的身体，而非一个虚拟的身体，但这个统觉被一个根本性的时间间距所削弱，因为我们原则上不能将这个身体统觉为与自我身体"同时地"在那里。更为重要的是，这两种解读都不能保证自我与他人之间的区分，因为这两个解读所理解的他人身体最终都不过是自我身体的一个虚拟性的变更或者时间性的变更。基于这些理由，黑尔德认为胡塞尔对这两个方案的混合，意图是为了克服单个

方案所包含的缺陷。但是，这两种意识（也即虚拟意识与回忆意识）原则上是不相融的，因而不可能共同起作用。因此，胡塞尔的策略无疑会失败（Held，1972）。

当然，黑尔德的这个区分可以帮助我们更好地理解类比统觉的性质。在我们进一步检讨胡塞尔关于"wie wenn ich dort wäre"（一如当我在那里）的真正含义以及黑尔德的批判性评价之前，我们需要更为细致地检讨第一个方案（同感与回忆的类比）所包括的范围及其内在的问题。我们可以在胡塞尔的同感理论中找到两条论证路线，以及主流文献对这两条路线所作的利普斯式批评：路线一是求助于回忆的潜在性，路线二是求助于实际的回忆行为。但两条路线都依赖于回忆类比。

依据托尼森等学者对胡塞尔类比统觉理论的强解读，其类比统觉本质上是植根于相似处境下对相似对象、事件的过往经验。因而，它就被人们对自己过往经验的回忆所决定。比如说，胡塞尔在阐述类比统觉伊始，就将之与回忆相比较，以便说明类比传递——类比统觉中的意义传递——到底是什么（Hua 1，§50）。根据胡塞尔对意识生活的一般解释，所有意向成就都奠基于一个意向习性（habitus）层面，后者形塑并规定着后续的经验。因此，"我"已经经历到的东西并不是掉入记忆的灰烬之中，而是构成了一种"原初创"，构成了所有后续经验都会不断回溯的基点。如此，"每一个日常经验都包含着将一个源初创立的客观意义类比传递到新示例，将对象预期统觉为具有相似意义的东西"（Hua 1，141）。胡塞尔举例说，当一个之前看到过剪刀的小孩再次遇到一把剪刀时，他会即刻理解剪刀的功能（Zwecksinn）。尽管这种理解不需要是明确的再造、对比乃至推理（同上），它依然潜在地使用了回忆，因为对过往经验的记忆促成并勾勒了后续关于相似对象的经验意义。胡塞尔认为，"只要有预先被给予性，那么就有传递"（同上）。显然，这种类比统觉由个人的历史所类型化（typified）（Hua 1，113）。而在胡塞尔看来，它与这一历史的联结构成了意识生活的基本事实（Grundtatsache）（Hua 13，345）。这是一个"先天的发生规则"，它以特定方式规定了"过去必然已经先行的东西，以及同一类型之物未来也会出现"（Hua 13，346）。自然，同感也是落入这个规则之内。

这一点在类比统觉的过程中表现得非常明显。依据这一解读，当看到位于空间"那里"的一个物理躯体，他人躯体与自我身体的相似性使"我"回想起（erinnert）自己的身体——它被一个活的主体（自己的自我）所统治。胡塞尔写道，他人躯体的显现方式"再造地激起一个相似的显现，它内在于自我身体之为躯体的构造系统之中"（Hua 1，147；参看 Theunissen，1986，第 66 页）。"我"并不需要一个"显然的再造"，以便复活自己之为在那里的过往经验。但是一个内隐的再造（implicit reproduction）则必然已然起作用，由此他人相似的身体显现才能引发自我的记忆："它让我回想起自己的物理外观，'当我曾经在那里的时候'（wenn ich dort wäre）。"（Hua 1，147；参看 Theunissen，1986，第 67 页）。在这个意义上，类比统觉"就是植根于对自己元身体性（Urleiblichkeit）的回溯性指称"（Hua 8，63）。基于这个理由，托尼森认为，类比统觉相当于一种对自己记忆的回指形式，这不过是说将自己置于他人的位置。用胡塞尔的话说，"我将自己置于其他主体的位置，而通过同感，我掌握到他的动机，以及这个动机的强度及其力量的性质。而我内在地尝试去理解他在这个或那个动机的影响下为何如此行为、他将如何行为，确定他所具有的这个或那个力量，也即掌握他之所能及其所不能"（Hua 4，274 [287]；参看 Theunissen，1986，第 75 页）。根据这个图式，类比统觉就是以自我为中心，因为人们所能统觉到的他人躯体不过是人们从自身内部所能体验到的东西，或者说，从自己的记忆中所能体验到的东西。

就此而言，胡塞尔看来是将类比统觉与回忆相比较。"我"只能通过回忆或者回忆当下化将过往经验重现于当下，由此才能够再次体验自己过往的经验，将被回忆的过往经验刻画为一个过去的"现在"（Hua 1，145）。胡塞尔说，"正如我的回忆性过去作为自我活生生当下的变更而超越出去（transzendiert），类似的，被统觉的陌生存在也就作为自我本己存在的变更而超越出去"（同上；Hua 13，266）。在《第一哲学》II 中，胡塞尔更为清楚地表述了这一点：

> 我有很好的理由来作这个类比：我的超越论自我对我而言是唯一源初被给予的，也即源自源初的自身经验；而陌生主体性对我而言则是内在于自我本己的自身经验着的生命范围内，也即在自身经验着的同感范围内，是间接而非源初被给予的，但还是被给予，被经验到。正如过去之为过去只有通过回忆才能被源初地给予，未来事件之为未来也只有通过预期才被给予，那么陌生者之为陌生者也只有通过同感才能被源初地给予。（Hua 8，175–176）

在此，我们需要小心辨别：胡塞尔不是主张说，恰恰是因为我们可以回忆自己的过去，我们就可以同感到他人。依据胡塞尔的说法，在主动的回忆中，我们可以区分出两个要素：被回忆的对象，以及过去的感知——其中被回忆对象源初地被感知到。通过回忆过去的感知，我们才能够回忆起当其时被当下感知到的对象。"通过回忆过去的感知，记忆同时也复现了对象在当时源初显现的样式。"（Brough，2005）因此，被回忆的对象能够再次以某个特定的方式进入意识生活，也即回忆行为的当下。对于胡塞尔而言，关键点在于，回忆行为必须设定一个自我，而被回忆的感知隶属于这个自我：一个被设定之自我曾在（was）感知着对象并承载着当其时的意识生活。需要确定的是，这个被设定之自我是一个过去之自我，因而它不同于当下正在回忆之自我，并超越了这个当下自我。胡塞尔写道：

> 当我转渡到过去并"再次"经历过去的体验，那么体验就包含了一个本真的双重自我（Doppel-Ich）：当下之自我，实际的自我，流动之现在的承载者；以及过去之自我，被再当下化之自我，流动之过去的现在的承载者。（Hua 13，318）

确实，被设定或被回忆之自我是本己的自我，也即一个在过去的自我；但它也是一个超越的自我，因为它在时间上不同于当下正在回忆之自我。换言之，它是本己自我的一个变更。就此意义而言，胡塞尔认为他人之自我也可以以类似的方式来理解：类比统觉是类似于回忆之当下化的当下化类型，借此人们可以向自己当下化另一个自我、另一个陌生存在者。正如人们可以向自己当下化一个过去的自我，一个内在的他异自我。就此而言，他人自我是本己自我的一个变更，而他人的身体则是自我身体的变更（Hua 1，144）。[①]

基于这个思路，人们可以追问：胡塞尔是否赢得了他试图让类比统觉去成就的目标——完全解释作为另一个主体的他人？托尼森批判性地认为，胡塞尔未能达成这个目标，因为类比统觉包含着三个核心的问题。第一个问题，类比统觉具有一个"理论中介"（theoretical mediacy）的特征——"在对他异身体的感知层面，通过自我的身体，在同感层面，通过

---

① 另参看 Sokolowski（1974，第 148 页）："在他关于他心问题的著作中，胡塞尔会用回忆的双轨结构来作为类比，以描述他心如何能够向自我呈现。他会认为，即便一个简单的意识也超越自身，因为在它的当下位置，它可以再现自己生活的一个在先部分，而通过恰当的限定，意识有可能在自身之内实现另一个心智生活的在场。"

本己自我。"（Theunissen，1986，第 81、145 页）<sup>①</sup>相应地，"我"通过回溯到自己过去或未来的"那里"，来统觉他人的"那里"，并且通过将自己置于他人的位置来获得他人的视角，由此来统觉他人的视角——将这个陌生视角转变为本己的视角。简言之，不管"我"在空间的"那里"所统觉到的是什么，它都变成"我"将自己置于"那里"的东西："我在他人那里以同感经验到的正是我自己的心灵，或者我自己的自我。"（同上，第71、75 页）。

第二个问题在于，只要类比统觉被理解为一种类比性或回忆性的当下化，它就变成自我生活的一个内在变更，因为他人被统觉的身体不过是自己过去身体的变更，他人的自我则是自己过去自我的变更。就此而言，"我在自己当下而言，对自己过去以及未来的经验就构成了对他人经验的'原型'（original norm）"，而本己自我则构成他人自我乃至对他人经验的"原型"（同上，第 151 页）。

第三个问题，自我的过去经验划出了一个边界，由此同感能够并且也仅仅能够从内部作延伸。换言之，类比统觉是"向过去的垮塌"（同上，第 158 页）。一如托尼森所批评的，即便这个向过去的垮塌使得人们可以将他人的身体统觉为身体，将他人统觉为另一个自我，它却剥夺了他人的他异性并因此未能维持自我与他者之间的差异性。简言之，胡塞尔的同感理论以自我之经验作为他人经验最为重要的模型，因而不能解释那些使他人成为陌己主体的真正性质。

根据托尼森这种对胡塞尔类比统觉理论的强解读，胡塞尔论证中的一些弱点导致了一些典型的疑虑并最终造成了理论上的死胡同。然而，这一解读无疑是一种过度解释。虽然，胡塞尔认为应该为过去经验对当前意识生活的影响预留空间——这无疑是令人信服的；但是，我们又没有必要夸大过去经验的影响，甚至于将所有可能的经验都还原或归结为过去经验，即使胡塞尔显然并没有充分地与这个立场保持距离。通过进一步的检讨，我们可以发现这个解读策略高估了回忆的作用，却又低估了自我身体所起到的构造性功能。通过对类比统觉中身体所扮演角色的仔细分析，我们可

---

① 需要注意的是，在托尼森看来，胡塞尔的同感理论植根于"本质的中介性议题"（Theunissen，1986，第 110 页），它在不同的构造层面可以被进一步区分为三种类型：（1）不可表征之统觉的中介性，也即他人源初的第一人称被给予性；（2）类比统觉的中介性，它回溯到自我的身体；（3）自然世界的中介性，自我在其中与他人相遇（同上，第 145 页）。在这个语境内，本文只关注第二种中介性，因为它一方面是同感感知得以实现的基础，另一方面则是托尼森另外两个批评的建立基础。对这个论述思路的进一步发展，可参看 Schloßberger（2005）。

以开启一个新的解读策略——一个相对的弱解读，以便让胡塞尔避免强解读所面临的困难。根据这个弱解读，胡塞尔的类比统觉理论依赖于自我的动觉移动性，由此人们能够（can）将自己的位置与他人互为交换，然后人们能够获得他人作为"在那里"模式下的视角，而无需求助于任何过去或未来的"在那里"的经验。因此，类比统觉的特征就在于一种意向潜能，而非是一种回忆当下化。胡塞尔的《笛卡尔式沉思》第 53 节以及早期（1914—1915 年）的研究手稿提示了这种解读方式，并且为科兹洛夫斯基所进一步发展（Kozlowski，1991）。

如前所述，人际相遇必然是内在于一个导向空间之内，其中自我作为"在这里"的导向中心，而他人相应则是身体的"那里"。在将他人之身体构造为"在那里"的过程中，身体总是起到一个功能性作用，因为"那里"严格来说只有相对于自我之"这里"才有意义。胡塞尔认为，"自我的躯体身体作为自身指涉的身体具有一个作为中心的'这里'的被给予样式；另一个躯体以及他人的躯体则具有'那里'的样式"（Hua 1，145–146）。此外，身体作为移动身体内在地具有一个移到"那里"的可能性。当下的"那里"是自我之身体性"这里"的一个内在可能性，它构成了自我如何从这里进行导向的构造性要素。"通过变更我的动觉，特别是通过环绕四周，我可以如此这般地改变我的位置，以至于我可以将任意一个'在彼'变为一个'在此'；也即是说，我可以以具身的方式获得任意一个空间位置。"（Hua 1，146）在这里，身体在根本上是以一种"双重模式"（Hua 13，259）显现出来的：它总是被内在地统觉为导向的中心，与此同时它又具有外在的显现，因为人们原则上可以将自己的空间位置与任意其他的空间位置相交换。其结果之一便是，第一人称视角一开始就是一个"复多的"（plural）视角，因为自我之当下的视角意味着另一个同时存在的视角：

> 任意事物在构造上不仅包括从片刻之"这里"出发的显现系统，而且包括任意位置变化所对应的、完全确定的显现系统——它是自我向"那里"转移而得。（Hua 13，259）

简言之，身体作为"感知且功能性的身体"不仅构造了导向性的周遭世界，而且在这个导向性世界之中将他人之身体构造为身体。相应地，内在于类比统觉之中的"wenn ich dort wäre"（当我在那里时）则可以被改写为"ich dort sein könnte"（我能够在那里存在）①，后者首先预设了"自由移动的可能性，也即从'这里'自发转移到'那里'的可能性"（Kozlowski，1991，第126页）。

在一份写于1914—1915年的早期手稿中，胡塞尔认为只有通过澄清功能性身体的性质，我们才能够理解构造他人的超越论可能条件。具体来说，"ich dort sein könnte"意识造成了一种自我的"复多化"（duplication）：一个当下以动觉方式被给予的自我，一个是被转到"那里"的自我。换言之，它造成了一种自我的分裂（Selbstspaltung）："为了能够设想自己在任意位置都是一个可见的对象，人们必须将自己的身体躯体转到'那里'，而且与此同时保持作为'这里'的感知器官。"（同上，第128页）② 对于胡塞尔而言，这一意识至少预示着"在两个身体中的两个主体的可能性"，也即将自我设想为"在那里"模式下的第二个具身主体的可能性（Hua 13，263）。

就此而言，身体动觉从本质上提供了构造他人身体的基础。但这并不是说，他人的可能性植根于自我的主体性范围之内。这最多是说，这一构造性基础标示出这一事实——只有依据一个运作良好的身体，自我才能够统觉到一个陌己的具身主体。胡塞尔提示说，假设自我没有身体，并且自我完全是一个精神性存在，那么自我就没有作为导向性中心的身体，因而也就没有把握空间之"那里"的机制。其结果是，"我不能看到任何其他身体或其他人类存在者"（Hua 13，267）。

然而，这个思路面临着这样一种担忧：如此刻画的身体是否等同于一个唯我论的身体，而与身体相融合的主体是否等同于一个唯我论主体？科兹洛夫斯基认为，事实上确实如此。他主要有两个理由：其一，自我的导向性中心是一个"空点"，一个绝对的"这里"。在此，主体性视角是唯一的（einzig）。其二，主体不能外在于自己而存在，因而它不能获得任何与自己身体的空间距离（Kozlowski，1991，第129页）。因此，这个唯一的（solus）主体也就没有任何方式跨出自身的界限，"它不能设想任何其他的视角"（同上，第129页）。相反，它所能设想的只有其自己唯一的、唯我论的视角。因此，"存在于那里"的意识不能从唯我论主体之中产生，而只能是源自一个预先被给予的社会经验。科兹洛夫斯基进一步论

---

① 胡塞尔有时将"ich dort sein könnte"意识刻画为一种幻觉（Umfingierung）（Hua 13，262；参见 Hua 15，Beilage XXXIII）。但是一如下文所证实，"ich dort sein könnte"意识并不必然是一种幻觉意识。

② 胡塞尔同时也在图像意识中讨论过"自我分裂"的问题（Hua 23，467）。

证，"在社会意识中才首先产生这样的可能性，也即从外在（von außen）来设想自身。只有当我能够明见到这个可能性时，我才能获得自己外在可见性的潜在视角。由此，我才能在理论上设想在这个位置上存在着的人类"（同上，第 130 页）。简言之，获得陌生视角的可能性不是植根于自我的功能性身体，而是植根于预先被给予的社会性。

然而，如果我们更深入地理解具身视角的功能性本质，上述担忧实则是不必要的。其一，导向性"这里"的绝对性并不意味着数量上的"单一性"（singularity），也不意味着第一人称视角是唯一可能的视角。"这里"的绝对性作为主体的导向性中心，其实是指具身主体只能在此时此地从其自身的视角来观看世界。其二，胡塞尔承认，"ich dort sein könnte"（我能够在那里存在）的意识其实是有些自相矛盾的，"它实则是一个矛盾性的表象"（Hua 13，263）。因为不管什么时候获得这个视角，"我"已然受限于自己此时此地的身体。在此意义上，"我"确实不能越出自身。但这并不排除"我"转移到"那里"，采用另一个视角的可能性。"我"能够获得有关世界的不同视角实则是自我主体性的一个内在潜能。就此而言，在自我的具身性世界经验之中，一个内在的他异性——一个本质上隶属于陌己主体的陌生视角——就已然潜在地起作用了。①

基于这些澄清，我们需要继续追问一个问题：我们如何能够达成对"一个实际存在之他人"的统觉呢？对此，胡塞尔提出了一个"逻辑上的"解决方案，这包括两个步骤。第一个步骤，完全构造的具身主体同时具有"在这里"存在的现实性以及"在那里"存在的可能性。基于后一种可能性，人们可以获得从本真自我到他人统觉的一种方式。"'als ob ich dort wäre'（好像我在那里一样）这个表象的总体性建立起一个互为'不可协调之可能性'的框架"（Kozlowsi，1991，第 138 页）。也即是说，"ich dort sein könnte"（我能够在那里存在）意识作为一种自相矛盾的意识本质上包含了两个"不可协调的可能"：同时在"这里"存在以及在"那里"存在。对于胡塞尔而言，对于任意给定的时刻，这里只有一个可能性可以实现出来——"我"只能以这种或那种方式存在于"这里"。"我"不可能同时既存在于这里又存在于那里，就像不可能同时既感到愤怒又感到不

---

① 德·沃伦（De Warren）在其《胡塞尔与时间的允诺》（*Husserl and the Promise of Time*）一书中也提到了一个相似的观点："基于意识本身通过滞留的变更而得到的'去当下化'（de-representification），自我在时间意识的源初构造中变成相对于自身的'自身他异化'（self-alienation）或他异性，这促成了任意形式之被给予性的可能性；基于这一自我相对于自身'源初的他异性'，其他形式的他异性也变得可能了。"（De Warren，2009，第 217 页）

愤怒。（同上，第138页）因而，"自我先天地不能在这里又同时存在于那里"（Hua 13，264）。

根据胡塞尔的第二个步骤，如果上述自我分裂（Selbstspaltung）起作用的话，那么这个不协调性就消失了："我"能够以这种或那种方式存在于这里，但不能以另外一种方式同时存在于那里。不过，这个"以另一种不同的方式存在于那里"却可以被归属给第二个相似的自我。用胡塞尔的话说，"对由此推导之自我及其对本我身体的外在显现的设想则失去了这个不一致性，当自我恰恰不是实际的自我，而是第二个自我，其动觉的多样性落于（lokalisiert）第二个身体之中"（Hua 13，265）。也即是说，人们不能同时实现这两个可能性——不能同时存在于这里并存在于那里，也不能同时感到愤怒并感到不愤怒。但是，这两个可能性却可以同时被实现出来的，当"在那里存在"被归属给第二个不同的身体或自我。[①] 胡塞尔写道，"这里和那里可以同时存在，自我在这里，而一个或多或少相似的自我存在于那里"（Hua 13，264）。

基于这个思路，胡塞尔认为我们可以通过类比统觉来获得真正的他异自我，而他对身体的研究则揭示出从本己自我到陌己自我之间转渡的可能性。也即是说，通过澄清身体移动性的可能性，我们可以最终展现出统觉他人的超越论之可能性条件，甚至这可出现在任何实际的陌生经验发生之前。[②] 用胡塞尔的话说，"ich dort sein könnte"（我能够在那里存在）意识预先限定了陌己主体被给予的样式，以及陌己主体能够具有动觉显现的样式（Hua 13，265）。[③] 在"第五沉思"第53节，胡塞尔写道：

> 他人是以统觉的方式被统觉为源初世界中的"自我"、一个单子的"自我"，其中他的身体以绝对的在此这一模式被源初地构造、并被体验为他所掌控的功能性中心。因而，在这个统觉中，在"那里"模式中的身体，它在自我的单子空间中出现，并被统觉为陌生的身体躯体（Leibkörper），作为他异自我的身体；而这个身体指示了"同一个"在"这里"模式中的身体，作为他人在其单子空间中所经验到的那个身体。（Hua 1，146）

---

① 另参看 Kozlowski（1991，第139页）："任意对象不能同时具有两个相互矛盾的性质"，但"两个对象则可以同时具有这些相互矛盾的性质"。

② 同一个论证可见扎哈维的经典著作《胡塞尔与超越论交互主体性》，特别是第45页以下。

③ "由于在零变更中生发出来的表象方式，那么，'在那里'的身体则包含了一个'在那里'的动觉上的多样性。"（Zum Leib im Dort gehört aber vermöge der in der Nullabwandlung erwachsenden Vorstellungsweise eine kinästhetische Mannigfaltigkeit „im Dort".）（Hua 13，257）

　　然而，如果仔细检视的话，这个解决方案也还是不尽如人意。我们主要的关切在于，我们是否以及如何能够达成对"一个实际存在之他人"的意识。在"ich dort sein könnte"（我能够在那里存在）意识中，类比统觉成功地揭示出构造他人的超越论之可能性条件，但也仅仅是将他人构造为一个超越论之他者（a transcendental other）——或者更准确地说，一个内在于第一人称视角之中的"可能"他者。一如胡塞尔后来所意识到，这个在超越论上可能的他者依然还不是一个具体地存在着的他者。"当我理解他人之身体、澄清相对于自我而言的陌生之体验、感知、思维、感觉等，我也由此当下化了某种体验，我所衡量的不仅仅是可能性（nicht bloss Möglichkeit），而是实际性（Wirklichkeit）。"（Hua 13，297、443）再者，如此刻画的类比统觉并不构成心理学意义上的同感，因为它并未提供关于他人之心智状态的具体信息。换言之，我们可以将存在于"那里"的另一个身体统觉为与另一个可能之他异自我相对应的身体，但我们没办法再进一步——因为我们不能获得他人之实际的内在心灵状态。就此而言，科兹洛夫斯基明确地说，"人们将自己转渡到空间中在那里的身体，如此人们才能当下化隶属于那里的感知以及显现过程，由此展现那些从'那里'而被经验到世界。但是基于这个方式，人们并不能获得另一个人的思想、意愿、感觉等的意义及其具体内容"（Kozlowski，1991，第131页）。换言之，即便根据这种弱解读，类比统觉依然不能满足它所设定的目标——他人的实际存在。

　　在此，我们还可以依据前文黑尔德所提的三个标准（同时性、实在性与他异性），分别检讨对胡塞尔类比统觉理论的强解读与弱解读。这两种解读并不是不可协调的，但我们应该将之清楚地区分开来，因为它们分别强调了他人构造的两个不同的维度。强解读所关切的是个人的记忆预许并勾勒了后续陌生经验的意义，而弱解读所关切的则是个人的意向潜能——它构成了他人构造的超越论之可能性条件。但这两种解读都部分失败了，因为它们都没有完全满足黑尔德所提出的三个条件：求助于实际的回忆可以满足实在性条件，但未能满足同时性条件；而求助于意向潜能可以满足同时性条件，但却未能满足实在性条件。在后期的研究手稿中，胡塞尔逐渐意识到同感与回忆这个一般性类比中所包含的困难。在一份写于1920年的手稿中，他清楚地指出：

　　　　同感类似于某种"指向他人的回忆"（Sich-in-den-Anderen-hineinerinern），与之一致所发生的正如在通常意义上的回忆

（Erinnerung）一样的同情（Sympathieren）。但这两个真的是同一件事么？在回忆中是当下的执态（Stellungnahme）对本己的、持存于自己习惯之中旧的执态的延续（Fortsetzung）、延展（Forterstreckung）；但在同感中则不能说这样的话。（Hua 14，186；参看 14，502）

然而，人们可能会问，如果这两种解读结合在一起，胡塞尔的类比统觉理论能否成功地解释对他人的经验呢？答案是否定的。一如前述，现象学对同感经验的研究首先应该着眼于忠实地描述他人整全的显现样式。对这两种解读的混合并不能让我们更加接近现象，而只会妨碍我们对它的理解。基于这个理由，我们需要将注意力转到胡塞尔的第二个方案，并仔细检讨它的要义与适用范围。

## 二、他人的他异性：一个反思

在这个节点，我们可以反思一下胡塞尔的类比统觉理论。胡塞尔自己也渐渐意识到类比统觉理论所包含的问题。他承认，我们与另一个主体的相遇是与一个在共当下（Mitgegenwart）的共主体的相遇。因而同感感知的首要情形则是，他人径直处于某个相对于自我的导向中，与自我直接接触（不管是不是触觉意义上的），因而在其具身之在场中与自我相对照。在这种同感相遇中，自我首先关切的并不是他人是否是一个可能的人类主体；相反，他人是一个实在的个人，一个自我在日常社会生活中遇到的人类个体。一如胡塞尔在《观念 II》中观察到，对他人的理解是"对这个人此时此地（*hic et nunc*）的理解，他在跳舞、满足地言笑，或者是与我谈论科学，等等"（Hua 4，240）。更为一般地说：

> 这是任意他人（任意他异自我）、流动的超越论当下存在，在自我之中被构造为流动的共当下的主体性，这个具体的自身是流动着的活生生的具体当下。……他人在自我之内就是共当下的（Der Andere is in mir mitgegenwärtig）。（Hua 15，XLVIII）

基于黑尔德的标准，我们可以更为全面地理解他人的共当下存在。一方面，他人的"共"当下（*co-presence*）意味着他与自我在活生生的当下是同时性的。只有在这个意义下，他人才能在这相同的当下中与自我意识生活处于相同的层次：他人的存在不能被还原为自我的某个过去或未来。这种存在上的同时性不仅对于他人构造是重要的，而且对于世界构造亦是如此。胡塞尔写道：

> 他人的共在在本己之活生生的"自身当下存在"中是不可分离
> 的，并且这个他人的共当下对于世界当下而言也是基础性的，后者
> 是世界之共同存在（空间）以及时间上的后续等等所有世界时间性
> （Weltzeitlichkeit）意义的前提。（Hua 15，XLIX）[1]

他人之共"当下"（co-*presence*）则不仅仅是他人所具有的一个构造性
功能，因为这里的他人是一个具体的他人、另一个主体——"我"在大街
上遇到、与之对话、与之共同生活于某个特定关系之中，比如爱或者恨、
和平或冲突（Hua 14，191；参看 Hua 4，183；Stein，2008，第 21 页）。

简言之，胡塞尔清楚地认为，现象学的他人理论需要公正地对待他
人存在的同时性。他写道，"主体之复多性的共存（Koexistenz）首先是
指'同时性'（Gleichzeitigkeit）"（Hua 14，103）。乔治·朗普（Georg
Römpp）指出，他人之共当下存在的这两个方面一同解释了他人的真正他
异性：他人不是"在其时间性的被构造形式"中被经验到，而是作为另
一个活生生当下之中的"绝对地构造着的自我"（absolutes konstituierendes
ego）而被经验到（Römpp，1989，第 142 页）。[2] 胡塞尔有时将这个在活
生生当下绝对构造着的自我理解为一个卓越的超越存在者。比如，他在
《第一哲学》II 中明确地写道：

> 在主体性之中仅仅通过统觉，但不是通过感知所能构造出来的
> 东西，这不再是内在之物，既不是实在内在的，也不是观念内在的。
> 所有这种超越性，主体性的所有这种逾越（Überschreiten）与跨出
> （Hinausgehen）都是基于同感。这里是唯一一个真正称得上其名称的
> 超越性，而所有被称作是超越的东西，比如客观世界，都基于陌生主
> 体性的超越性。（Hua 8，第 495 页脚注 2）

---

[1] 另参看，"陌生人格的他异性不仅能够通过时间概念来得到理解，而且它恰恰奠基了时间的现
象性"（die Andersheit fremder Personalität wird also nicht nur verständlich durch die temporale Begrif-
flichkeit, sondern sie fundiert geradezu die Phänomenalität der Zeit）（Römpp，1989，第 136 页）。
[2] 黑尔德认为，他人现象学所要澄清的是，"在第二个绝对之'这里'之中的功能性，它存在于
一个从我的'这里'被感到的'那里'，并与我自己的绝对'这里'同时存在"（ein Fungieren
in einem zweiten absoluten Hier, das gleichzeitig mit meinem absoluten Hier in einem von meinem Hier
aus wahrgenomenen Dort anwesend ist）（Held，1972，第 37 页）。

因此，说明同感感知的关键困难在于，相对于对其他外在存在者的感知，比如对动物与植物的感知，我们应该如何解释这个隶属于他人的特殊超越性及其特殊的被给予性模式。在胡塞尔看来，同感感知的超越论理解应该澄清"事物的存在模式与其他人类的存在模式之间的区别，以及他们超越性的差异"（Hua 8，483）。这个任务则导向下面的第三节，我们将会着重处理他人之被给予的特殊模式，从而阐明内在于同感感知之中的特殊意向性类型。

## 第三节　当下化与图像意识：胡塞尔的第二个方案

胡塞尔自 1914—1915 年之间开始将同感感知与回忆相比较，而在同一时期他还考虑另一个重要的选项，也即与图像意识比较。在其第一个系统探讨"当下化的特殊方式，也即同感"所形成的手稿中（Hua 13，288、Nr. 10），胡塞尔希望通过揭示当下化的本质——纯粹想象，来阐明同感当下化究竟意味着什么。基于这个思路，胡塞尔不断地实验，试图更好地理解内在于图像意识之中的当下化模式，以便澄清其中谜一般的难题。即便同感与图像意识的类比在后续的手稿中逐渐淡出，并让位给更为主流的选项（第二节讨论的回忆类比），但这个类比自始至终都没有在胡塞尔后续的思考中完全消失，而是在他发展出一些关键洞见的时刻又浮出水面。①

需要注意的是，胡塞尔的图像理论并不是一个可以与其他研究工作分离开来的独立部分。本内特（Bernet，1988）一早就指出，胡塞尔大部分的个别研究都是与其他主题的研究一道进行的，而他对图像意识的分析构成了一种"母体"（matrix），由此，他对其他诸如符号意识等现象的分析才能获得越来越强的力度②。胡塞尔对艺术作品的兴趣以及对图像意识的钻研并不是偶然的，而是与其一生的哲学工作具有高度相关

---

① 我们可以找到诸多专门讨论同感与图像意识之间关系的文稿。它们散布于胡塞尔巨量的研究手稿之中。其中最为重要的部分，可见以下文稿：Hua 13，第 10、13 号文稿；Hua 14，第 8、28、30 号文稿和附录 XXIV；Hua 23，第 12、16 号文稿和附录 XXXVIII；Hua 20-2，第 4、6、11 号文稿。更为重要的部分，参见 Hua 1，§55 以及 Hua 4，§56，H 小节。

② 参看胡塞尔自己的论述："我们在语词发音中内在统一地发现了一个含义意向，就像我们在图像中内在统一地发现被描绘之物，或者在图像意识中并与之重叠地发现了对被描绘之物的意识：这里是要素到要素的重叠（Deckung），描绘性要素对应着被描绘的要素。"（Hua 20-2，126）

性。① 一份收录到《胡塞尔全集》第 23 卷的手稿显示，胡塞尔对图像意识（Bildvorstellung）的初次研究始于 1898 年，甚至早于《逻辑研究》的发表。更为重要的是，胡塞尔对图像意识的不间断分析不仅展现了一位"工作哲学家"的形象，而且在哲学上也富有成果——它澄清了"他在其著作其他地方所采用的艰深且通常让人难解的立场"（Brough，2005）。比如说，马尔巴赫（Marbach，1989，第 5 章）以及德·沃伦（De Warren 2009，第 4 章）证实，胡塞尔对图像意识富有启发性的讨论决定性地更新了我们对内时间意识，以及对滞留意向性（retentional intentionality）的理解。通过对图像的细致分析，胡塞尔令人信服地揭示了内在于内时间意识之中的双重意向性，也即其横的意向性与纵的意向性（longitudinal and latitudinal intentionality）。②

　　基于同一个思路，笔者认为胡塞尔的图像理论对于更好地理解同感意向性也是不可或缺的，胡塞尔对图像意识极为精细的讨论能够决定性地帮助我们了解日常同感经验之中的意向结构及其成就。图像意识作为一种特殊的当下化形式，构成了解释同感感知这一类似于当下化意识的感知的一个很好参照。对于胡塞尔而言，图像意识与同感感知分有了一种根本上相似的意向结构，因为与其他当下化行为相对（比如回忆、纯粹想象），这两者构成了一种特殊的"感知当下化"（perceptual presentification）形式（Hua 23，476）。然而，同感与图像意识之间的类比并不意味着这两个意向行为是完全相同的——它们并不在所有方面都相互一致。下文将展示，同感在一些重要的方面是不同于图像意识的。但即便存在这些差别，笔者要强调的是，通过探讨内在于图像意识之中的特殊意向性，我们可以间接地揭示一种自足的意向性形式，也即同感意向性。

---

① 在写给奥地利诗人雨果·冯·霍夫曼斯塔尔（Hugo von Hofmannsthal）的一封著名的信中（1907），胡塞尔比较了现象学的态度与艺术家的美学态度。他承认，正是霍夫曼斯塔尔在其 *Kleine Dramen* 一书中表述的"美学的看"（aesthetic look），成为其自身思考现象学还原的持续且重要的启发。"现象学的看（phenomenological look）是如此紧密地与'纯粹'艺术中美学的'看'相关联；但当然，它不是一种为了美学享受的看，而是为了研究、发现、建立一种新的（哲学的）维度的科学确认。"（Hua Brief. 7，135）关于这一点的进一步阐发，可参看 Bernet（2012），特别是第 567 页以下。

② 类似的，索科洛夫斯基也指出过："胡塞尔对回忆与想象的新近分析使得他得以解决滞留意识如何工作这个烦人的问题。但他并未直接将他的新原则应用于描述实际的、非展现性的（non-presentational）的经验。其中有段时间他已经建立了关于记忆的双轨（two-track）结构，但他依然认为，'初始记忆'或滞留要能统觉，它还需要一种想象素（phantasm）或展现材料。"（Sokolowski，1974，第 152 页）

## 一、胡塞尔论图像意识

对胡塞尔而言，图像意识构成了当下化行为的典范。他的分析涵盖了非常广泛的视觉艺术，比如摄影、绘画、雕塑。而且他还偶尔谈及动画——当时最早的电影技术才刚刚诞生（Hua 23，66）。[①]而图像意识与真正的感知（外感知）之间的关键差别在于其意向对象的特征。在外感知中，意向目光是指向唯一一个对象，比如"我"手边的咖啡杯。而在图像意识中，经验主体本质上是把握到了"一个分层的意向对象"（stratified intentional object）（De Warren，2009，第147页），它统一地包含着三个不可或缺的对象：图像物（Bildding）、图像对象（Bildobjekt）以及图像主体或图像主题（Bildsujet）（Hua 23，19［21］）。在此，我们可以借用蒙克创作于1893年的著名画作《呐喊》来作进一步的说明。

显然，这幅绘画是由物理物所构成的，比如颜料、画布以及画框。这些物理物跟其他感知对象一样都是可感触到的，而且它们一同组成了这个挂在墙上的绘画的物理存在，旁边有光照，等等。绘画具有一个物理的承托，它可以被撕毁、烧掉，或者是随着年月而损坏（Hua 23，19）。但是，如没有这个承托，这幅绘画就没有存在于实在之中的基础。就此而言，绘画所展示的图像物就是一个"物理物，一个被涂上颜料而且被框定的东西，一如被印刷出来的纸张"（Hua 23，19）。因此，作为物理物的图像物就不仅在承托着这个图像，而且还"唤醒"或"激起"我们对图像对象的意识。基于这个理由，图像物本身就不仅是物理物了，它以物理的方式将图像系泊于实在性之中，并使得图像成为主体间通达到的对象。也即是说，图像物生成并指示着一个超越图像物之物理性或材料性的维度。在胡塞尔看来，这个被框定的图像物作为一种转渡（transmitting）的通道，作为一个"窗口"（window），使得人们可以通过其物理存在而看到一个非物理的图像性世界（Hua 23，121）。

然而，观看者的注意力首先不是指向这个图像物、这个图像的物理基底；相反，图像意识真正的关联项是这个图像对象——以如此这般的方式、如此这般的色调与构型而显现出来的形象（imagery）（Hua 23，19）。就蒙克的画作而言，"我"在观看时，首先注意到或直接看到的是前景中显得像骷髅的存在者。他具有一张高度扭曲的脸，比如突出的眼睛、空

---

① 胡塞尔所谈及的是频闪观测器（Stroboskop）和电影摄影术（Kinematographen）。这些装置在1890年代早期被改进。

洞的鼻孔、张开的嘴巴——这些都示意着他是人类。而背景则是蓝色与灰色所构成的色块，与大块的艳红色的天空形成强烈的对比。用胡塞尔的话说，"我"在图像物中"看到了"（ins Sehen）图像——这个真正的图像对象（Hua 23，26）。"当我沉浸地观入图像物时，图像对象就浮现出来了"（The image-object arises when I see-into or see-through the image thing）。① 在蒙克的绘画中，"我"不仅看到一个类似于骷髅的人脸，更为重要的是，"我"看到了这个绝望之人的"形式"（the form）（Hua 23，44）。就此而言，图像对象"直接而本真地显现着"（同上）。

我们可以说，"观入"（seeing-in）这种特殊的看及其意向成就促成了图像对象的显现，并使得图像意识成为一种独特的意识行为。在真正的感知中，"我"直接就看到了对象，比如"我"左手边印着"Center for Subjectivity Research"的杯子：它在一个视域中显现出来，从这面或者那面，带着咖啡渍，等等。在其一系列的显现中，"我"所看到的正是这个咖啡杯，而非什么其他东西。与之相对，图像对象则是一个在他异之物（something else，也即图像物）中呈现出来的感知显现，并且它还指向另一个他异之物——这另一他异之物并不在当前的感知域中在场。在蒙克的绘画中，图像对象指向一个被描绘的人站在某片被描绘的风景之中——站在挪威某个真实的风景地，而这幅绘画不过是此场景的一个图像性代表。此外，图像对象也不同于纯粹想象之中显现出来的东西。当想象自己在看一只独角兽时，"我"确实在这个或那个变动不居的"格式塔"中对之有所直观——它不断地变换着形象、颜色、细节乃至于其生动性（Hua 23，59）。与此同时，在纯粹想象中，"我"也觉知到这样的事实，也即被想象的独角兽并不是实际存在的东西（Hua 23，149、360）。在纯粹想象中，自我并不关心被想象对象是否是真实的，也即并不关心它的存在模态。换言之，被想象对象是"被中立化的"（neutralized）的一个"好似"（as-if）对象（Hua 23，247；参看 Hua 23，第 15 号文稿 D 小节）。② 就此而言，图像对象看起来分有一个类似"中性"或"拟态"特征，因为它存在与否

---

① 这里，胡塞尔提到了一种非常特殊的感知方式，也即在绘画意识当中的一种独特的"观入"（seeing-in）。图像意识既不是停留于简单的对物理对象的感知，也不是对图像中被表征之对象的意指。作为一种特殊的叠加性感知，图像意识乃是在物理性存在中"观入"到一种图像性的存在，由此而以感性的方式看到其中直观显现的象。关于这一点，可以进一步参看 Voltolini（2015）、Wollheim（1987）。

② 依据胡塞尔的说法，想象对象的中立性特征也区分了纯粹想象与幻想（hallucination）。在后一种情况中，幻觉对象是被"当作"一个"真实的"对象，而在现实中却没有这样一个对象存在。因此，想象对象并不与周遭的实在相冲突，而幻觉对象则会被否定掉——一旦它与实在性相比较并被揭示出它与实在性之间的冲突（Hua 23，490）。

并不是"我"首要的兴趣——"我"对这个骷髅一般的人在过去是否真实存在并不感兴趣（Hua 23，506；参看 Marbach，1989）。然而，即便是如此，图像对象本质上还是不同于想象对象，因为前者是系泊于图像物之中，它具有固定的形象、颜色以及强度，并且在物理的时间空间中是固定的（Hua 23，60）。与之相对，想象对象则没有这种实在的系泊处。简言之，图像对象相似于感知对象与想象对象，但有根本的差异。

图像意识与纯粹想象、外感知之间的上述两个关键差异对于我们理解图像对象的意向结构是极为关键的。图像对象是图像意识的意向相关项，而且它在某种意义上也是一个感知对象（Hua 23，506）。"我"本真地（truly）看到绘画之中的图像对象，但它与外感知对象具有显现方式上的根本差异。在严格的意义上，图像对象是一种本体论上的"居间"（in-between）现象：它是一个感知对象，一个本真的直观对象；与此同时，其感知被给予性在本质上又是被变更了的（modified/altered）（Hua 23，26），因为这个图像对象本身乃是一个象形性（bildlich）或精神性（geistig）的存在者，一个感知性质的"显像"（Schein）、"虚构"（Fiktum）。胡塞尔解释道，"一个在具身的被给予性方式中、在具身的显现中显现出来，恰恰是跟感知对象一样的意义上，但它仍然是一个虚构"（Hua 23，580）。

如前所述，图像对象指向一个被描绘的对象，也即图像主体（Hua 23，20、24），例如与蒙克绘画相对应的那个真实的风景地。如果仔细审视的话，我们发现图像主体并不在图像意识之中"在场"，它实际上在当下的感知域中并不在场：它是"此处感知-视觉上的虚无（nichts）"（Hua 23，372）。然而，它还是以空洞的方式被意向到，而且通过图像对象而被当下化："图像对象使得与之在内容上或多或少相似的东西，尽管不是相同的东西，可以被直观到。"（Hua 23，30）就此而言，我们确确实实以某种"去势的"（emasculated）方式"看到"图像之中的图像主体，因为"我"直观地看到了它，但这个图像主体并不是完完全全具身在此的。就其自身而言，图像主体可以是某个在过去实际存在，或现在在另一个地方存在，或者在未来存在的东西。同时，它也可以是某个非存在的东西——某个从来就不存在、将来也不会存在的东西，例如拉斐尔圣母画像所关涉的图像主体。因此，图像主体是某个本质上以不在场的方式在场的东西，"一种非当下之物显现着，接下来能够在图像中被展现出来"（Hua 23，56）。

在此，我们可以至少得出两个重要的推论，它们不但决定了图像中关键的"绘画功能"（depictive function），而且阐明了图像意识的意向结构

（Hua 23，17）。

第一个推论，图像意识具有一种双重的"意向冲突"（intentional conflict）：一方面，它是"作为图像对象显现的图像以及作为物理图像物的图像之间的冲突"；另一方面，"作为图像对象显现的图像以及与之交织在一起、或是部分地叠加在一起的图像主体展现之间的冲突"（Hua 23，51）。

其一，"我"对图像的注意首先指向图像对象，但"我"同时对图像物保有一个极小的、边缘性的意识。重要的是，我们不可能同时以同等的方式意向这两个对象，也即将图像对象与图像物同时当作真正的课题对象。当"我"看图像对象、理解蒙克绘画中色彩的平衡与美感时，图像物必然隐退到背景域之中。否则的话，图像物本身的显现就会干扰甚至阻碍图像的显现过程，并使得它自己变成凸显出来的对象，比如笔画的厚度、颜色的组合等会构成了注意的焦点。准确地说，在图像意识中，图像对象径直"胜出了"（triumph）（Hua 23，46）：图像对象的显现盖过（overshadow）或抑住（suppress）了图像物的显现（Hua 23，75）。

需要注意的是，由于其质料的基底，图像对象是在物理环境之内显现的，但它本身并不是这个物理环境的一部分（Brough，2005）。或者说，图像对象超越了图像物。这种实在性（reality）与象形性（imagery）之间的冲突至少在两个方面是极为关键的：由于这个冲突，图像对象既不与实在分离，也不是一个世间存在者（mundane being）。胡塞尔写道，图像对象与图像物"在和平且清楚的图像意识之中玩一种躲藏与寻找（hide-and-seek）的游戏"（Hua 23，41［44］）。

其二，对图像对象的意向体验还跟对图像主体的意向体验冲突，因为显现着的图像与被描绘的对象之间的"相似性之中的不一致性"（disparity in resemblance）已然在起作用了（Hua 23，31）。如前所述，图像对象通过相似性暗示着其图像主体，然而这种相似性却不可能是完美的。比如说，这个骷髅般的人脸比真实的人脸显得要小，图画中人物显现出来的颜色与真实人类温暖、柔软皮肤的颜色也不一样。即便在一个非常精确的画像中，比如照片中，其不一致性依然存在："现实中的人在行动，言谈，等等；而画像中的人则是不动、沉默的形象（figure）。"（Hua 23，32）胡塞尔设想，"如果存在着每个方面都完美的相似性，我们就会感觉到，这个对象本身——完完全全的对象，好像就在那里"（同上）。[1] 就此而言，

---

① 完整的引文如下："wir fühlen uns dem Gegenstand so nah, als wären wir mit ihm in Wirklichkeit eins, als stände er uns wirklich gegenüber. Ja gewiss: Er ist wahrhaft vergegenwärtigt, wir schauen ihn ,selbst'."

图像意识就不再是真正意义上的图像意识，而是彻彻底底的感知行为。只要实在对象与图像对象之间的差异消失了，那么图像的绘画功能也就不见了，而显现着的图像也就不能将其他事物表征为当下的某物了。[①] 在这个意义上，区分图像意识与本真感知以及纯粹想象之间的意向冲突坚实地支持着如下事实：图像对象既不是真正的感知对象，但它也不是纯粹的幻想；就其显现方式而言它兼合了这两者的显现样式，并构成了图像意识的基础。

至此，我们说明了有关图像意识的第一个推论，也即双重意向冲突构成了图像意识的基础。基于此，胡塞尔认为还可以得出第二个推论：图像对象隶属于一个特殊的领域——它既不能被还原为物理实在，例如真正感知之中的对象；也不能被还原为纯粹的精神或"观念"实在，例如纯粹想象之中的对象。在胡塞尔看来，图像对象"因而形成了一个独立的对象域，它是现实世界以及所有可能世界的'拟态对应物'（as-if counterpart）"（Hua 23，565［679］）。严格来说，这种拟态世界（as-if/quasi world）在本体论上说是一个居间的（in-between）世界，其中的对象"兼合了感知图像物的可见性以及精神性图像主体的不可见性"（De Warren，2009，第148页）。[②] 依循这个思路，我们可以认为，图像意识本质上是一种特殊的意识形式，它使得不可见之物可见化，使得不在场之物在场化（make the invisible visible, render the absent present）（Bernet，2012）。我们在接下来还会回到这一点，以便能更好地理解图像当下化的意向成就以及其中不可见者或不在场者的他异性（otherness）的构造性作用。

## 二、当下拥有与当下化的意向融合

图像是一个极为特殊的现象，它超越自身而指向他异之物。相应地，图像意识也超越其意向目光而指向有别于图像对象的东西（Hua 23，27）。胡塞尔写道，"图像意识具有一种着色（tinction），它将意义附加在图像之上，而这个意义则超越了其源初的对象"（Hua 23，26）。就此而言，我们可以说，图像意识必然是"一个双重意识，也即作为图像对象的意识以及图像主体的意识"（Hua 23，32）。它本身是图像对象与图像主体的统一意识。

---

① 胡塞尔问道："如果冲突消失了的话，那么显像如何能够将他异物（anderes）表象为当下之物呢？"（Hua 23，56）

② 胡塞尔自己认为，这个图像对象所形成的区域实际上"部分实在，部分观念上的精神性对象，是客观的精神形式类别"（Hua 4，239）。

那么，问题在于：这两种看起来截然不同的意识是如何和谐地一同起作用呢？再者，这两种意识形式是否分有同样的意向特征？胡塞尔认为，它们并不具有相同的意向特征（Hua 23，27），因为对图像对象的意识在类型上是感知性的，而对图像主体的意识则是当下化行为。换言之，前者当下拥有了活生生的对象，而后者则当下化或意指一个不在场的对象。①问题在于，如果"被描绘对象由一个独立的行为所构造，而图像由另一个分离的行为所构造"（同上），这会导致什么样的结果？倘若如此，我们就会在一个情况中具有一个感知对象，而在另一个情况中具有一个幻想对象。我们即便尝试将这两个不同的对象结合在一起，也不可能将之组成一个单一对象。胡塞尔认为，"我们最多只是具有一个通过比较所建立起来的关系意识；也即，关于一个对象与另一个对象相似的意识"（同上）。但这个关系意识根本不可能构造单一的图像意识。基于这个理由，胡塞尔认为图像意识不是"两个独立把握经验在同一层次上只是通过某种关联而被组合在一起"（同上）。②相反，在单一的图像意识行为中，这两类意向行为必须被"紧密地融合在一起"，以至于它们不仅同时以不同的方式指向两个不同的对象，而且同一地构成这个图像本身，也即这个而非另外一个的画像。胡塞尔写道，"精神性意义通过激活感性显现，而与后者以某种方式'融合'（verschmolzen）在一起，而非将两者并排组合在一起"（Hua 4，238）。

人们可能会问：图像意识是如何达成这个意向成就的呢？胡塞尔分析的一个关键成果在于，他认为图像意识同时（at once）是一个当下拥有与当下化行为，是两者的意向融合，以至于当下拥有行为本身就构成了当下化行为的基础，后者则通过图像对象指向一个他异的、不在场的对象。"感知与其存在论题一道构成了把握精神之物的基底。"（Hua 4，239［251］）在这个意义上，对图像主体的"看"恰恰是通过对图像对象的"看"来执行的，后者则又基于对图像物的"看"（De Warren，2009，第149页）。尽管这三种看的类型并不彼此一致——因为它们各自对应着一个独特的对象，但它们依然是同时发生并且相互交织在一起，以至于可以统一地构成一个单一的图像意向（同上）。胡塞尔写道：

---

① 胡塞尔写道："被描绘的对象完完全全是当下化的。"（Hua 23，32）
② 参看胡塞尔的话，"但即便这里，这个精神性的东西不是第二个东西，不是一个附加，而正是赋予灵魂的东西；其统一体不是两个东西的结合，而是唯一一个（one and only one is here）"（Hua 4，239）。

其对象性并不是作为对象自身而有效的，它基于一个相似性表象而建立一个新的把握形式，后者给出了与图像主体的关系。（Hua 23，27）

对图像对象的直观恰恰唤醒了（weckt）一个新的意识，一个对一个新对象的表象，它与图像对象具有内在的亲缘性（Verwandtschaft）、相似性（Ähnlichkeit）。这个新的表象现在并不是位于对图像对象的表象旁边（neben），而是与之相重叠（deckt），充盈了后者，并在这一充盈（Durchdringung）中给予后者以图像对象的特征。（Hua 23，31）

图像意识是如此的独特，在其中，两种不同的意向行为彼此叠加、交织在一起，共同构成了一个单一的行为；因此它可以同时指向一个感知上在场的对象，以及一个感知上不在场的对象。

相应地，由于当下拥有与当下化的意向融合，图像意识也就具有"第二个不同的意向性类型"（Hua 10，52）。需要注意的是，感知意向性具有一种直接性，因为其意向对象被直接地把握到、被把握为感知域之内，而被意向之物则是对象本身。与之相对，当下化意向性则必然是间接性的，因为它只能通过某个中介来当下化其意向对象。具体而言，图像意向内在地包括一个双重意向性，它同时具有直接性与间接性的特征。胡塞尔注意到，图像意识具有一个"不可或缺的距离"（Hua 23，550）：

对"间距"的意识就意味着：我在这一意义上具有一个"图像"，也即我具有一个浮现出来（vorschwebenden）的对象，通过它，以某种表征的方式（vorstellig）具有对象本身。（Hua 23，556）

### 三、真切的他异性

基于其内在的意向冲突以及双重意向性结构，图像意识本质上就是一种关于他异存在（Anderssein），关于当下图像感知中不在场者、不可见者的意识。这意味着，他异存在或他异性恰恰是通过这种特殊的感知经验而变得可通达的。在这个节点，我们需要更细致地检讨其中内在的他异性及其功能——后者之于图像意识乃至一般的当下化行为都是如此根本且不可或缺。

我们需要追问的第一个问题是，这种他异性是否可以被取消掉。或者说，图像意识未潜在地指向被描绘之对象，它能否仍然存在？胡塞尔明确地否定了这个提议："如果与被描绘之物的意向关系没有随着图像一同被给予，那么我们当然就不可能具有一个图像了。"（Hua 23，31）更具体来说，这个问题不在于当下化行为是否会取消他异存在的他异性；相反，真正的现象学问题在于我们如何能够就其最为本真的被给予性，当下化他异之物的他异性，并且我们如何能够如实地描绘这种被给予性。胡塞尔继续说道，这种本真的他异性是"通过一个特定的意识——隶属于对显现之物中的不显现对象的当下化；以此，显现之物通过它的某些直观属性将自己如此被给予，好像它就是他异之物"（Hua 23，31）。因此，当下化行为向我们展现了一种本真的他异性形式，却不会将之还原为某种严格意义上的感知被给予性。

在其获奖作品《当下化与图像：论非现实性现象学》（*Vergegenwärtigung und Bild: Beiträge zur Phänomenologie der Unwirklichkeit*）（1930）中，芬克指出了同一个实事：

> 由此，通过当下化，并没有取消遥远内容（Ferngehaltenen）的时间上的距离（Ferne），并在一种源初性模式中让其显现，而是说被当下化之物依然具有这一"距离"，以至于由此，整个现象都被作了本质规定。（Fink，1960，第 24 页；参看 Sokolowski，1974，第 149 页）

也即是说，当下化行为的意向成就，其目的不仅在于以一种特殊的源初性让不在场之物在场化，让不可见之物变得可见。更为重要的是，这种当下化没有削弱或剥夺构造上不可或缺的、不在场之物的"距离"或其他异性，而是确保了这种他异性。对于下面对同感感知及其意向性的讨论而言，这个结论的重要性再怎么强调也不为过。

## 第四节　当下化与同感意向性的二重性

基于上述分析，我们可以认为，同感感知是与图像意识，而非与回忆意识具有根本的相似性。一方面，回忆在本质上是一个回退性（regressive）意识，而同感感知跟图像意识一样是一个前进性（progressive）意识，因为它意向某个外在的超越者，也即完整意义上的陌己主体。另一方面，回忆是对已产生之物的再造，是对过往经验的复活；而同感感知与图像意识所意向的则是真正的、发生于活生生之当下的东西，或者说它们源初地当下化了共当下之物。胡塞尔在 1920 年意识到，"通过艺术的中介，我们形成这样一个说明——这里向我浮现出适宜的和不适宜的"（Hua 14，187）。也即是说，对图像意识的分析提供了研究同感感知之意向结构的适当基础。这一焦点的转变能够让我们分析黑尔德对胡塞尔类比统觉理论的第二种解读，以及胡塞尔对同感感知的第二个方案——同感的当下化（einfühlende Vergegenwärtigung）（Hua 8，174；14，10、162；15，242、357；参看 1，§55）。

## 一、胡塞尔论同感当下化

基于黑尔德对胡塞尔类比统觉理论的第二种解读，"wie wenn ich dort wäre"（一如当我在那里）意识意味着虚拟意义上的"als ob ich dort wäre"（好像我在那里一样）：人们想象自己处于他人的位置"那里"，仿佛自己是在那里一样。因此，同感实际上是一种虚拟的意识形式，由此人们将自己置于他人的"心智之鞋"（mental shoes）：它是一种"虚拟"表象，一个"拟－执态的当下化，其中自我向自己表象：那里的躯体（在虚拟的意义上）是我的身体"（Held，1972，第 38 页；参看 Clark，2009）。基于这种解读，黑尔德认为，胡塞尔的类比统觉理论必然会遭到"失败"，因为"这个当下化不能形成对一个实际共作用（mitfungierenden）之他人的统觉"（同上）。

本节所要表明的则是：黑尔德的这个评估具有部分的误导性。一方面，他正确地指出当下化的"拟态"（als ob）性质；另一方面，他高估了想象或幻觉意识在同感之中的作用，因为他忽略了这一事实——当下化的拟态（也即同感当下化）并不是虚拟性的，一如图像意识也并非虚拟性的一样。倘若如此，那么我们应该如何理解这里的同感当下化，而又不至于将之与单纯想象相混淆？

让我们以胡塞尔在"第五沉思"第 55 节中相对系统的论述开始。胡塞尔在这里隐含着第三个有关类比统觉的论证，但其真正的意义只有通过与他的图像意识理论相互发明才能得以真正显现。在概述完同感与回忆之间的类比之后，胡塞尔看起来对类比统觉是否能真正地确保"这里"与"那里"之间、本己与他人的源初性之间的差异并不那么确定。他问道："但这到底是怎么发生的呢？——自我首先能谈论这个躯体，它在自我的源初性领域之内以'那里'的模式，在其自己并相对于他的'这里'模式中显现出来？"（Hua 1，150）它们是不是被所谓"神秘的"渊薮（Abgrund）所分离开来？或者说，此处"这里"与"那里"、自身与他者之间的差异不过是一个设定？如本章第二节所言，胡塞尔只能求助于回忆来假定这样一个渊薮的存在。为了解开并更好地理解这里的事态，我们需要将注意力转向最基本的引导线索（Leifladen）——事实上的同感经验。胡塞尔认为，"如此我们发现，实际上这个感性被看到的躯体一下子（ohne weiteres）就被经验为他人的躯体，而不仅仅是作为他人的指示（Anzeige）"（同上）。只有说明了内在于同感经验之中的操作意向性，我们才能够真正驱散环绕于其间的种种迷雾（同上）。

既然如此，那我们到底是如何感知一个人类存在者（geistigen Lebenwesen）的呢？在《观念 II》中，讨论完诸如艺术品（Kunstwerk）等抽象实体的显现方式之后，胡塞尔如此问道：在具体的情境中，比如与朋友交谈、看着朋友跳舞时，我们是否将之统觉为两种实体的结合（Verbindung）——物理实体与心灵实体的结合？（Hua 4，240–241）胡塞尔否定了这一想法。与图像意识中的"观入"一样，胡塞尔认为同感感知中也具有类似的意向特征：

> 我看到了人，而在其中我看到他，我同时也看到他的身体。在某种程度上，对人的理解穿逾了（see-through）其躯体显现——它在此是身体。但这一理解并不停留于这个躯体，不是指向它的头，而是穿逾过了它。然而，对人的理解也不是指向与身体榫接在一起的精神；相反，它恰恰指向这个人本身。（Hua 4，240）

也即是说，"我"的意向目光不仅停留于他人的躯体，但它无论如何还是通由这个躯体才指向作为个人的他人。[1] 如果他人躯体的感性显现没有被给予的话，"我"的意向目光则不可能抵达他人的主体性存在。换言之，他人的物理显现构成了"一个构成他人之身体的奠基性基底（Unterlage）"（Hua 4，240），并且构成了他人之主体性存在的感性系泊点（Anhalt）（Hua 4，241）。胡塞尔在别的地方曾说过，即便同感感知是一个单一的行为，它依然具有一个双重的、分叉的意向性：他人的身体显现构成了意向的起点——*terminus a quo*；由此同感意向性被引到其意向终

---

[1]　胡塞尔在其符号意识理论中也提到了一个相似的观点，参见 Melle（1998，第 176 页）："符号的经验者的注意力不应是停留于符号本身，而是说符号只是作为桥梁、作为对含义的指向而被采用；他应该从符号被直接导向含义。"（der Zeichenempfänger soll mit seiner Aufmerksamkeit nicht beim Zeichen selbst verweilen, sondern das Zeichen nur als Brücke zur, als Hinweis auf die Bedeutung gebrauchen; er soll sich vom Zeichen fortleiten lassen zur Bedeuten.）

点——terminus ad quem，也即在其身体显现中表达出来的他人内在的意识生活（参看第五章第二节）。他人的身体起到了一种"通道"（Übergang）的作用，由此同感感知可以将其焦点从他人的外在性转渡到其内在性；或者说，从他人的表达性身体转渡到他人被表达的意识生活。

换言之，同感感知本质上是相似于图像意识的，因为它也是一种特殊的"观入"（Hindurchsehen），由此我们可以穿越躯体显现而看到主体性或精神之物，其中主体性或精神之物"充溢"整个躯体显现（Hua 4，238）。他人的身体，"作为一个彻彻底底的身体"（Hua 4，240）则构成一种"窗口"，通过这个窗口我们可以源初地观入他人的心灵，我们由此生活于他人之心灵生活的意义中并把握到这个意义（Hua 4，236）。换言之，在同感感知中，我们的课题性兴趣首先是他人的主体性生活，比如他人经验到的悲痛状态。然而，这个课题性兴趣并不意味着他人的物理性显现完全未被给予。胡塞尔在其《现象学心理学》讲座中曾经有过一个设想——假如"陌生身体缺少了生物体的风格"，"那么这个身体也就缺少了在经验上指示一个隶属于它的赋灵（Beseelung）能力。他人的心灵生活也就在原则上不再能被经验到"（Hua 9，108）。因此，躯体必须被本真地感知到——不管其感知处于多么边缘，这样人们才能将之统觉为一个身体，就好像人们必须已然本真地感知到图像物，然后才能统觉到图像对象。但是，他人或图像物的物理显现"恰恰不是我所聚焦的东西"（同上）。就这一点而言，胡塞尔认为，他人统一的身体显现可以在现象学上被区分、勾勒为一系列不可或缺之要素。一如他在《观念 II》中所写的一段颇为晦涩的段落：

> 把事物把握为人——恰恰是这样一个把握，它将不同的却是凸显出来的显现身体对象性的要素赋以灵魂，并给予这个单一的含义以心灵内容，并且依据在该含义中具有的要求，再次将这个已然被赋予灵魂的个体跟更高的统一性联结起来，直到最终跟作为人的统一体联结起来。（Hua 4，241；参看 Hua 4，243）

因此，依据之前的论述，我们可以区分出内在于同感感知中的两个本质上相互纠缠的"看"：第一个"看"——对他人之主体性存在的看，是基于第二个"看"——对他人之身体的看，而且这两个"看"内在地交织并融合在一起。胡塞尔写道：

我可以感知到愤怒，而无需在任何程度上是愤怒的——他人的愤怒。我可以在他的表情中、在其言语与行动中看到其愤怒。当然，这一对愤怒之他人的看（Sehen），就像对某个开心、悲伤的他人的看，等等，当然是一种非本真的看（uneigentliches Sehen）。它跟另一类"看"是同一类——一般地发生于那个人其他的，但没有显现的规定性。……而本真地被看到的（eigentlich gesehen）是物理显现的诸要素，也即在"显现"这个语词最严格的含义上说。（Hua 23，99–100［106］）

对人的把握（die Menschen-Auffassung），对此处这个人的把握，不是对附着于身体之上的精神的把握，而是对这样一种东西的把握——通过躯体显现的中介而进行，它本质上包含了躯体显现并构成了一个对象。（Hua 4，240）

在此，我们需要小心地考虑其中所涉及的两种"看"，以便能阐明它们彼此之间的关系，以及它们相对于他人统觉的构造性功能。人们可能会问：这两种"看"是否应该被视为两种相互独立、分离的意向行为，它们只能并排组合在一起？（Hua 4，237、241）① 在图像意识中，胡塞尔坚持认为事情并不是如此。我们不是将图像物视为图像意识的一部分，将图像对象视为图像意识的另一部分；我们也不是将它们"并置在一块"，"好像每一部分是独立存在，并且抽象于将它们组合在一起的形式"（Hua 4，237）。从现象上讲，我们一下子就在图像物里边看到了图像对象，并且潜在地觉知到对图像物的看与对图像对象的看之间的意向冲突。胡塞尔认为，同一种情况也适用于同感感知。他写道：

所有心理的要素，所有隶属于人格本身的要素，乃是以间接的方式被归属的（eigelet），首先是通过空洞的、跟感知融合为统一体的意向。但我们不会说，只是通过一个空洞的意向，诸行为就被当下化了；这里不存在着对它们的真正直观，也即以一种合适的当下化形式。（Hua 23，100［106–107］）

① 比如，胡塞尔本人问道："在指向精神物的态度这一情况中，我们是有相同或者相似的情形么？精神物跟一个显现着的身体相连接，它是类似于一个物理部分连接到另一个部分的方式？我注意到其中的精神之物，而根本无需一同注意到其中的身体？"（Hua 4，237）

　　换言之，同感感知以这样一种方式进行，也即我们对他人之物理存在的感知和对他人之主体性存在的感知并不是被并排在一块，而是原则上在一个意向统一体中相互融合（verschmolzen）在一起（Hua 4，238）。[1]

　　在其他地方，胡塞尔将这种意向统一体理解为一种当下拥有行为与当下化行为之间的"功能性总体"（Funktionsgemeinschaft）（Hua 1，150）。具体来说，他人的躯体被本真地感知到，因为这个物理存在者在最严格的意义上真切地存在于此，位于空间之中，在某个导向之中。与此同时，他人的主体性存在——它将其躯体充盈为一个身体，则不能被本真地感知到而只能被当下化，因为它在最严格的意义上落于感知域之外（Hua 23，99）。因此，同感感知是一个"通过联结（Association）与本真感知结合在一起的当下化，而它是这样一种当下化，也即在共感知（Mitwahrnehmung）的特殊作用中与感知融合在一起。换言之，这两者［当下化与感知］是如此融合在一起，以至于它与感知处于一个功能性总体之中，它同时在表象着（präsentiert）并共现着（appräsentiert），而且对于对象之总体而言，这个意识展现了其自身在此（Selbstdasein）"（Hua 1，150）。在此意义上，同感感知本质上是两种不同意向行为的融合（当下拥有与当下化的融合），由此我们可以统一地意向作为人格（person）的他人。

　　相应地，我们也就可以在意向相关项上区分同感之关联项的两个构造性因素："被本真感知到的身体"以及"非本真感知到但依然是共此在的主体性存在"（Hua 1，150-151［122］）。一如前述，这两个构造性因素不能被当作两个相互独立的实体，好像说它们只是被并置结合在一起。在胡塞尔看来，感知上被给予的身体构成了非感知被给予之心灵生活的支撑，并为后者提供了一个实在的系泊点，而后者则充盈着前者。它们是同一个统一显现的两个可区分的侧面，或者用胡塞尔在《观念Ⅱ》中所提出的说法，身体与精神形成了一个源初的"综合统一体"（Hua 4，236）。

　　简言之，同感感知通过一种特殊的双重意向性而起作用，它同时统一地指向他人的物理性与主体性存在。基于这个理由，胡塞尔在《第一哲学》Ⅱ中认为，同感感知同时被一种直接性与间接性所刻画。他写道：

---

[1]　早在"第一研究"之中，我们就可以找到一样的观点。其中，胡塞尔讨论了符号意识的两个不可或缺的要素——对符号之物理基底的直观表象，以及对其所指（referent）的意义意向。两者一同形成了一种特殊的"可感综合"（führbare Zusammengehörigkeit）（Hua 19，36）。如此理解的符号意识就是一种"内在的统一意识"或"内在互融的统一体"（eine innig ver-schmolzene Einheit）（Hua 20-2，32）。对这个问题的进一步讨论，请参看本书第五章。

对陌生身体的感知是感知，只要我把这一身体的此在直接经验为本身在此的。同样的，另一个人作为人对我而言也是感知在此的。我由此以最为明确的强调，表达这一感知上的直接性（Unmittelbarkeit）：一个人以具身的方式站在我面前。而在这个感知的含义中包含着一个特定间接性（Mittelbarkeit），它本质上区别于对自我身体之感知的间接性。在这里是一个我空间上周遭中的陌生身体躯体（Leibkörper）被感知到，一如我自己的身体被源初地感知到；然而不同的是在其中具身化的心灵（das in ihm verleiblichte Psychische）。它实际上不是真正被自身给予的，而只是以统现（appraesentativ）的方式被共同意指到（mitgemeint）。（Hua 8，62；参看 Hua 1，139；15，435）

基于上面的论述，胡塞尔认为同感正是对他人之为人格的统握：这不是一个纯粹的精神附着到一个纯粹的身体上去；相反，他人的心智生活恰恰是通过并内在于其身体而显现出来的。同感则是对他人在其"最高的显现总体性"中的把握。[①]

## 二、同感当下化的拟态特征

在澄清了同感感知之中的复杂意向融合的性质之后，我们需要进一步确定同感当下化的具体意义并且说明它的意向成就究竟是什么。在 1926—1927 年之间，胡塞尔越来越清楚地意识到同感当下化的性质，并且与图像意识一样，将之理解为一种拟态——我们确确实实感知到他人的主体性存在，但是以一种拟态的方式完成这一感知。

胡塞尔的类比统觉理论可以被理解为一种"拟 - 视角获取"，主要是因为将他人之躯体感知为一个身体，就意味着好似从他人的具身视角来感知他人。在此意义上说，同感感知首先是当下化，或者说是获取了他人的视角——以一种拟态的方式，"好像我在那里"。由此，我自己的身体以及周遭世界就以对应的方式显现出来，也即它们与所获取之"那里"处于导向关系之中。用胡塞尔的话说，在感知陌生身体时，"一同被激发的是这样一种表象，'好像我具身地在那里'，由此我的身体在这个相似之躯体的变

---

① 参看胡塞尔一个详尽的表述："因此他人首先是通过同感而直接被给予的，以及在同感 中对他人的感知、他们更宽泛的实际的以及可能的领域［直接被给予］。如此我就有了变更了样式的当下化——同感。"（gegeben also sind Andere erstens direkt durch Einfühlung und in ihr ihre Wahrnehmung etc., ihr erweitertes wirkliches und mögliches Feld. Dadurch habe ich Vergegenwärtigung modifizierter Art – die Einfühlungen.）(Hua 15，244)

更中变成向那里设定的身体，并且从那里与这个周遭世界的显现相关联起来"（Hua 14，498–499）。然而，这种"拟 – 视角获取"不是真正的视角获取，因为"我"并不需要实际上生活于他人的视角之中，一如"我"不需要体验到愤怒就能看到他人的愤怒一样（Hua 23，99）。就此而言，胡塞尔认为，"拟 – 视角获取"可以被理解为一种"拟 – 共同生活"（quasi-living-with），因为我们确实当下化了他人的意识生活，而无需实际生活于这些意识状态之中。胡塞尔认为，"拟 – 视角获取"包含着采取一种拟态态度（Hua 14，186；15，427），其中"我们在'转渡过去'（Hineinversetzen）这个标题下与他人共同存在，我们在此体验到一种拟态的生活（quasi-Leben）以及一种拟态的反思（quasi-reflexion），由此而课题化他人的主体性以及他人本身为客观之物的被给予样式的主体"（Hua 15，427）。

在后期的手稿中，胡塞尔举过一个生动的例子，以说明这里所涉及的拟态。假设你现在看到一个人要绕过一个水坑。这个人的眼睛显然是以某种方式指向这个水坑。在这里，你所感知到的不仅是他人的身体，更为重要的是，你同时感知到其对这个水坑所具有的"视角"——其正在以某种方式意向它。胡塞尔认为，在这种身体感知中，一种"好像我在那里"的表象也一同被激活了，以至于可以说"好像我作为这个身体而在那里，以这种方式而绕着水坑运动，我的眼睛指向着它，好像是我在看着它，以及我现在显然是在避开它——这是在一种拟态（Als-ob）中所刻画的"（Hua 14，499）。换言之，"我"并不仅仅感知到一个在那里的身体，以这样或那样的方式行动，具有这样或那样的外表，更为重要的是，"我"同时感知到了他人的意向——它们在其一系列的身体运动之中示例、展开并被实现出来（Hua 15，446）。也即是说，"我"感知到他人的视角，好像该视角是在他人的外在行为中具身化；抑或说，"我"对他人身体的感知正是对他人之为世界主体的感知——他正从这个特殊的视角经验着这个世界（Hua 1，123）。

借助这个例子，我们可以区分出同感当下化之中所隐含的两个要素。首先，"我"直观地看到他人的身体，它"以确定的风格存在于感知的实际性中"（Hua 14，499），与之一同发生的还有对他人之于周遭世界的视角的当下化。其次，这个一同发生的当下化提供了一种"拟 – 意义"（quasi-Bedeutung），"揭示出一个意义视域（Sinnhorizont）以及自己后续身体行为的视域——'好像我在那里'"（同上）。胡塞尔在此所观察到的，"这种当下化的表象也给躯体外在性加上了一个内在意义（Innerbedeutung），但只是自己转变了的身体存在以及自我意识，自己转变了的周遭世界感知，'从那里出发'（von dort aus）"（同上）。

我们现在可以检讨一下，这一思路是否能满足黑尔德所提及的三个标准：（1）他人存在的同时性；（2）他人存在的实在性；（3）自身与他者的差异。如果我们按照以上论述来理解同感感知，将之视为对共当下的一个共主体的感知，那么同感显然就满足标准（1）和（2）。然而，黑尔德的忧虑在于，同感当下化之中的拟性是否会将他人变为一个唯我论梦境之中的虚构？同感感知是否会变成一种自我的幻觉行为，并因而不能确保自我与他人之间的差异？基于上述分析，这显然不会成立。理由之一是，同感感知并不仅仅是一个当下化行为，而且是当下拥有与当下化的意向融合；通过这个融合的意向成就，人们能够获得一个关于他人之主体性存在的意识视域。另一个理由在于，同感感知不必是幻想性的，因为人们在同感他人时并不需要实际将自己置入他人的意识生活之中。就此意义而言，其中的拟性只不过是同感感知的一个意向结构要素。基于其图像理论，胡塞尔明确地写道：

> 他人之于自我而言是感知上在此（perzeptiv da）的，因而也是在判断上在此的。……当下化不是再造性的，即便它是当下化，是一个展现，但它也不是一个幻觉（Phantasie），更何况"纯粹幻觉"了；而是具有其实际性。（Hua 23，431；参看 Hua 14，489–490）

简言之，同感感知既不是一种再造性的当下化，一如托尼森与科兹洛夫斯基所认为的那样；它也不是一种想象意识，一如黑尔德所认为的那样。相反，同感感知是一种指向他人的源初行为，它是包含着当下拥有与当下化这两种不同行为的特殊意向融合，并因此具有其独特的双重意向性。由此，同感感知同时指向他人之物理性与主体性的存在。

## 三、胡塞尔论同感与图像意识的类比：一个检讨

在结束本章的讨论之前，我们需要检讨一下到目前为止的论述。如前所述，同感感知在结构上与图像意识相似，因为这两种行为都分有了相同的意向成就——在场化不在场者，可见化不可见者。若此，那么一个自然的问题在于——他人身体是否与图像具有相似性，而且在何种意义上这两者是相似的？换言之，它们之间的差异又在哪里？

在一些手稿中，胡塞尔认为陌生身体与图像确实在同一层次上起作用，因为它们都构成了他异物的支撑（Anhalt），他异物在支撑之中并

通过支撑而显现出来。在图像中，图像物支撑并激活了图像对象的显现，图像当下化了被描绘的图像主体。相似的，他人身体支撑他人的主体性存在，并因此将之系泊于实在性之中，后者在前者之中并通过前者而表达出来。

这一洞见使得胡塞尔可以进一步考察内在于两者之中的相似的表达性。图像通过其勾勒出来的内容而表达出被描绘的对象。因而，图像与所描绘对象之间的表达关系是内在的，因为图像所指称的对象只能是与图像具有相似性的东西。否则的话，其中的绘画功能就会失效。一如胡塞尔所提议的，图像具有一种"感性上被经验到的格式塔"，其中"精神性意义表达自身"（Hua 9，111）。胡塞尔进而观察到，这个精神性的意义"在其通常极为复杂的精神构造中，对应着感性可经验身躯的形式与组织的构造，它在其中表述着、具身于其中"（同上）。基于同一思路，胡塞尔认为同一种表达性关系也存在于身体表达之中："这正是表达的样式，是持续并因而是和谐且确证着的表达的样式。"（das eben ist die Weise des Ausdrucks，des fortlaufenden und dabei stimmend-bestätigenden Ausdrucks.）（Hua 9，112）由此被表达者不是与表达者处于并置的关系，而是相互融合在一起（Hua 9，111）。以梅洛－庞蒂的话来说，陌己身体不是无意义的，而是充盈着一个"形象意义"（figurative sense），由此他人的主体性存在于身体的勾连之中，并通过后者而被表达出来（Merleau-Ponty，2012，第 200 页）。

然而，胡塞尔在 1922 年左右开始意识到，不管他人身体与图像之间是如何相似的，他人身体根本就不是一个图像。依据胡塞尔图像理论的标准模型，图像是一个描绘性现象，它通过相似性来描绘（abbilden）或表征（repräsentieren）另一个对象。比如"我"母亲的画像以或多或少的细节来勾勒她的外表，但这个画像指向别于自己的东西，指向"我"母亲这个人。与之相反，他人身体就是自身——"隶属于"他人。换言之，他人身体并不指向别于自身的东西，因而不是作为主体的他人的一个"图像"。基于这个理由，胡塞尔认为，"陌己身体被理解为身体，也即在对应着的被激发的心灵状态、自我活动性等等意义上说，不是作为'图像'（Bilder für）而起作用，而是作为统觉性的系泊点（apperzeptiver Anhalt）"（Hua 14，164）。[①]

---

① 另参看："我实际上在看着的这个并不是一个符号，不是一个单纯的类比，不是任何自然意义上的一个图像，而是他人；而这个在此、在其实际的原初性中被经验到的，在那里的躯体，乃是他人的躯体本身。"（Hua 1，153）

# 第五节　结论

本章主要分析胡塞尔对同感与回忆以及同感与图像之间的类比，来聚焦于同感的意向性问题。通过分析胡塞尔处理同感与回忆的两个方案，我们可以得出一个结论：胡塞尔的两个方案都未能满足黑尔德所提出的三个条件：（1）他人存在的同时性；（2）他人存在的实际性；（3）自我与他人之间的差异性。简言之，胡塞尔对同感与回忆之间的类比论证会导向一个死胡同。

与之相对，本章检讨了胡塞尔在手稿中提出的一个未受到主流解释关注的类比策略——同感与图像意识之间的对比；并认为在这种类比中，我们可以更加准确地描述同感的意向性结构。与图像意识类似，同感感知也被一个复杂的意向融合形式所勾连，因为同感感知与图像意识一样，同时具有感知与当下化的特征。以这一方式，同感统一地通达到一个共当下的共主体，而又不至于削弱或否定使得共主体成为他人的他异性。相应地，同感感知具有一种复杂的双重意向性，它同时指向他人的物理与心理存在。尽管我们可以在反思层面区分这两种指向性，但它们就其作用而言，是作为一个"功能性整体"而在其中运作的。因此，同感意向性也就同时具有直接性特征——它当下拥有了他人的具身存在，以及间接性特征——它以一种拟态的方式当下化了他人的主体性视角。

基于这个类比策略，我们可以更好地理解内在于同感行为之中的复杂意向结构。然而，这并不意味着同感与图像意识是完完全全相同的，也不意味着它们的意向相关在本质上是一样的。它们之间有原则上的不同。一如施泰因所强调，同感感知是一类自足的意向行为，它既不能被还原为其他行为，也不是其他行为的派生形式——比如外感知、回忆或想象等的派生。也即是说，同感感知是一个复杂行为，而图像意识则可作为澄清其复杂性的参照。基于这个类比策略，我们可以更好地理解我们复杂的同感经验以及其中复杂的意向成就。

# 第四章 指示与身体表达

本章所要关注的重点在于他人的身体表达性（bodily expressivity），以及它在同感理解中的构造性作用。更具体来说，本章所要研究的是身体行为在何种意义上是身体表达，以及身体表达在何种程度上参与到并因此促进了人际理解。为此，本章主要讨论以下文本：《逻辑研究》中的"第一研究"（1900）与胡塞尔在 1913—1914 年修订《逻辑研究》时所产生的文稿——《新理解》（*Neufassung*）（1914），以及胡塞尔 20 世纪 20 年代的相关研究手稿。通过这一文本的分析，本章希望能阐明身体行为之于他人表达的构造性关联：他人的身体行为是内在有意义的，并外在地揭示了他人的心智生活。本章将进一步阐述，他人的身体行为不仅在胡塞尔的同感理论中，而且在我们日常的同感理解中均扮演着关键的角色。

如前所述，胡塞尔的同感理论以及他人身体构造理论包含着一些根本的困难，并且遭到了众多批评。因此，大家的注意力主要被他人的身体构造问题所吸引，而较少会注意到一个极为相关的议题——他人的身体性表达。[①] 胡塞尔认为，对陌己身体的构造性分析直接就凸显出身体性表达这一议题，并且他认为陌己身体首先是一个"表达性统一体"（Hua 4，236）。他人"和谐的行为"本身就充盈着意义（Hua 4，238），并持续地充实着同感意向（Hua 1，144）。

然而，胡塞尔对身体性表达的思考随着他修订"第一研究"中的早期想法而发生了重大的改变，并且在 1914 年前后陆续发展出一个新的解释。关于这个修正的原因，则是众说纷纭（Bernet，1988；Flynn，2009；Heinämaa，2010）。萨拉·海娜玛（Sara Heinämaa）认为，主要原因在于胡塞尔在《观念Ⅱ》中提出了更具说服力的身体理论。尽管胡塞尔对身体的新解释与他有关身体性表达的新理论确实是相关的，但通过考察胡塞尔的"1914 年文稿"，本书认为胡塞尔改变其身体表达理论的关键因素在于他对"指示"概念的修订。更为重要的是，通过分析这一修订的动机，我

---

① 就笔者有限的阅读，唯一的例外应该是 Römpp（1992，第 4 章）。在本章第一节，笔者会回到朗普的相关解读。

们还可以展示胡塞尔前后期有关身体行为的两种不同的工作假设——早期关于他人身体行为之于其身体性表达的伴随性假设，以及后期的构造性假设，并说明胡塞尔最终接受后一个假设的理由。

为了阐述本章的核心问题，第一节将首先说明胡塞尔在"第一研究"中对"指示"概念的规定，以及他在符号理论框架下对身体行为的早期假设。这时胡塞尔将指示理解为一种偶然性的现象，其中指示子（indicator）与被指示项（indicated）之间只具有偶然的关系。因此，只要他人的身体行为被视为他人心灵生活的一个指示，那么它也是一个偶然的指示子，因而是他人之心灵生活的一个伴随物。相应地，他人的身体行为就构成了他人之心灵生活的一个伴随性生理现象，并且它本身并不具有实质的意义。

第二节则聚焦于胡塞尔对指示概念的修正，揭示指示子与被指示项之间的内在关系——指示子内在地具有一种意向倾向性以及含义结构。本节将表明，对指示现象之内在属性的发现将产生一个全新的关于身体性表达的观点：他人的身体行为不再被视为无意义的现象，而被视为一个充满意义的构成要素，并且与他人之心灵生活构成一个"表达统一体"。

第三节则通过胡塞尔的研究手稿以及梅洛－庞蒂的表达理论，进一步论述身体行为的构造性解释，并提出可以将身体行为解释为一种亚稳定（metastable）结构（Landes，2013），它同时是一个自身触发的系统以及一个自身充实的连续统。由此，本章将进一步讨论瓦登菲尔斯（Waldenfels，2000b；2004）有关身体性表达的观点，确认身体性表达的构造性因素，并阐明胡塞尔有关身体性表达的一种格式塔观点。


## 第一节　《逻辑研究》"第一研究"中的指示与身体表达

众所周知，在《逻辑研究》"第一研究"中，胡塞尔在符号理论的框架内来思考身体性表达的问题，而且他将面部表情（contenance）、身体姿态以及行为都视为单纯指示的例子。基于"第一研究"的论述，胡塞尔认为身体行为并不构成一种真正的表达，因而降低了身体行为之于他人表达的重要性。人们可以怀疑，这种奇怪的将身体行为从表达范围内排除出去的做法是否植根于胡塞尔对"符号的偏爱"（Derrida，2011，第 4 页）。但基于更为细致的考察，我们认为，这种对身体行为的理解不仅与胡塞尔的符号理论相一致，而且是胡塞尔关于身体行为一个基本假设的直接后果。

本节所要表明的正是后一个论题。

## 一 指示与表述

在"第一研究"开篇，胡塞尔就批评传统和习俗中关于符号的认识混淆了符号两种本质上不同的功能——符号的表述功能和指示功能。"每个符号都是某物的符号，然而并不是每个符号都具有'意义'（Bedeutung），一个通过符号而'被表述'出来的意义（Sinn）。"（Hua 19，30）举例来说，一个悬挂于路边的交通标志可能指示（bezeichen）说"前面有一个左拐路口"这一事实，但这个标志本身并不必然具有任何意义，例如"前方左拐，注意减速"这样的述谓意义。依此，胡塞尔认为符号可以进一步细分为两种类型：一种是指示性符号，例如动物足迹（Spur）、科学记号（Kennzeichen）、标号（Merkzeichen）或其他提示记忆的手卷结等，这些符号只满足指示功能。另一种则是表述性符号，它们同时满足指示功能和意指功能（Bedeutungsfunktion）（同上）。胡塞尔认为只有言语（Rede）或陈述（Aussage）等语言符号才能算作表述。

依据胡塞尔的定义，指示与表述之间的差异在于"刻画表述"的意指功能（同上）——此意指功能使得一个符号变为一个"有意义的"（bedeutsam）的表述，特别是在交流的意义上。例如，一串英文字母"m-o-s-q-u-i-t-o"可能指示说存在着这么一个英文单词，它具有特定的字母组合顺序。然而，如果这串字母按其字面发音，它并不表达任何意思，而仅仅是指示存在着某个如此拼写的单词。在这种情况下，字母串"m-o-s-q-u-i-t-o"只满足其指示功能，因而还不是一个表述性符号，也即"mosquito"这个单词。与之相对，同一串字母如果得以清晰地关联起来并被说出来，那它将进一步满足意指功能，以至于它现在是作为单词"mosquito"而存在，并依此指称那个被称作"mosquito"的动物（蚊子）。依据胡塞尔的理论，口头表达不仅仅作为"说话者之思想的符号"而指示着说话者的内心生活，它同时具有一个意指意向（Bedeutungsintention），借此，说话者不但激活了该指示子而且还"使得它成为某个表达"（Hua 19，38）。

胡塞尔进一步解释道，表述可以在描述上刻画为两个相互结合的侧面：

1. 物理侧面，也即表述的物理基底，譬如说清楚关联起来的声音串，书写符号（symbols），以及其他感性被给予物。

2. 心理侧面，也即赋予物理基底以意义的意指行为，该意指行为还构成了与意向对象之间的表述性关系。（Hua 19，38、43-44）

　　这个区分对于下面的研究将是极为关键的。在"第一研究"中，胡塞尔认为，恰恰是由于（vermöge）意指意向，"表述才不仅仅是一个单词发音（Wortlaut）。它意指某物，而且只要它意指某物，它便与其对象关联起来"（Hua 19，44）。换句话说，如果物理基底缺乏意指意向，那么它就依然是一个指示（Anzeichnung）；而一旦它被一个主体赋以意义（Bedeutungsverleihenden），也即被激活，那么它就变为一个表述（Hua 19，44–45）。譬如说，一个人清楚地说出"mosquito"这个单词。胡塞尔进一步确认说，这一赋意行为构成了表述"最本质的内核"（同上），因为只有通过这一赋意行为，说话者才能为物理符号赋以灵魂并借此指向或指称被意指对象，而不管该对象是否以直观或空洞的方式被意指（Hua 19，45）。"例如，名称（Name）在任何情况下都指称（nennt）它的对象，也即是说，只要它意指这个对象。如果对象不是直观地存在于此，因而也就不是作为被指称的对象（也即作为被意指的对象），那么也就仅剩下单纯的意指。如果起初空乏的意指意向被充实起来，与对象的关系则得以实现，指称便成为名称与被指称者之间现时被意识到的关系。"（Hua 19，44）

　　与此对应，表述性意识具有两种行为样式：一是对物理侧面的"语词表象"（Vorstellung），二是在心理侧面的"赋意行为"（sinngebender Akt）。胡塞尔认为，"两者均被体验到；但当我们在体验语词表象时，我们并不生活在对语词的表象之中，而是完完全全生活在语词意义、语词意指的实行之中"（Hua 19，46）。具体来说，表述的物理或单纯指示性侧面仅仅起到唤醒赋意行为的作用，并以此将我们的意向目光转向被意指之物。与之相对，赋意行为则使表述性符号瞄向（hinzeigen）意向对象。在此意义上说，说话者清楚地念出"mosquito"这个单词并由此指称被称为"mosquito"的动物。[①] 胡塞尔认为，恰恰是由于这一主体的激活（animation），我们作为"听者"才能够将"mosquito"这个单词当作一个指示符号——指示着说话者的心理生活，并且当作一个有意义的表述——表述着说话者的心理生活，也即说话者指称"mosquito"这一动物。

　　显然，我们可以将此解释为，表述行为是上述两个侧面——语词表象与赋意行为的单纯聚合，"好像它们不过是同时被给予的"（Hua 19，

---

① 胡塞尔坚持认为，表述本身可以在结构上区分为三个方面：意义充实的行为、表述行为（言说者的发音与其心智状态之间的亲密性）以及被表述的对象（所指）。尽管基于胡塞尔的解释，赋义与指称这两个表述功能是相互分离的，它们已然标示了同一个行为的两个描述性侧面（Hua 19，第12—14节）。

45）。依据此解释，表述行为包括两种不同的意向行为，而且这两种意向行为分别指向两个不同的意向对象：语词表象感性而直观地居有符号的物理基底，例如"m-o-s-q-u-i-t-o"各个字母的书写形象；而赋意行为则在意向上指向被指称的那个动物（蚊子）。但胡塞尔明确拒绝了这一解释，他认为这两个侧面"构成了一个具有特殊性质的内在互融的统一"（同上）。如上文解释的那样，表述性符号将意向目光从对象 A（物理性或指示性符号"m-o-s-q-u-i-t-o"）指向了被表述对象 B（蚊子）。但这并不意味着我们同时具有对象 A 的表象和对象 B 的表象，然后通过某种"隐秘的心理学协调"（psychologischen Koordination）将两个表象"耦结"（paaren）在一起。显然，这种耦结并不能使对象 A 成为对象 B 的"表述"：我们读出"mosquito"这个单词并直观地看到墙上的一只蚊子这一事实并不能得出前者是后者的表述，因为被念出的"mosquito"所指称的对象实例并不必然就是墙上的这个蚊子。为此胡塞尔认为，表述是"符号与被指示项之间的体验性统一（Erlebniseinheit）"（Hua 19，46）。

然而，就"第一研究"的整个论述来看，胡塞尔的论证并不能完全回避上面提出的解读，而且他关于"动机结构"的解释恰恰加强了这一解读（参看下文）。我们现在需要指出的是，对于胡塞尔来说，表述行为中指示功能与意指功能实际上是可以被分离开来的，以至于胡塞尔认为意指功能独立于指示功能。据此，只有意指功能才在本质上行使表述性功能。例如，胡塞尔写道，"表述甚至在孤独的心灵生活中也展现其意指功能，在其中表述不再起到指示性的功能"（Hua 19，31）。具体来说，我们可以自顾自地说话——"扪心自问"，而且可以理解这些有意义的内心话语，但这些内心话语没有任何感性的形式或基底，因而它们并不具备也不满足指示功能。在此意义上，胡塞尔说，"在自言自语时，语词对于心理行为的存在不再起到指示性功能，因为该指示关系在这里毫无用处。（因为）这些待考察的心理行为正是同时被我们体验到"（Hua 19，43）。因此，赋意行为事实上独立于物理性或指示性符号，因为只要赋意行为没有被实行，指示性符号本身就依然是"无意义的"（sinnlos）。而且只要"在指示功能之外"（Hua 19，30），指示性符号还被某个给予意义的主体所激活，①它就变成"具有意义的"（sinnvoll）或者"被赋予意义的"（sinnbelebt）——我们在下面的讨论中可以看到，胡塞尔在 1914 年的文稿中彻底地修正了这个结论。

　　显然，在《逻辑研究》中，胡塞尔认为主体性的赋意行为或能力在意义构成中优先于物理性或感性的符号形式。赋意行为独立于后者并通过其主体性权能激活了后者。也即是说，意义本质上源自并隶属于主体性，它并不源自或植根于外在符号对象。也恰恰是在这个意义上，符号意向（此处指表达行为）在严格的意义上是两种意向——指示意向与意指意向——的心理学混合。我们将在下面看到，这两个结论都是可疑的，因为外部世界的意义并不是主体性的创造，而诉诸心理学协调来解释符号意向的复合性在现象学上也是有待商榷的。为此，我们需要更为细致的描述分析。

　　回到"第一研究"的论述。显然，相较于指示关系，胡塞尔更为关注表述议题。但就我们的目的而言，上述关于表述的澄清足以推动下面有关指示关系的分析，并且我们需要更细致地考察指示关系。这不仅仅是因为指示关系是符号中"最普遍最一般的（the pervasively common）要素"（Hua 19，32）或者说是"无处不在的（ubiquitous）要素"（Hua 19，31）；而且，通过仔细考察"第一研究"中的指示关系，我们可以揭示胡塞尔为何赋以赋意行为在意义构造中的特权，以及他为何最终需要求助于心理学的解释以说明符号意向作为复合行为的性质。

　　一如前述，每个符号都是某物的符号，因而它是被指示项的指示子。胡塞尔解释说，这种指示关系的共通因素在于一种"动机结构"（Motivationsstruktur）："某个东西可以指示另外一个东西"相当于说"某人对指示子的存在信念促发了（motiviert）他关于被指示之物的存在信念"。用胡塞尔自己的例子来说，当"我"看到了烟，其中的指示关系可以用下述方式来刻画：

---

①　可以注意到的是，芬得利（J. N. Findley）在《逻辑研究》的英译本中，将德文原文"nämlich Zeichen im Sinne von Anzeichen［…］drücken nichts aus, es sei denn, daß sie *neben* der Funktion des Anzeigens noch eine Bedeutungsfunktion erfüllen"翻译为"for signs in the sense of indications do not express anything, unless they happen to fulfill a significant as well as an indicative function"。这个翻译存在的一个很大问题在于，他将位置性副词"neben"翻译为合取副词短语"as well as"，这基本上掩盖了其中的核心议题。显然，胡塞尔用"neben"这个概念是为了强调，意指功能与指示功能是两个不同的项，以至于意指意向与指示意向被当作符号意识中的两个不同行为。但在英语的翻译中，这个区别就不见了。如果我们将这个句子与胡塞尔写于 1914 年的修正稿相比较，我们可以更加清楚地看到此区别的重要性："意指不是第一个意识旁边的第二个意识，它是与对语词发声之意识内在统一的意识。"（das Bedeuten ist nicht ein zweites Bewußtsein *neben* dem ersten, es ist［…］ein mit dem Bewußtsein der Wortlautung innig einiges Bewußtseins.）（Hua 20-2，32）

我关于那里存在着烟的信念促发了我的第二个信念，也即某处存在着火；或者说，烟的存在向我指示着火的存在。（Hua 19，32）

胡塞尔补充到，这一动机结构刻画了两个信念之间的"描述性统一"，也即"指示着的事态与被指示的事态在思维者的判断行为中自身构成，而上述动机便在这些判断行为之间建立起一种描述的统一"（Hua 19，32）。在此意义上，胡塞尔认为，指示的动机结构揭示了"指示关系的本质"。依此，"某物可能或者必然存在，因为其他东西已经被给予了"（同上）。

依据胡塞尔的论述，我们可以进一步展开此动机结构的三重限制。

其一，促发性的指示子必须是"感性的"或者"实在的"。因而，想象物或者幻象（phantasma），譬如内心话语中的想象语词，就不能行使指示功能。恰恰是在此意义上，胡塞尔说，"对一个事物的存在信念（Überzeugung von dem Sein）被体验为关于另一个事物之存在信念或推测的动机"（同上）。这一刻画导出了进一步的问题，被指示项必须在物理上或感性给予性上不同于指示子，"它们必须相异于彼此"（Hua 20-2，73、84）。举例来说，火的感性给予性必然是不同于烟的感性给予性。胡塞尔认为，恰恰是由于指示子与被指示项之间的不一致，两者之间才可能存在一种指示关系。否则，两者便是完完全全地同一，也即烟不过是火的别名，两者之间不存在指示关系。

其二，动机结构只能是一种可能性或偶然性关系，而且胡塞尔认为，这种指示上的偶然性源自（Entstehung）一种"心理学联结"（Assoziation）（Hua 19，35）。需要注意的是，胡塞尔关于联结的定义显然不同于传统心理学的定义，例如他说，"A 在意识中唤起 B，那么这两者之间不只是同时或先后被意识到，而是有一种可感综合（fühlbarer Zusammenhang）在此烙在意识活动之中——这种综合表现为一物对另一物的指明（hinweist），此物与彼物的共属一起"（Hua 19，37）。换句话说，正是这种"可感综合"使指示关系中的意向目光得以转向，也即从指示子指向被指示项（参看 Depraz，1995，第 130 页；Kern，1973，第 XXIV 页）。我们在本章第二节可以看到，胡塞尔后来给出了关于此"可感综合"的现象学解释。但在"第一研究"中，他依然受限于传统素朴心理学的影响，未经反省地接纳了该心理学关于联结的解释。在"第一研究"中，胡塞尔认为符号意向中的联结本质是上"约定性"或是"归纳性"的。举例来说，烟是在归纳上与火联结在一起的，而国旗则是在约定上与某个国家或族群联结在一起

（Depraz，1995，第 174 页）。① 基于这个理由，胡塞尔认为，"对此物的存在信念经验地（即以偶然的、非必然的方式）促发对彼物的存在信念"（Hua 19，34）。更具体来说，给定某个指示子，我们仅仅能设想或推定被指示项可能也存在。"一个对象或一个事态不仅让人回想起另一个对象或事态，并以这种方式指出（hinzeigt）另一个对象或事态，而且一个对象或事态同时还为另一个对象或事态作证，建议人们去设想另一个对象或事态的存在。"（Hua 19，37）据此，当看到烟时，我们只能设想性地判断火的存在。但这种判断只具有概然性模态，即是说烟可能是由火堆产生的，也可能是某个演唱会的烟火效果，等等。

其三，就"第一研究"而言，指示关系是指示子与被指示项之间极为外在而且松散的关系（Bernet，1988，第 6 页）。指示性符号本身与被指示项之间并不具有内在关系。当看到烟时，"我"可能随之生成另一个信念——在某处有火堆，但"我"并不必然生起这一个信念，因为烟本身可能指示着其他的存在物，例如演唱会。据此，胡塞尔认为，我们在谈论指示关系时"并不需要预设与或然性的明确关系"（Hua 19，35），因为谈论或然性本身已经是某种"确定的判断"，而指示关系本质上并没有这种确定的判断。换言之，烟可能指示火的存在，但这并不同于说"烟具有 50%的概率指示火的存在"。纯粹经验上的指示关系并不具备这种概率上确定的概然关系，它是单纯的偶然性。

至此，我们可以看到，恰恰是这种松散的指示关系潜在地促使胡塞尔认为指示性符号本质上是缺乏意义的。一方面，指示性符号与被指示项之间的外在关系使得指示性符号——"自在的符号"（Zeichen für sich）（Hua 19，46）不可能满足指示功能，除非它是"依据任意的指示性目的而被创造出来"（Hua 19，31）。基于同样的理由，指示关系的任意性也使得指示子不可能成为被指示项的"有意义表达"。因此，我们在指示关系之外才需要一个额外的主体赋意行为，以便在指示子与被指示项之间搭起某个意义关联。另一方面，一旦被赋意，指示性符号便具有了一个本质性的变更，以至于"它的表象特征都被彻底改变了"（Hua 19，47）。也即是说，我们的意向目光不再指向指示性符号，而是"仅仅朝向在意义给予行为中被意指的实事"（Hua 19，47）。赋意行为促成了意向性的某种转向，使得意向目光从指示性符号朝向了被表述的对象。因此，我们可以说，只有通

---

① 对"联结"这个议题的进一步处理，可以参看 E. Hollenstein（1972）。对于同一议题在胡塞尔同感理论中的地位，参看 Depraz（1995，第 3 章）。

过赋意行为，被表述对象才进入到意识之中。同样的，表述性意义并不存在于指示性符号，而是存在于赋意行为之中。

总而言之，胡塞尔在"第一研究"中认为，赋意行为这一主体性成就在表述中具有意义构成上的优先性和独立性，而指示性符号则是无意义的物理存在物。这两个论题进一步促使胡塞尔认为意指意向独立于指示性关系。这也导致了胡塞尔认为符号意向（即表述行为）是两种意向行为（语词表象与意指意向）的可感综合，但此可感综合本质上是由尚未澄清的某种心理学协调来刻画的。我们将看到，这些关于符号意向的论述在"1914年文稿"中都得到了系统性的修订。

## 二、身体行为作为一种指示

基于前面的阐述，我们现在可以引入胡塞尔早期关于身体行为的工作假设，并解释他为何最终将身体行为从表述范围内排除出去。简言之，胡塞尔对表述的定义使得他只注意到言语行为（Rede）或者是交流符号，并将之当作本真表述的唯一示例，因而排除了面部表情与姿态等选项。在胡塞尔看来，后者"不自觉地伴随着言语而没有交流的意图，或者在人的心智状态中获得了可理解的'之于其环境的表述，而无需言语的帮助'"（Hua 19，37）。

一如上述援引段落所示，胡塞尔区分了两种身体行为：（1）人们不自觉的身体运动；（2）由于其特定环境而获得表述性意义的行为。胡塞尔进一步解释说，这两类身体行为作为身体行为是没有意义的。在第一种情况下，身体行为只是一个伴随性现象，因而本身就没有交流性的意义。比如说，当某人说了一件令人尴尬的事而脸红时，这种不自觉脸红并不等同于用言语说"当我说出这个令人羞愧的事情时，自己感到很羞愧"。就此而言，如果我们通过他的言语来理解其羞愧，那么脸红就不具有任何交流性意义了。相似的，在第二种情况中，身体行为也是无意义的，因为它缺乏一种表达性外观与被表达内容之间的"可感联结"（Hua 19，36），或者是"现象上的统一"（Hua 19，37）。比如，当一个人在朋友面前因为失言而脸红，尽管这种脸红可能表明他感到尴尬，但脸红本身并不传达任何意义，并不传达"我为自己失言而感到抱歉"这种意思。确实，我们可以通过其特定的身体行为而识别其感觉，但这种识别并不意味着脸红本身就由这个感觉所造成，更别说是与之同一。在这两种情况中，胡塞尔坚持认为，身体行为与情绪状态之间不存在任何内在的联系：

> 在表情和手势这些外在化（Äußerung）中，一个人并不向另一个人传达什么，他在其外在化中不具有以表述的方式提出某种"思想"的意向，无论是为别人，还是当他独自一人时为他自己。（Hua 19, 37–38）

就此而言，胡塞尔提出了关于身体行为的第一个工作假设——身体的外在化只是一种伴随性的生理现象，身体行为之于内在思想交流而言，在构造上是无关紧要的。简言之，身体行为本身不具有意义，因而不具有任何表述性功能。

这自然得出，身体行为要么是基于归纳，要么是基于习惯，而被视为一种指示现象。用胡塞尔的话说，"即便有第二个人解释我们不自觉的外在化（例如那些'表达行为'），并且能够通过这些外在化而了解我们内心的思想和感情活动，这也不会改变任何东西"（Hua 19, 38）。即便在这种情况中，他人的身体行为也是缺乏意义的，因而只是一种"指示"（同上）。我们可以设想脸红是感到尴尬的一个符号，脸红在某个特定的处境中出现可能指示着对应的心理状态，比如因为未能兑现某个承诺而感到愧疚。但是，对身体行为的解释并不会让这些行为变成"表述性的"，不自觉的身体行为最多只是指示了某个情感状态的存在，比如脸红指示着某个人感到了尴尬。

就此而言，胡塞尔认为他人的身体行为至多只是某个情感状态的指示。因此，身体行为与其他指示性符号一样，也具有类似的动机结构——对他人特定身体行为的存在信念在心理学上激发了关于他人心智状态的存在信念。换言之，他人身体行为的存在不过是一种经验上的证据，它提示说这个身体隶属于一个意识。然而，这个证据本身只是偶然性的。基于这个证据，人们不可能确然地推论——观察某个人脸红，我们就判断其实际上感到了尴尬。

显然，如胡塞尔在 1908 年左右所意识到的（Hua 13，附录 III），这里隐含着一个物理物与心理物之间的"平行论"（parallelism）。他写道，如果我们考虑身体与心灵之间的指示关系，那么"我们最终没有任何保持在同感中的根据，也没有任何理由来将躯体统觉为一个身体"（Hua 13, 7）。具体来说，依据这一解释，我们所能感知的只是"一组变化着的生理现象"（同上），其本身并没有进一步提示他人的意识生活。因此，这个解释会导致一个直接的难题："现在，一个身体出现了，一个相对于意识的器官性身体。'那么现在从哪里产生关于这个身体的意识呢？哪里是其

"心灵"？''（同上）基于"第一研究"中的论述，胡塞尔必须一致地推论说：没有绝对的证据来支持他人心灵存在的设想。

大约 5 年以后（1913 年），胡塞尔提出了一个有关他人身体及其表述功能的截然不同的观点。他写道：

> 人（der Mensch）乃是完完全全在其运动、行动，在其话语、呐喊之中的人！他不是一个物体（它被称为身体）与第二个物体（被称为心灵）的单纯结合（Verbindung）或并置（Zusammenknüpfung）。身体之为身体乃是完完全全充满了心灵的身体，身体的每一个运动都是充满着心灵的，其来去、静止、坐下、跑动、跳舞、说话等（也是如此）。（Hua 13，69；参看 Hua 4，96）

那胡塞尔为何如此明确地拒绝隐含于《逻辑研究》中关于他人身体与心灵的平行论主张呢？更为重要的是，胡塞尔既然将他人的表情行为视为一种"精神的表达"（Hua 13，64–65；参看 Römpp，1992，第 67 页；Depraz，1995，第 14 节），它为何还能将身体当做一种指示呢？

朗普认为，胡塞尔在《观念 II》中所发展起来的"人格主义"态度使得他可以将他人的身体理解为一种"表达性统一体"，而他人身体基于这理解则构成一种表述（Römpp，1992，第 50 页；参看 Heinämaa，2010）。然而，问题在于：如果胡塞尔对指示的解释依然与"第一研究"相同，那么他还能将身体视为一种指示吗？[①] 这难道不会导致一种矛盾——他人身体同时是表达性的，又是指示性的？还是说，胡塞尔将表达性身体视为一种指示——这其实是基于他对"指示"概念的新理解？如果是后一种情况的话，那么胡塞尔对指示以及身体表述的新理解又是什么呢？这些问题将在本章第二节作进一步论述。

### 三、胡塞尔的指示与身体行为理论中的问题

胡塞尔的指示理论面临着一些内在的问题，并且他将这个理论应用于刻画身体行为时也造成了一些严重的困难。而这些困难最终是植根于胡塞尔一开始对符号行为尚不成熟的分析。具体来说，对符号的质料与指示维

---

① 比如，胡塞尔在 1914 年写道："同感、统一的统觉，在其中感性的予料复合体以及这些复合体的变化会被理解为陌生心理生活的'符号'。"（die Einfühlung. Die einheitliche Apperzeption, in der sinnliche Datenkomplexe und Veränderungen von solchen Komplexen aufgefasst werden als „Zeichen" für das fremde psychische Leben.）（Hua 20-2，68）

度之间，及其物理与心理维度之间的描述性区分让我们得以窥见符号之特殊的被给予性方式。从意向相关项方面来说，符号具有一个质料维度——包含着视觉、听觉乃至触觉的属性，以及一个指示维度——与某个别于自身之物的指示性关系。在"第一研究"中，胡塞尔认为，这个质料维度本身并不构成指示性功能。也即是说，符号的感性形式并不指示任何东西。因此，指示性关系必然依赖于其他的东西，也即认知主体所附加的某个指示性目的。从意向活动方面来说，统一的符号意识要求另一个特殊的意指意向，由此才能赋予指向性符号以意义。而符号的质料则不具有任何意义，它需要主体性的激活才能成为有意义的存在物。

然而，胡塞尔的这种单纯的描述性区分并不能完全说明这两者之间的构造性奠基关系。就此而言，德里达正确地指出，胡塞尔在指示子与被指示项之间所刻画的是一种松散的关系，他低估了指示符号中质料的功能，也高估了主体性成就（Derrida，2011，第29页）。[①] 基于这个理由，胡塞尔才不会赋予质料任何与表达性意义相关的构造性作用。符号的质料就是其所是——作为视觉、听觉或触觉的材料。或者反过来说，意义或者表述的意义内容完全依赖于意义意向或是赋义行为。相应地，对质料的直观表象以及赋义行为本质上就是符号意识中的两个相互并列（neben）、互为分离的独立行为。这个结论与胡塞尔在"第一研究"中所观察的事实显然是相悖的：对质料的表象以及赋义行为在符号意识中是相互融合在一起的，并且构成了一个"可感的统一体"。简言之，基于这个解读，质料直观与赋义行为之间并不存在胡塞尔所设想的那种奠基关系。

然而，胡塞尔对指示子与被指示项之间的松散关系的解释，使得他不得不相应地采用有关他人身体行为的两个工作性假设：（1）他人身体行为只是他人意识生活的一个伴随性但非必要的现象；（2）它只是满足了指示性作用，而未提供任何有关他人之意识生活的说明。基于这两个假设，胡塞尔在身体与心灵之间设定了一个外在的并且有些违反直觉的联系——外在的姿态与内在的情感之间不存在任何内在的、必然的联系（Heinämaa，2010，第6页）。换言之，他人身体就此而言被剥夺了表达性含义，并因此是与他人心灵相分离并与之对立的。基于这个理由，胡塞尔认为，我们

---

① 可以参看胡塞尔对这一点的反思："我的结果曾经是说，是否每一个行为都是可表达的，是否'意指'（Bedeuten）只在某种特定类型的行为中实行，或者只在对象化行为中。"（mein Ausgang war gewesen, ob jeder Akt ausdrückbar sei. [..] Ob das 'Bedeuten' nur in Akten gewisser eingeschränkter Gattungen sich vollziehe oder nur in objektivierenden Akten – doxischen.）（Hua 20-2，4；参看 Hua 20-2，14）

必须求助于"额外的"解释，以便将"含义"归属到他人的身体行为之上，即便我们在日常生活中会直观地说"我们直接看到了他人的愤怒或喜悦"（Hua 19，41）。

其结果是，这种身体行为解释不可避免地导致严重的他心怀疑论。具体来说，身体与心灵之间的指示性关系具有这样一个动机结构："我"对他人身体的存在信念促发了关于他人心灵的存在信念。一如前述，这个动机关系本质上是基于习俗或归纳而偶然成立的。在感知他人的身体运动时，我们只能在判断上推断很可能存在着一个心智主体在控制着这些运动，但我们无论如何也不可能获得关于他人心灵存在的确然证据。因此，与笛卡尔一样，人们会问：我们从窗口所观察到的人是否是一个真正的人，还是说不过是一个衣帽架顶着一顶帽子，却像人类一样走路？（Hua 13，7）根据这个框架，即便在面对面的交谈中，我们也会怀疑他人心灵到底是否存在，因为言语或者面部表情等等都不过是一个严格意义上的指示，它们并不必然证明他人心灵的存在。

基于胡塞尔在"第一研究"中的解释，他人身体行为只是一个行为的感性复合，它们不提供关于他人心灵任何的信息。若此，自我作为感知主体也就只能觉知到其外在的行为，却不能区分出他人的真实情感与完美伪装。比如说，"我"可以看到一个朋友皱着眉头、号叫不已——这些都指示着说，他很痛苦或者说"我"相信是如此。但基于上述定义，这个所指示的痛苦很可能是假的。或者用索伦·奥威果（Søren Overgaard）的话说，即便"我"的感知恰好是真的，"我"的感知经验也依然是可疑的。"我"正以感知的方式觉知到他的身体行为，却不是以感知的方式觉知到他的心智状态本身。就此而言，即使我们确实可以通达到他人的心灵，那么这也只是基于其他的步骤，比如，认知上的解释预测，或者说基于感性材料所作的推理，等等（Overgaard，2011，第11页）。

这一怀疑论的场景[①]使得我们不得不怀疑，胡塞尔对他人身体行为的解释是否切中了真实的同感经验，以及这个解释是否与胡塞尔在《观念 I》以及"第五沉思"中对怀疑论的著名反驳相违背（De Warren，2009，第5章）。显然，这种怀疑论的困扰乃是植根于胡塞尔的指示理论。因

---

① 奥威果（2011）区分了两种他心怀疑论，也即笛卡尔式的怀疑论与休谟式的怀疑论。其中前者是有关这样一个基本的可能性：我们是否能从主体性的视角来区分出，自己对他人心智状态的感知是真实的以及自己对他人心智状态的通达是幻觉性的——我们只是看起来经验到了他人的心智状态。与之相对，休谟式的怀疑论则关心感知经验的本质，以及它是否能提供有关他人心智生活的真正信息。对他心怀疑论的进一步讨论，可以参看 Rudd（2003）。

而，对这一怀疑论进行回应也要求我们进一步检讨胡塞尔在 1914 年对其指示理论以及他人身体行为理论的修订，以便判断他能否最终排除怀疑论的威胁。

## 第二节　指示与身体表达：一个修订

一如本内特（Bernet，1988) 和梅勒（Melle，1998、2002、2008) 已经指出的那样，胡塞尔在 1914 年前后系统性地修订了他在《逻辑研究》中关于符号和表述的论述。这一修订所形成的新文稿发表于《胡塞尔全集》第 20 卷第 2 部《第六研究之新文稿：论表达与认知的现象学》（*Texte für die Neufassung der VI. Untersuchung. Zur Phänomenologie des Ausdrucks und der Erkenntnis*）。在这里，胡塞尔更为准确地解释了"第一研究"中所提出的符号的两个描述性维度，并且更为细致地分析了符号的被给予性样式。首先，他认为指示性符号本身是一种自身超越的存在者——它本质上具有一种刻画了本真符号之本质的"强制性趋势"（Sollenstendenz）。其次，他以现象学的方式解释了符号意向中的可感综合，认为符号是一种"通过某物意指另外某物"（Mit-estwas-ain-anderes-Meinen）的意向统一体。（Hua 20-2，13）与之相对，意义现在成为了指示性符号内在的且不可或缺的构成要素。在本节，我们着重说明胡塞尔如何从具体的符号被给予性中展开上述论题，并说明胡塞尔如何发展出有别于"第一研究"中的对应议题。

### 一、指示：作为"通道"的本真符号

在《逻辑研究》"第一研究"中，胡塞尔用指示性符号与表述性符号将符号一分为二，并将所有不满足意指功能的符号归为指示性符号。由此，人工符号如旗帜、信号以及手卷结等都被当作了单纯的指示性符号。换句话说，它们"不具有意义"。与之相对，胡塞尔在"1914 年文稿"中则给出了一个更为细致的区分。据此，符号被区分为单纯符号（bloße Anzeichen）（例如动物踪迹）和本真符号（echte Zeichen）（包括人工符号

和语言符号）。<sup>①</sup>后者又可以进一步区分为"非范畴符号"和"范畴符号"。其关键在于，胡塞尔在本真符号自身中找到了一种"强制性趋势"以及一种前述谓性或前命题性的意义构成。

让我们结合胡塞尔关于本真符号的范例（风暴信号）来作进一步说明。依据"第一研究"，这一信号只能用于指示某处有风暴这一存在事实，但该信号本身并不具有任意意义——不具有"即将会发生一场暴风雨"这样的述谓性含义（Hua 20-2，51）。然而，根据新的文稿，风暴信号不但满足了指示功能，而且它还"具有一个表述性意义"（Hua 20-2，52），也即信号自身将相对应的事态（Tatsache）直观地表现在当前，或者说它意味着（signalisieren）或指向了某个事态——"暴风即将从东北面而来，人们应该尽快待在屋里"。因此，我们不单单看到了作为物理存在物的风暴信号——对此，我们可能没有任何兴趣；更为重要的是，我们直接或直观地看到或注意到该信号所当下化的事态。用胡塞尔的话说，"符号表述了或意指着，例如，'东北边即将有一场风暴'——只不过该表述并不是用语词来进行"（Hua 20-2，53）。在此意义上，符号（包括语言符号）本质上就具有其内在的意义。依此意义，符号才能够表述并指称对应的事态。与之相对，胡塞尔将本真符号与单纯自然符号（如沙地上的动物踪迹）区分出来，因为后者只是指示或提示了"某个猎物的存在"（Hua 20-2，51），而且还因为后者并未"说出"或当下化任何关于该猎物之状态的信息。<sup>②</sup>

这个新的描述揭示了符号及符号意向的一些新的特征。一方面，胡塞尔借此认为非语言符号，例如风暴信号、手卷结乃至旗帜等，都内在地与一个意义要素相联结，因此它们具有某种表达功能。而胡塞尔在"第一研究"中只将表达功能归属于交流性的语言（Sprach）。另一方面，胡塞尔

---

① 参看胡塞尔的原话："我们至此所讨论的一切是如此之一般化，尽管语词符号总是一种话语，我们还没有对语词符号与其他本真符号之间的区别作出特别的说明。在"第一研究"中是尝试去区分指示和表述，但我们现在最好做一个更为准确的划分，并且首先是区分单纯的指示和本真符号。"（alles, was wir bisher erörtert haben, bewegt sich in so großer Allgemeinheit, daß, trotzdem immer von Wortzeichen die Rede war, dem Unterschied zwischen Wortzeichen und anderen echten Zeichen keine besondere Rechnung getragen ist. In der I. Untersuchung des 2. Bandes wurde versucht zu unterscheiden zwischen Anzeichen und Ausdrücken. Wir tun jetzt besser, noch genauere Scheidungen vorzunehmen, und zwar zunächst zwischen bloßen Anzeichen und eigentlichen Zeichen.）（Hua 20-2，51）

② 就胡塞尔本人的表述来看，他似乎对这一点是存疑的，例如他有时认为动物踪迹对一个有经验的猎手来说可能"看起来"是不一样的。对于非猎手而言，踪迹确实只是指示了猎物的存在，而有经验的猎手却能分辨出踪迹的类型并借此判断出猎物的远近（Hua 20-2，93、539）。就此而言，胡塞尔似乎又模糊了他关于单纯符号与本真符号之间的区别。毋宁说，根据胡塞尔的新文稿，我们可以发展出一个关于"自在之符号"（Zeichen für sich）以及符号意向的统一理论。

现在可以对本真符号的构成要素进行真正的现象学说明，更准确地解释：（1）本真符号的动机结构；（2）本真符号的物理侧面以及心理侧面；（3）符号意向中的可感综合。

首先，胡塞尔可以去除先前符号理论中素朴心理学的残余，并由此给出动机结构的现象学解释。在"第一研究"中，胡塞尔认为符号意向中的动机结构是促成意向目光转向的动因。然而，他并未说明这一目光转向是源自符号内在的因素抑或是基于主体本身的心理倾向。在新文稿中，胡塞尔认为，符号意向中的目光转向依据于符号本身的构成。也即是说，意向转向首先不是主体的意向转移，而是内在于符号本身的一种强制性趋向，据此指示子的存在应当（sollen）将意向目光导向被指示项。在新文稿中，胡塞尔如此定义本真符号中的动机结构：

> 在对指示关系的意识中，一个相续的过渡已然得到了预先规定：A 的存在直观地在此或者是在通常被如此经验到。而且由此生发出某种"指向性"，某种牵引，也即一种导向"因而 B 存在"或导向作为被指示的 B 存在的趋向。（Hua 20-2，79；参看 Hua 20-2，81–83）

依据胡塞尔的刻画，这一趋向必然是"实事性的"（sachlich）或是植根于指示子之中的（Hua 20-2，79–81），因而它是从指示子之存在中生发而出的（ausgehend），并因此附着于（anhaftend）指示子（Hua 20-2，72、97）。具体来说，看到风暴信号时，"我"并不是通由"我"自己激起某种倾向，在此倾向中"我"才将自己的意向目光转向信号所示意的东西。恰恰相反的是，信号本身在其显现之初便将"我"的目光"吸引"或"传递"到它所示意之物上，例如"东北边即将有一场风暴"这一事态。胡塞尔也说，本真符号的这种吸引或传递是一种通道。本真符号是一种居间者，通由它被示意的事态便被直观地当下化了（vergegenwärtigt）。在此意义上，胡塞尔认为，符号意向本质上是一种过渡性意向，它通由语词表象直观地指向语词表象所当下化的事态。显然，与"第一研究"相对照，此时指示性符号本身就是一种意指性（signifikativ）符号（Melle，1998），它内在地具有某种"意愿"（Wollen）或"应当"（Sollen），后者迫使主体将其意向目光转向被示意的事态。相应地，意指性符号也具有了第二个特征——某种"强迫性"的构成要素，"在（意指性符号中）存在着某种由自我出发并走向自我的要求（Zumutung）"（Hua 20-2，83）。在一般情况下，我们跟从（folgen）这一强迫性的趋向，并由此转向（hinweisen）

信号所意味之事态（Hua 20-2，92）。而且，为了克服这一实质性的趋向，我们还需要额外的努力，以便将自己从其强迫性的限制中解放出来（Hua 20-2，92–93、Nr. 7）。在胡塞尔所分析的"门铃"这一例子中，本真符号的这两个特征变得尤为明显：门铃不单单指示着门口可能有客人来访，更为重要的是，一旦门铃响起，它立刻便在主人家身上强加了一个趋向——不得不注意到门铃所示意之事。在胡塞尔看来，门铃是一种邀请信号（Aufforderungssignale），它发出一个"请求"——"我请求注意"（Ich bitte aufzumachen），以至于它吸引甚至要求一个对应的意向行为，也即"前去开门"。（Hua 20-2，56）

因此，本真符号中的动机结构不再是一种经验性和偶然性的关系。相反，依据胡塞尔新的论述，指示子起到了当下化被指示项的内在"桥梁"（Brücke）功能（Hua 20-2，73）。由此，胡塞尔也修正了他关于符号的两个侧面的表述：物理侧面（就意义构成而言）不再是无关紧要的可有可无的，而心理侧面（就意义构成而言）也不再是最核心最重要的。胡塞尔认为物理侧面就其构造形式（Gestalt）而言，本身就具有了某种意义要素——它通由该意义要素当下化了所示意的事态。与之相对，主体则是受本真符号的强制性趋向引导，将意向目光从关于该符号的感性表象转向到该符号所强加的意义事态。在这个意义上，胡塞尔给出了指示性关系的全新论述：

> 显而易见，每个符号都具有某种双面性。我们在现象学上（也即，当我们就表述的直观给予性来进行描述时，我们依据该表述所发现的东西）区分：（1）单纯的语音、显现着的外在对象特征——它作为符号而起作用；（2）现象学上标示着语词"功能"之物，也即现象学上的"溢出"，它存在于此，它是"通由"显现着的对象特征的"被意指之物"，是某个"意义"的承载者。（Hua 20-2，25）
>
> 意指意向并不是相对于第一项之外的第二个意识，它与对语音的意识本质上是同一的意识。（Hua 20-2，32）

与"第一研究"相对照，意指意向不再是一个变更指示性符号的额外的、独立的主体性行为。相反，它是内在于同一个符号意识中的一个构成要素。用胡塞尔的话说，"指示性符号也具有某种'意义'。它指向被指示项，后者在对符号的（感性）表象中一同被表象：这一（对被指示项的）表象能够改变或保持这同一个'意义'"（Hua 20-2，78）。胡塞尔不仅认为物理侧面与含义侧面是同一个实体的两个不同的描述性方面，更为重要的是，他还认为这两个侧面融合在一起，以至于它们的共同作用构成了一种特殊的含义存在。

很显然，依据新文稿，物理侧面与心理侧面是两个密切结合在一起的侧面，以至于胡塞尔可以清楚地看到两者之间的构造性关系与奠基性关系。胡塞尔认为本真符号的被给予样式跟图像的被给予样式之间存在着结构上的亲缘性（Hua 20-2，124、126、135、Nr. 6）。也即是说，意指符号的感性质料作为物理基底激活了（erregt）或唤起了（erweckt）符号自身之中的意指意向（Hua 20-2，85、133–134），并由此源始地当下化或具身化符号所示意的内容（Inhalt）或主旨（Sachlage）（Hua 20-2，78）。与图像意识相似，在符号意向中，我们的意向兴趣既可以着眼于符号的感性给予性，也可以着眼于符号的课题性主旨。但一般而言，我们将这两者感知（wahrnehmen）为一个总体（Ganze）或统一体（Einheit）。在此意义上我们可以说，我们的意向目光穿过了（durchgehen）感性给予性而直抵其课题性主旨（Hua 20-2，60）。胡塞尔认为，"在符号理解中存在着这样一种理解，在其中符号是'作为单纯的通道'（als bloßer Durchgang），作为'途径'（Mittels），作为课题上未被意指之物——但它具有了一种强制的趋向（Sollenstendenz），并（由此）转到对（被示意之事态的）课题性意指行为之中。因此，一个实质上的异质之物（Sachfremdes）就显现在眼前了，进入到对它的此在把握之中"（Hua 20-2，84）。具体来说，符号意向并不逗留于符号的感性给予性，而是"看穿"了它的感性给予性并将此感性给予性看作（Sehen-als）课题主旨的源初表征（Darstellung）（Hua 4，237）。"在此处，感性被给予性并没有消失；相反，一个特殊的意识联结得以形成，通过它课题主旨作为从感性被给予性中生发出来但又隶属于感性被给予性的被意指之物，并且与感性被给予性统一地被意识到。"（Hua 20-2，84）据此，胡塞尔还进一步区分了符号意向中的两个意向端点（termini）：物理侧面 A 在构造上作为"起始之端点"（terminus a quo），它具有"一种导向课题性 B 之意识"的通道性趋向（Hua 20-2，83）；符号意向终结于课题性内容 B，也即作为"终止之端点"（terminus ad quem）的被示意事态（Hua 20-2，91、Nr.7）。

需要注意的是，这两个意向端点并不是两个彼此分离并且彼此独立的项。恰恰相反，这两个意向端点本质上是彼此叠加在一起的，以至于它们形成了一种卓越的二元统一体或二元融合："对 A 的统觉与对 B 的统觉以这样的方式组成一个统一体——A 被标上了一种'提示性意向'

（Hinweisintention），一种导向 B 的通道意识（Übergangsintention），并（在意向上）停止于 B。"（Hua 20-2，93、134）胡塞尔甚至认为，按照这种理解，言语（Sprach）是"言语之身体与言语之灵魂的统一体"（eine Einheit von sprachlichem Leib und sprachlicher Seele）（Hua 20-2，134、25），而且"语词与意义是内在统一的，两者之间没有间隙"（Hua 20-2，105–106）。即是说，语词是意义的身体，而意义则是语词的灵魂。两者构成了一种独特的二元融合，语词本质上是具有意义的语词，而意义则本质上是具身的意义。据此，我们可以对"第一研究"中指出的"可感综合"给出一个新的说明：它是具有一种特殊表象方式的意识统一体，原则上具有一种"二重要素性"（Zweigliedrigkeit）："也即这样一种情况，语词发声相异于其（被意指之）实事，然而其构型（Bild）又'展现'（darstellt）该实事。"（Hua 20-2，136）

总而言之，相较于"第一研究"中的松散指示关系，胡塞尔关于符号的新论述展现出极为不同的特征。首先，胡塞尔在符号指示中看到了一种内在的、密切的关系——本真符号本身具有一种强制性的趋向，它在意向上促使意向目光从符号的感性构成转向到符号的课题性主旨。也即是说，本真符号不再仅仅指示被指示项的存在，而是源初地揭示被指示对象的事态——意指（signifies）着后者。其次，本真符号是一种传递性的通道——以某种方式勾勒了被指示对象的意义，并且通由该意义还源始地当下化了被意指的事态。用梅洛－庞蒂的话说，本真符号在构造上好像是一个"透明的封皮"，通过它，人们可以用某种初始的方式"看到"被封皮封住（被表达）的内容（参看 Merleau-Ponty，1963，第 167 页）。[①] 最后，符号意向作为一种独特的复合意向行为，具有一种过渡意向性——从符号的感性被给予性到课题性主旨的意向过渡，并且具有二重意向端点——作为起始之端点的感性被给予性与作为终止之端点的课题性主旨。

① 梅洛－庞蒂原文为："人的示意是在所谓的感性符号之前被给予的。脸是人类表达的中心，是他人之态度与欲望的透明封皮，是显现的场所，是多种意向的单纯物质性支撑。这就是为何我们看起来很难把一张脸、一个身体甚或一具死尸当作一个物体来对待。它们是神圣之物，而非'视觉中的被给予者'。"（the human signification is given before the alleged sensible signs. A face is a center of human expression, the transparent envelope of the attitudes and desires of others, the place of manifestation, the barely material support for a multitude of intentions. This is why it seems impossible for us to treat a face or a body, even a dead body, like a thing. They are sacred entities, not the "givens of sight".）

## 二、身体表达作为本真指示

胡塞尔在"第一研究"中一开始采用了两个有关他人身体行为的工作性假设——伴随性假设以及指示性假设。然而，在 1914 年左右，胡塞尔关于他人身体行为却采用一个"全新"的观点：

> 当我以身体的"外在化"伴随着我的心理体验时，我也经验到自己的行动并且与之同一，我还体验到某组感觉——它们隶属于身体的外在化。最终，我模糊地把它们把握为面部运动、手的运动等。如果我看到他人，并"在"他的身体显现里共同把握到他的心灵，我们因而就已然具有一个二元之物（Zweierlei）了——却是一个统一的二元之物（eine Zweiheit in der Einheit）。我看到了身体的外在化，并且通过它，我们"一同"（mit）看到了在其中被显示出来的精神。我们看到了他，我们理解他，我们看到他的目光、他的表情、他的愤怒、他的恨。（Hua 20-2，73）

在"第一研究"中，胡塞尔认为，作为伴随性（begleitend）的身体行为实际上是没有意义的，因而不是一个真正的表述示例。然而，一如引文所示，在 1914 年，胡塞尔清楚地持有一个相反的观点：伴随性的身体运动内在地就是"表述性的"（bekundend）。那么人们不免会问，胡塞尔为何如此大幅度地修改了早前的观点，以至于最终持有一个完全不同的观点？他转向后一种观点的理由到底又是什么？

对此而言，主要问题是我们应该如何来理解他人行为中物理维度与心理维度之间的构造性关系（Hua 13，7、69；参看 Melle，2008，第 8 页）。他人的心理生活是否与感知上被给予的物理显现相分离，而后只是"以外在的方式被组合在一起"（Hua 4，237；14，331）？抑或说，我们应该以与理解本真符号相同或相类的方式来理解他人身体的被给予样式，也即将之理解为一种特殊的二元统一性？（Hua 4，238；14，329–330）在"1914年文稿"中，我们可以理清胡塞尔所采用的两个论证，以说明他人身体行为的两个描述性侧面（物理维度与心理维度）是以内在的而非外在的方式结合在一起的。

胡塞尔的第一个论证所关切的是身体行为之于其可能意义的构造性功能。从描述上说，我们所能直观地感知到的是他人物理显现的各种变化，例如脸变红了、肢体在颤抖、舌头开始颤动，等等。但这些感性行为所构成的是否只是一种生理物理材料的动态拼凑？（Hua 13，7）换言之，它们是否只是些不自觉的、可有可无的现象，并且它们在我们同感他人时是可以忽略不计的？如果是这样的话，我们就不免会怀疑——脸红究竟"意味"着什么了。更为一般地说，我们需要解释这些感性内容，以便知道它可能具有的含义。即便他人坦诚地告知其真实的心理状态，我们所能通达的依然只是一系列舌头与肌肉的运动、一串语音语调，等等（Hua 20-2，69）。至此，我们就不得不求助于生理学与音韵学知识，来解读这些视觉、听觉材料的含义了。

然而，上述对身体运动与其含义之间关系的解释显然太过简单化乃至令人误解，并且也未切中正在发生的现象。在胡塞尔看来，这些伴随性的感性显现一开始就是一些"有组织的复合体"（organized complexes）（Hua 20-2，68），因而它们一开始就是统一的。因此，身体行为包括了一系列在时间上延展的身体变化，它们包括诸个身体的构成（Bestandstück）（同上）。就此而言，身体行为的每一个片段都以某种方式而与其他片段相互响应、相互衔接，构成了一个"有组织的构型（Bildung）"。胡塞尔认为，面部表情、身体姿态乃至语言声音都包含着"自身的分环勾连与抑扬顿挫（articulation and intonation）"（Hua 20-2，69、102）。从而，这些生理物理现象就不单单是一系列离散的、互不关联的行动。相反，它们具有一种"空间上的分布、节奏乃至具有张力的节奏"（Merleau-Ponty，1963，第10页）。也即是说，身体行为被一种时间与空间上的连续统所刻画，它们构成了身体行为的内在结构。由此，身体行为本身具有一种节拍（tempo）与类型（typicality）（Merleau-Ponty，1963，第125页）。胡塞尔写道，"这个身体不是一个感性形式的身体，而是在这个形式的各种变化之中的一个自身持存的综合统一体（durchhaltende Einheit der Zusammengehörigkeit）"（Hua 20-2，113–114）。他接着强调：

> 所有这些是在统觉的有其勾连的统一体中［进行的］。其外在会被把握到，与之被一同统觉到的还有感觉和心理之物。而兴趣的吸引通常从外在走向内在，也即以这样的方式——通过其外在的多样性而导向对内在的理解。（Hua 20-2，69）

简言之，身体之外在化的每一个要素，不管自觉与否，都由一个"格式塔"统一构成，因而内在地与某个含义相关联。在1924年，胡塞尔写道：

最终，重要的是愤怒、羞愧、焦虑等情感，它们在其各种发展的类型中、在其内在的显现结构中、在其本质的构成要素上隶属于内在的身体。此外，它们也具有其外在。在灼热的羞愧中，我也感觉到了脸颊上的灼热感。我并未看到脸红，但当我已经统觉到他人之为另一个他人，并且在一个指示着羞愧的处境中，我也看到了其"灼热的"羞愧。（Hua 14，330–331）

胡塞尔认为，如此刻画的身体行为在两个方面接近于本真符号。第一，身体行为是一个主动的产物，因为它以某种节奏而分环勾连，并且具有一个凸显出来的格式塔。在这个意义上，胡塞尔将之称为一个"模仿符号"（mimic sign）（Hua 20-2，99），或者是"特殊指示"（special indication）（Hua 14，328、66；13，436）。即便在非自觉的姿态这种情况中，胡塞尔也不再认为它们是无意义的生理物理现象。相反，他现在认为它也具有一种不可或缺的"内在性，一个源初的'自我行动'领域"（Hua 14，327）。具体而言，诸如愤怒、悲痛、疲惫等情感状态（Hua 20-2，99），不再是隐藏于身体背后的含混之物。与施泰因（Stein，2008，第68页）相似，胡塞尔认为它们以特定的方式通过身体之外在化而"释放"（entladen）出来："从愤怒中'流露'（fließt）出这个外在化（Äußerung）：它不是在一旁（daneben）仅仅与之关联起来，而是'流出来'（geht hervor）。"（Hua 20-2，103–104、73；14，332）

第二，身体行为内在地含有一个含义要素，并为之所勾连。它的结构构型［或者梅洛－庞蒂所说的"体态上的旋律"（kinetic melody）］是充满意义的，并且构成一个表述性功能（Bekundung）。换言之，身体行为的每一个片段都与其他片段相互衔接，以此一同揭示出他人的心理状态。因此，身体行为作为整体就提供了一个表述性含义。胡塞尔写道：

> 例如说面部表情，它是一个自由的身体动作并且会如此被把握到，基于此首先是对心情运动、对表象等的共把握，它们在这些行动之中"表达出来"。（Hua 20-2，69）

然而，人们依然可能会问道：这个有节奏的身体行为是否揭示出相对应的心理状态呢？胡塞尔指出，某人总是可能假装成高兴的样子，而他自己实际上却没有任何这种体验（Hua 20-2，70）。如果是这样的话，那么我们应该如何解释他人之心理状态与其身体行为之间的这种特殊的表述关系？为了回答这个问题，胡塞尔采用了第二个论证。他借此表明，他人身体行为的物理与心理维度的二元统一性，不可能是外在的关系，而只能是内在的结合。

在这个节点，胡塞尔认为身体行为自在地具有一种类似于本真符号的"强制性趋势"（Hua 20-2，100）。具体来说，他人身体是在感知域中被源初给予的：它或走、或坐、或站甚或是跳着舞，等等（Hua 13，64）。而且它以特定的方式行动着，并且在这种行动中激发了一种趋向——将感知的意向目光从其感性内容转渡到其所指示的东西，一如在本真符号中所发生的那样。胡塞尔举例说，在听到一个怒吼时，自我的意向目光"指向那个通过生动体现的愤怒而被指示的实际愤怒，而这个所指则存在于这个完全的生动性（Bildlichkeit）'之中'"（Hua 20-2，100）。愤怒的鲜活显现首先使得我们注意到这个愤怒本身，而只有在后续状态或是在派生状态中，我们才会思考这种愤怒之显像是否揭示了"真实的"愤怒。将这个愤怒的现象描述为某个与愤怒无关的单纯现象显然错失了这里实际发生的事情。作为同感者，我们首先是"观入"（hineinschauen）到身体行为充满意义的构成，由此而源初地"看到"其所指示的心理状态——愤怒、疲惫等（Hua 20-2，69）。在《观念 II》的一个关键段落中（Hua 4，第 57 小节），胡塞尔恰恰讨论了同感之"观入"究竟意味着什么。他写道：

> 以某种方式，对人的理解穿过了躯体的显现——它在这里是身体。它并不停留于躯体、它并不指向其头部；而是穿过了它——它也不是指向与之联结在一起的精神，而且恰恰指向这个人。（Hua 4，240；参看 Hua 20-2，69–70）

让我们进一步阐明这里的"观入"。胡塞尔认为，这种特殊的看依赖于他人的表达模式——它是一种依据他人表达的感知。自我并不是通过将自己置入他人的位置来看到其愤怒，想象自己在相同的位置会如何体验自己的愤怒。相反，胡塞尔认为，"我"所看到的愤怒恰恰是与他人身体行为的样式相一致的："自我看到他人，并且'自我依据他人来做看的行为'，当他如此'喊出来'，他是愤怒的。"（Hua 20-2，103–104、73）"我"对他人愤怒的看不是一个"我"自己在那个位置会感觉到什么，也不是"我"会如何来解释这个特定的行为。胡塞尔认为，关键在于，他人身体行为的样式规定了我们源初经验他人的方式——我们是依据他人如何向我们显现来感知他人的（Alloa，2007，第 4 章；Merleau-Ponty，2003）。

就此而言，胡塞尔写道：

> 这适用于所有情况。精神只有通过身体才被给予，在其中被统觉到，与之在对人的理解中统一在一起。并只有如此，它才被给予，总是只作为"共同被给予的"，其精神性乃是"内在性"。（Hua 20-2，70）

至此，胡塞尔可以拒绝在"第一研究"时期对于他人身体行为之物理与心理维度之间互为外在的假设。现在，胡塞尔认为身体显然是充满了含义并且构成了一个表达性功能："身体性首先在某种意义上就是一个"表达"（Ausdruck，Expression）。"（Hua 20-2，69；4，230、325；14，327）。一如他在《观念 II》中所认为的，其心理无论如何都不是一个第二性的、"附加"（attached）在物理维度之上的实体，好像它们是两个不同的物体被并置在一起（Hua 4，238）。相反，心理维度"以特定的方式充盈着物理的整体并对之赋灵"（同上）。就此而言，胡塞尔小心地给出了术语上的区分：这两个维度不是被"组合"（Anknüpfung/Verknüpfung/Verbindung）在一起，就像两个独立实体被拢在一块（Nebeneinandersein）（Hua 20-2，62、124、134；Hua 4，238–239）。相反，它们是彼此重叠（Deckung）（Hua 20-2，124）或者紧密地融合在一起（Hua 4，238），以至于一个维度对于另一个维度是不可或缺的，彼此相互依赖。胡塞尔写道，"精神之物不是第二个［实体］，不是附加之物，而恰恰是赋灵者；而其统一体不是两个东西的组合（Verbindung），而是单一的，并且仅仅是单一的在此"（Hua 4，239；14，331–332）。因此，他人的身体行为就其向感知的呈现而言就既不是纯粹的物理物，也不是纯粹的心理物（Merleau-Ponty，1963，第 127 页）。而谈论这种纯粹的物理物或心理物本身就包含了一种反思的抽象（Hua 4，183；14，425），后者就其发生而言已经预设了一种预先被给予的"表达统一体"（Hua 14，236；参看 Römpp，1992，第 50 页）。

基于上述分析，胡塞尔就可以回避他心怀疑论的威胁了。此时，他心怀疑论失去了其在胡塞尔早期论述中所可能具有的立脚点——他人身体与其心灵是相互分离的。[①] 梅洛－庞蒂坚持（参看 Waldenfels，2000b，第 93页），胡塞尔提出了一种表达的二元统一性，它作为身体行为的特征构

---

① 对于他人问题更为详尽的讨论，以及对其中表达之作用的强调，可参看 Rudd（2003）以及 Overgaard（2007）。

成了最为初始的事件，而所有的同感经验最终都必然回溯到这里。胡塞尔写道，"第一性的、初始的宣示：这种双重的［外在面与内在面］'自我行动'（ich bewege）通过其外在性而指示着内在性。由此'他人'被源初地经验到并且生成交流，从而可以产生有目的的主体本真之身体运动，以便有目的地宣示其内在性"（Hua 24，328；参看 Merleau-Ponty，1963，第 125 页）。就此意义而言，当"我"看到一种愤怒或威胁的姿态时，"我不是将愤怒或威胁感知为隐藏在姿态后面的心理学事实，而是在其姿态中读到了这个愤怒"（Merleau-Ponty，2012，第 190 页）。①

胡塞尔对身体行为的操作性假设是与他对"指示"概念的解释相一致的，并且最终是源自他对物理基底与心理维度这两个描述性方面的理解。在"1914 年文稿"中，胡塞尔在这两个方面的修正性解释，及其"二元统一性"的解释，使得他可以提出一个新的关于表达的一般性说明——其中也包括身体表达的说明。胡塞尔写道：

> 在此，我们具有一个涵盖所有精神性对象的基本分析，也即所有身体与含义的同一，因而不仅仅是单个的人，还包括人类共同体、所有文化构造物、所有个体的与社会的作品、机构，等等。（Hua 4，243；参看 Hua 4，341；20-2，35）

总结来说，胡塞尔放弃了"第一研究"时期所持有的"伴随性假设"，转而持有一个"构造性假设"——他人身体行为本身就是他人表达的一个有意义的构成要素，并且源初地揭示出他人的心智生活。虽然如此，他仍然持有"第一研究"时期关于身体行为的"指示性假设"——但是他对指示的界定已经发生了根本的转变。在"第一研究"中，指示子与被指示项之间的关系在本质上是外在且松散的。而在"1914 年文稿"中，胡塞尔认为这个指示关系在本质上是内在且紧密的——它是"指示子与被指示项之间的二元统一"（Hua 14，332）。作为结果，这个新近发展出来的洞见不仅阐明了胡塞尔关于他人表达的一个关键问题；更为重要的是，其也使得

---

① 舍勒在其《论同情的本质》一书中也持有相近的观点："我们当然确信，在他人的笑声中我们直接亲知到其喜悦，在其泪水中亲知到其悲痛，在其脸红中直接亲知到其羞愧，在其伸出的双手中亲知到其恳求，在其喜爱的目光中亲知到爱，在其龇牙咧嘴中亲知到其愤怒，在其紧紧握住的拳头中亲知到其威胁，以及在其语词发声中亲知到其思想要义。如果有人告诉我这不是'感知'，感知不能如此，因为如下事实——感知不过是一组'物理感觉的复合'，而这里确实没有关于另一个人的心灵的感觉或任何由其心灵而来的刺激。那么，我会恳求他远离这种有问题的理论，并转向现象学的事实。"（Scheler，2008，第 260 页）

忠实地描述实际的他人经验得以可能。就此而言，胡塞尔写道：

> 服务于"同感"的身体"符号"——具有与语言符号的相似性，
> 在于符号系统作为统一的多元性以多元的方式指向心灵统一性。它们
> 自然没有逻辑意义上的含义。但只要它们是"符号"，它们在统觉的
> 统一之中就是跟它们所指示的东西相统一的。它们构成了一个事实
> 的共属一体的统一性，构成了一个实在的身体－灵魂的统一性（die
> reale Einheit Leib-Seele）。（Hua 20-2，129–130、73）

在这个节点上，我们可以正式地探讨胡塞尔修订他人身体行为表述理论的基本动机。一些学者（比如德普拉茨）认为，胡塞尔提出了一个新的关于身体性表达的理论，这源于"他在具身性理解上的变化"（Heinämaa，2010，第2、7页）——一如《观念 II》文稿所展现的那样。这个关于具身性的新见解反过来又更新了他如何理解指示关系——这个他最终放弃了的术语（Depraz，1995，第174页）。海娜玛则认为，只有当胡塞尔发展出一个多重的身体意义理论——身体作为物理、感性、感知的身体后，他才能获得关于表述现象的新解释。

笔者认为，这两个观察都不能称得上是准确的。尽管胡塞尔对身体表达的系统性表述自1914年以后或多或少是一致的，而且我们可以在《观念 II》与"1914年文稿"之中找到诸多对应的表述，但这并不必然意味着这个解释在历史上是根源于他关于具身性思考的变化。与娜塔莉·德普拉茨（Natalie Depraz）相反，笔者认为胡塞尔对指示关系的修订决定性地阐明了符号以及人类身体在物理基底与心理维度之间的构造性、奠基性关系。基于这个洞见，胡塞尔才能最终声称：他人的表达性身体与本真符号共同具有一种特殊的"二元统一性"（Hua 4，§57）——一个质料与精神之间的复杂统一性。由此，意识弥漫了、贯穿了其对应的物理性存在，使之成为一个真正的心理性存在。

基于这个理由，笔者认为，胡塞尔在本真符号之中所发现的表述功能（Kundgabe/Ausdrucksfunktion）或者是"表述者与被表述者之间的紧密关系"构成了一个有用的示例，我们可以借此来阐明他人身体的独特表达性。但这并不是说，胡塞尔素朴地混淆了身体与符号，也不是说他将符号当成了所有其他现象的标准，一如德里达在《声音与现象》中对胡塞尔著名的批评那样。相反，本内特（Bernet，1988）指出，胡塞尔对个别现象的分析总是与其对其他现象的分析一同进行，这有助于他获

得范围极广、见解极深的理解。基于此，胡塞尔对指示更为细致的分析恰恰成为他分析身体表达等复杂现象的有益工具，由此才能揭开其中的一些基本特征。

## 第三节　身体表达性及其亚稳定结构

从前述分析中，我们至少可以得出两个重要的论题：其一，他人身体行为可以被定义为一种本真的通道，由此他人可以源初地揭示自身的意识生活；其二，他人身体行为内在地具有一个凸显出来的格式塔，因而具有其自身的意义结构。本节的目的在于，通过援引胡塞尔的研究手稿以及梅洛－庞蒂关于身体表达的论述，进一步细化这两个论题。本节所要提议的是，他人身体行为最好被视为具有一个"亚稳定的"（metastable）结构——一个变动着的格式塔，在一系列的变化、变样中凸显出来的行为类型却保持不变。比如，高兴的表情可能在不同的人之间或者同一个人在不同的处境之间都有所不同，然而高兴这一行为类型（type）却保持着某种共通的内在结构。基于这个理由，我们可以将这个或那个人感知为"高兴的"，将这个人在这时或那时感知为"高兴的"，虽然这些情况中的高兴表情可能彼此不尽相同。基于梅洛－庞蒂的洞见，我们可以阐明胡塞尔关于他人身体表达的一个初始的格式塔理论。

### 一、身体表达性及其逻辑悖论

胡塞尔对其"第一研究"中的指示理论作了实质性的修订，以至于最终放弃了他在其中关于他人身体行为的观点，并在1914年左右提出了一个全新的观点。基于他的新观点，他人的身体既不是僵化的器官组件，也不是一个包裹着他人心灵的"透明"外衣。相反，他人身体本身具有一种模糊性，是一种转渡性的通道，是一个意向之过渡，基于自身特殊的构成而成为一个本真的示意形式。梅洛－庞蒂后来认为，他人身体的一个本质特征在于，它具有一个逻辑上的"悖论"："行为不是一个事物（thing），但它也不是一个观念（idea）。"（Merleau-Ponty，1963，第127页；Waldenfels，2000b）简言之，胡塞尔关于他人身体的格式塔理论提供了重要的思想洞见，它可以帮助我们澄清这个内在于他人身体表达性之中的悖论。

伯恩哈德·瓦登菲尔斯（Bernhard Waldenfels）指出 ①，这个"悖论"先天地就内在于将某物表达出来的过程之中（Hua 1，77）。②一方面，如果我们假定，身体行为乃是一个完全无意义的东西，因而是完全沉默之物，那么任何对它的解释无非是将某个本质上陌异的意义归属给它。如此，我们可能就污染了身体行为原本的状态，因为我们不过是将之解释为某物，而这并非它原来之所是。另一方面，如果我们假设身体行为本身构成了表达性意义的全部，因而它穷尽了他人的心智生活，那么身体行为就会使得他人之他异主体性变成完全可通达的，从而完全消解了他人的本真他异性。换言之，他人的心智生活就如物理实体一样是完全可通达的，从而就径直失去了它之所以区别于后者的特殊超越性。然而，上述两种假设都不是对我们实际经验的准确描述。首先，身体行为不止是一堆感性素材的堆积。其次，尽管他者在原则上是可以为我们通达的（否则我们甚至没有任何谈论他者的基础），但他人之心智生活的某些要素依然是隐匿的、不为我们所获取的（Hua 1，144）。

如此，当我们想要解释"实际之表达与所要表达者之间的关系"（表达性的身体与被表达的心智生活之间的关系）时，我们看起来就不得不面临着一个两难（Waldenfels，2000b，第 91 页）。这两者之间存在一种根本的不一致性，由此表达性身体与被表达之心智生活本质上是不能同一的，而后者也不能被还原为单纯的行为要素。换言之，他者之表达性的悖论在于他者之心智的可通达性，也即是说，他者之表达性既不能被还原为一系列单纯的经验性素材，也不能被还原为一系列单纯的精神性素材。就此而言，奥威果提供了一个恰切的说明：

> 关于他人心智生活的可通达性，我们有两组看起来相互冲突的直觉。一方面，我们倾向于认为笛卡尔的二元论主张（他人的心灵之于直接经验在本质上是不可通达的）是错的。但另一方面，我们觉得像行为主义者那样的主张（主体的心灵生活之于外在观察者而言是完全可通达的）同样也是不对的。（Overgaard，2007，第 5 页）

---

① 需要指出的是，在一篇重要的论文《论表达的悖论》（"The paradox of expression"）中，瓦登菲尔斯主要关注的是语言性表达。但正如他指出的，这一内在于表达之中的悖论性结构是如此广泛，也适用于身体性表达。（Waldenfels，2000b，第 92 页）

② 另参看胡塞尔自己的说明："其起始乃是纯粹的，因而是依然缄默的经验，后者现在首先在其本己的意义中被表达出来。"（der Anfang ist die reine und sozusagen noch stumme Erfahrung, die nun erst zur reinen Aussprache ihres eigenen Sinnes zu bringen ist.）（Hua 1，77）

这两个极端的假设确实与我们实际的经验相左。但瓦登菲尔斯认为，它们同时也源自真实的表达性事件的模糊性。易言之，这一事件最好被刻画为一种"既不……也不……"（neither-nor）。他写道，"身体在下述意义上是有歧义的，也即它既不是精神也不是自然，既不是心灵也不是躯体，既不是内在也不是外在"（Waldenfels，2000a，第 42 页；参看 Waldenfels，2000b，第 94 页）。换言之，活生生的表达乃是一种居间的事件：它可以在或大或小的程度上迫近上述两种假设，但它不会是其中的任何一个（Waldenfels，2000b，第 92 页）。我们有时确实是直观地看到某人在其特殊行为之中的愤怒，例如挥舞拳头、咬牙切齿。然而，这些直接可被感知到的现象在原则上并不完完全全地表达该愤怒的心理学含义，比如他人所体验到的愤怒的动机，等等。

因此，关于他人之身体行为的理论，困难之一就在于必须处理这两个看起来相互冲突的直觉。其中一种策略——胡塞尔所提议并实践的路线——在于聚焦手头的这个特殊的表达性现象，从而小心地描述其独特的被给予性模式。并且胡塞尔的格式塔理论确实说明了表达性身体与所表达之心灵生活之间的不一致性，因为他（以及后来的梅洛－庞蒂）在上述两种极端的假设之间提供了一条调和的中间路线，它不仅可以忠实地反映他人心灵生活的表达性（Waldenfels，2000b，第 95 页），而且还融合了上述两种直觉之中的合理洞见，但又不至于落入上述两种假设的缺陷之中。就此而言，如梅洛－庞蒂在《行为的结构》（*The Structure of Behavior*）一书中指出的，我们需要分析出这种内在于他人之身体格式塔中的构成性要素（Merleau-Ponty，1962，第 127、137 页）。

## 二、身体表达性及其构成要素

瓦登菲尔斯证实，梅洛－庞蒂在其不同时期的著作中，采用了四个互为依存的"操作性概念"，以澄清表达本身的表达性，但又不至于将表达性还原为一系列严格意义上的生理现象组合，也不会将之还原为完全的精神性内容（Waldenfels，2000b）。就表达的"生发性存在"（nascent being）而言，它本身就是身体性的。关键在于，为了忠实地描述这种生发性的身体表达，对他人身体表达的解释必须遵循这样的方式：一方面不能将之降解为一些异质性的碎片，另一方面又不能失去其整全性（integrity），而后再用别的方式将之整合成一个笛卡尔式的身体与心灵的统一（Waldenfels，2000b，第 95 页）。

其中，瓦登菲尔斯所提及的第一个操作性概念是"偏离"（déviation/

écart）——身体的表达样式总是内在于一个可能有偏差的范围之内。身体表达乃是一个在时间上延展并且具有韵律的结构，因而它发展出了一种时间 – 空间形式或者一种行为类型，从而可以在任意行为表象的变化中维持其完整性。用瓦登菲尔斯的话说，身体性表达可以被理解为一种"融贯的变形"（coherent deformation）："表达性事件在相对新的与相对旧的（显现）之间摆动，这依赖于该偏离是否维持预先被给予的框架或者改变乃至破坏这一框架。"（同上，第 95 页）胡塞尔认为，恰恰最终是这一带有特征的行为类型的创立及其维持，提供了"重要的基底"，以便将初始之表达实体化和具象化。基于上述说明可知，我们一开始乃是依据带有特征的身体表达之整体进行感知，而非依据其单纯的感性内容。因此，"我"确实是感知到他人具身的表达状态，但是将之感知为某个特定类型的表达（Hua 20-2，62）。关键点不在于说身体性表达或多或少有所变形这一事实，而在于说它乃是以融贯的方式进行变形（Landes，2013，第 20 页）。因此，身体性表达才可以在其感性显现的变异之中维持其含义："这一形式的单纯（感性）的变化显然并不会改变其含义。"（Hua 20-2，54）但不管怎样，如果带有特征的身体类型与变形了的身体表达之间的对比是如此之巨大，以至于其偏离突破了上述框架，从根本上**超出**了身体类型的形式（*trans*-form），那么其表达性含义也会随着改变。就表达性事件的语境而言，瓦登菲尔斯认为，这些"变形"（transformation）具有一种"界限之价值"（limit value）（Waldenfels，2000b，第 95 页），这并不是因为它们的稀有性，而在于它们的界定性，由之我们才能区分出各个不同的行为类型。

　　梅洛 – 庞蒂所使用的第二个操作性概念是"翻译"（translation）。依据瓦登菲尔斯，他人的身体表达可以被描述为一个"翻译"运动——将内在经验转变为外在定义，或者为心理内容提供物理之纹理（physical texture），正如"话语与写作所要的正是翻译经验——而后者正是由经验本身所召唤之语词而变成文本的"（Waldenfels，2000b，第 95 页）。然而，与他人之身体表达相似，翻译本身也分有了相同的悖论性结构：如果翻译完全异质于源初的文本，那么它实际上就变成了一种创作，乃至于跟源初的文本毫无关联了。如果翻译跟源初的文本完全相同，那么它就不再是翻译，而是源初本文本身了。不管是哪一种情形，该翻译都不是本真的，因为它离源初文本要么太远，要么太近，都不是对后者的翻译。就"翻译"的字面意义而言，它是通过某个媒介而传达与源初文本一样的思想。因此，为了翻译某个作品，目标语言必须在本真的意义上传递源初的文本——必须与源初的文本保持一种充分的有意义的关系，而不是简单地"创作"另一个文本。此外，它又必须与源初的文本保持充分的距离，而不至于产出一份单纯的复制品。在相同的意义上，身体性表达构成了一种揭示：他人之行为本真地表达出他人的心灵生活，但他人的心灵生活依然是一个不可被还原的"溢出"（surplus），它不为身体行为所穷尽，也不可能为之所穷尽。因此，瓦登菲尔斯恰当地指出，"正如翻译从源语言导向目标语言，而又不会弥合两者之间的深渊，表达将陌己者转变为本己的，而又不会消除其陌己性"（同上）。

第三个操作性概念是"随附性"（après coup/Nachträglichkeit）。瓦登菲尔斯认为"表达作为事件总是先行于自身"，并且"当下与过去并不是彼此接续的，而是互为纠缠在一起"（同上）。基于这两个特征，我们可以对身体性表达作出两个对应的刻画。其一，身体表达在时间空间上是延展的，并且以特定的方式而具有节奏之结构——它的每一个片段都支撑着后续的片段，并且反过来又照亮了在先的片段（Merleau-Ponty，1963，第83页）。在这个意义上，身体性表达的某个切片并不构成其表达。同样的，这些切片的复合也并不构成其表达。换言之，身体性表达是一种自身呼应着的连续统，其中每一个片段之于其他片段都是不可或缺的，并且依赖于它们。正如梅洛－庞蒂所界定的，表达性的格式塔并不是部分的单纯聚合；相反，它乃是一个感知性的整体，而只有在这个整体之中，部分才以相互整合的方式彼此起作用，以至于每一个部分都由它在这个整体中的位置而得到确定（同上，第144页）。

其二，身体表达乃是一个整体性的事件，在先片段总是与当下片段共同在场并且相互纠缠在一起，并预期着尚未出现的未来之片段。在这个表达性事件中，过去并非是不在场的，正如未来并非是不在场的一样。或者借用胡塞尔的话来说，身体性表达是一个源初之时间性的具体示例。它是一个由表达之滞留、表达之原印象以及表达之预持构成的一个卓越之纠缠（intertwinement）（同上，第107页）。以这个时间性的样式，我们可以看到，身体性行为是一种表达之分环勾连（expressive articulation）的形式，并且这一形式具有"一个内在的整体性"（同上，第130页）。就此而言，我们可以说，他人的身体性表达乃是一个初始之事件，它乃是第一性的被给予性，它具有一种"形象的含义"（figurative signification）。而只有通过这一最为初始的表达，他人才能够真正地揭示出其内在的心灵生活。

第四个操作性概念是"溢出"（excess）或"超越性"（transcendence），因为"被表达者在表达运动本身中被勾勒为一种所指的'溢出'"（同上，第 96 页）。简言之，这种溢出具有两个方面：一方面，身体行为本身超越于单纯的感性材料，"它将身体嵌入到心理学的、交流的秩序之中"（Gallagher，2005，第 127 页）。在这个意义上说，含义充盈着身体，因而它是一个"本质上的超出（plus）"（Hua 20-2，134）。另一方面，表达着的行为本身依然是一种"虚空"（void），就好像它是翻译中的源初文本，它总是不可能完完全全体现于目标语言之中。身体表达乃是在一种"视域之开放性"（horizontal openness）中揭示出他人的心理生活："这里总是一个关于尚未'被表达'之内在性的不确定之视域。"（Hua 20-2，70）我们总是可以进一步询问他者，从而获得关于其内心生活的进一步规定和解释。因此，就跟图像意识类似，表达的悖论性结构被刻画为一种本体论意义上的"居间性"（参看第三章第三节）：它既不是纯粹的观念，也不是纯粹的物质；它既不是虚无，也不是所有。为了忠于其特殊的表达性，我们或许可以说，它是一个"生发着的状态"（nascent state），其中身体性表达是一个凸显出来的、可被觉察到的格式塔，后者在各种变形中自身维持着、自身超越着。

简言之，这四个相互依存的表达性特征可以帮助我们进一步澄清这一"实事"：他人之身体性表达是一种"传递性综合"（transiting synthesis）的场域（Hua 1，144）。或者如唐纳德·兰德斯（Donald Landes）（Landes，2013）指出，表达性现象可能可以更好地被刻画为一种"亚稳定的"结构。梅洛－庞蒂写道，"不管一个系统的属性被它任意单个部分所导致的变化而改变，它都具有一个格式塔。或者相反，这些属性得到保持，当这些部分都变了，但它们保持了彼此之间的同一类关系"（Merleau-Ponty，1963，第 47 页）。相应地，具有相同特征的行为类型的两个身体表达可以具有相同的含义，但它们并不必然具有相同的显现。并且，既然我们可以根据某个给定之身体表达的特殊类型来感知它，那么我们将他人之行为感知为具有相同的含义，这并不必然要去考虑所有可能的、细节上的差异（同上，第 168 页）。就此而言，身体性表达通过其流畅、和谐的姿态而具有其自身整体的格式塔，并且在其格式塔之中达到完成。

## 第四节　结论

在本章中，笔者认为胡塞尔（以及梅洛－庞蒂）关于身体行为的格式塔理论可以帮助我们澄清他人身体之表达性的一个重要属性。他人身体首先不应该被视为一种单纯的感知复合、一种他人心灵的偶然指示——一如胡塞尔在其"第一研究"中所坚持的笛卡尔式立场。反过来，它也不应该被视为他人之心灵的透明性通达，仿佛我们可以通过观察他人的行为就完完全全解读出他的心灵——一如行为主义者所坚持的那样。相反，如果尽可能地忠于他人身体行为的被给予样式，我们就可以发现：他人具身性行为具有一个独有的特征，也即它首先被感知为具有特征的行为类型，后者本身乃是充盈着表达性的含义。换言之，它具有一个卓越的表达性结构——它具有纹理的外形是一个唤醒性的基底，他人的心灵生活乃源初地被揭示于其间。简言之，他人身体与他人心灵并不是一种互为部分（partes extra partes）的聚合，而是一种综合的表达性统一体。正如梅洛－庞蒂强调，他人的身体行为作为一种"生命现象"（vital phenomenon），既不能被"完整地翻译为物理－化学的关系"，也不能"被还原为一种拟人化显现的条件"（condition of an anthropomorphic appearance）（Merleau-Ponty，1963，第 156 页）。具体而言，他人之身体行为在本体论上是一种自足的现象，一种"居间"的存在——它的一个本质特征在于它是一个"二元统一体"。

# 第五章　他异化，还原与伦理

前述章节通过广泛地征引胡塞尔关于交互主体性的研究手稿，深入探讨了同感的核心议题，例如具身性、情境化、同感意向性以及身体表达性。其中一个重要的结果在于，我们得以系统地更新对胡塞尔同感理论的理解。具体来说，本书认为胡塞尔对同感问题的真正贡献在于他对具体同感经验的深入分析，尽管这些分析有时看起来包含着表面上不可克服的困难。比如说，胡塞尔认为，只有通过对自身之具身经验的彻底现象学分析，我们才能令人信服地主张——主体性生活就其本质而言已然是交互主体性的了。① 由此我们才能找到一个可靠的跳板，以便阐明他人身体被给予性的"如何"。自身身体的整全构造必然包含着索引性、移动性与导向性特征，恰恰是在这个构造程序中，我们才能合法地研究他人身体之为另一个导向中心的构造性意义。此外，胡塞尔的分析阐明了同感行为的意向性成就：我们的同感意向就其性质而言不是单向的，而是双重指向的。由于这种意向的双重指向性，我们的同感目光既不是停留于他人的物理存在，也不是完全停留于他人的心理存在。相反，我们所源初经验到的正是他人作为"人格"的独特的"表达性统一体"。基于这些个别的、具体的研究，本书认为胡塞尔的同感理论能够帮助我们澄清同感行为的多个维度与多个面向。

然而，对于挑剔的读者来说，本书截至目前对胡塞尔现象学中的方法论议题始终保持着若即若离的态度。而鉴于胡塞尔的超越论还原与源初还原之于同感问题的重要性，这种态度反倒是让人惊讶的。因为，恰恰是基于对胡塞尔同感现象学中方法论议题的解读，许慈等学者才建立起其全面而深刻的批判。众所周知，除了超越论还原，胡塞尔在《笛卡尔式沉思》

---

① 参看胡塞尔《笛卡尔式沉思》关于超越论还原的论述："向超越论自我的还原可能只是看起来蕴含着一个永恒的唯我论科学，但根据其本身的含义对这一科学的后续阐明则导向了一个超越论交互主体性的现象学，而且由此而导向了一个普遍的超越论哲学。"（Hua 1, 69［30］）

中还引入了"源初还原"（primordial reduction）[1]，以图为他的整个交互主体性计划奠定基础。除开其系统性意义，胡塞尔本人对源初还原的论述确实引起了诸多争议。在主流的阐释中，我们可以找到两类主要的批评。

其一，许多研究者认为，源初还原最终造成了一个不受欢迎的唯我论。在他们看来，源初还原悬搁了所有指向他人的意向性，把所有的意向经验都还原到一个纯粹的内在性领域。因此，被放入"括号"之中而被现象学家所课题化的就只有自我的主体性经验——它既不关联于他人，也不预设他人的构造性成就（Hua 1，124；参看 Hua 13，79、408；Hua 4，78）。[2] 作为推论，这个源初还原了的自我显然是"唯独自己"（solus ipse）——或者用黑尔德的话来说，它是一个"超越论的鲁滨孙"（Held，1972，第49页）。就此而言，我们马上面临着诸多的问题：这样一个唯我论自我如何能够构造一个他异自我，以至于后者不是从唯我论自我处获得其意义？换言之，一个真正的交互主体性如何能够在唯我论的界限内获得其根基？难道不是说，这样一种唯我论还原恰恰排除了所有与他人的关联？

其二，一个相关的问题在于，自我在执行源初还原之后是否能逾越或超越其自我的边界？托尼森认为，源初还原不过是一个"笛卡尔式的现象学还原"（Theunissen，1986，第57页）。相应地，其目的则是为了确保一个确定性基点，由此才能获得对他人进行演绎推导的坚实基础。然而，其困难恰恰在于，这种笛卡尔式的基点如何能确保与他人的真实接触？根据这种假设，这个还原了的超越论自我难道不是需要求助于其自身的主体

---

[1] 中文或译"原真还原"（参看张廷国、王继，2013；朱刚，2018；郑辟瑞，2018）。但这个翻译从两个方面来说并不合适：第一，primordial 字面含义是指"初始的、根本的"，并不包含"真"（真正、真理等意义上）的含义。第二，就胡塞尔的操作性定义而言，源初领域（primordial sphere）是指不包含任何他异指向性的纯粹本己性领域，因而该领域是"源初的、纯粹的"，并构成了他异性构造的基础——也不包含"真"（真正、真理等意义上）的含义。就后种意义而言，胡塞尔实际上有另一种说法，即"eigentlich"（本己的），比如"Eigenheitssphaere"（本己性领域）（Hua 1，124）、"Eigenheit"（本己性）（Hua 1，125）等。海德格尔在《存在与时间》中，也在相近的含义上使用"源初的"（primordial）这个概念（中译本译作"源始的"，如"此在结构整体的源始整体性问题""真理的源始现象和传统真理概念的缘起"。参看海德格尔《存在与时间》（商务印书馆2016年版）。综上，本章权且将之译为"源初的"，以契合胡塞尔文本原意。

[2] 就这方面而言，许慈指出，一个与之密切相关的问题在于源初还原是否能够被彻底地执行。具体来说，超越论自我显然在经验着一个共同的世界——这个世界本质上是与其他主体一同被构造起来的，它具有一个"为所有人"的含义（Hua 1，124；6，166）。在执行源初还原之后，这个世界在真正的、纯粹化之后的自我论领域内被当作自我的意向相关项。但问题在于，其他主体的意向成就如何能够"被纯化"呢？或者说，这个源初还原后的自我领域如何可能是纯粹地属于自我自身——倘若他异性恰恰构成了上述意向相关项的条件？一个从不同视角出发出的相似批评，可以参看 Kozlowski（1991，第144页）。

性经验，才能发展出真正的与他人的关系？如若这样，那么所构造出的他人至多也就是超越论自我的一个模本或相似物，从自我的内在性到他人的超越性之间看起来并没有什么真正的通道。基于这些理由，一些研究者认为，胡塞尔未能解释他人中他异性的真正含义，而且他的交互主体性理论从根本上说不过是一种自我学的伪装。

这些问题对于胡塞尔的交互主体性理论均是极为重要的。许多研究者坚持认为，不管胡塞尔的超越论进路看起来多么让人信服，他都未能充分地解释这些方法论问题，因而他的整个现象学大厦看起来是建立在一个不牢靠的地基之上的。一个不受欢迎的唯我论总是潜藏于交互主体性乃至于客观性的构造之中。这些问题值得小心细致地讨论。然而，笔者认为，这些质疑实质具有误导性，因为不管看起来有多么深刻并且富有批判性，它们其实是源自对胡塞尔"源初还原"的误读。许多研究者过度强调源初还原之中的笛卡尔色彩，却忽视了它真正的超越论功能及其范围——忽略了胡塞尔本人为源初还原所设定的理论效用。如果超越论还原的目的是"质询"（putting into question）对他人之存在的素朴接受，那么我们也就需要相应地追问以下两个问题：

第一，相对于他人问题而言，源初还原所要质询的到底是什么？

第二，既然对他人存在的素朴接受已然被超越论还原悬搁掉了，那么源初还原的方法论目的又是什么？

基于这两个引导性问题，我们可以区分超越论还原与源初还原，并进而分析后者的超越论功能及其范围。

本章的论点在于，源初还原所关切的一个核心议题被主流解读广泛忽略掉了；要而言之，它的功能在于分解开自我之自身构造，以及交互主体性构造之中所隐含的他人之共同构造功能。如果仔细地对比胡塞尔的研究手稿，我们会发现：源初还原不仅区分了本真的自我领域与本真的他者领域，而且这个区分恰恰提供了一个真正的切入点，以便让他人首次得以真正地、原本地显现出来。也即，在同感行为造成的任何可能的自我变更出现之前，他人如其自身"向自我"（for-me-ness）（向源初还原了的自我）显现。为此，源初还原不同于超越论还原的地方在于，它悬搁了自我所有显性以及隐性的意向行为及其可能的意向成就，以便能真正地澄清他人是如何"源初地"（primordially）向本真自我意识领域显现出来，也即在自我施行任何可能的意向成就之前，他人如其所是地显现出来。基于这个思路，我们可以进一步揭示出一个生存论上的事实性——在场的他人不仅在同感关系中与自我相遇，他还将自我置于一个伦理的急迫性（moral exigency）之上——回应他人源初在场的急迫性。一如本章所论述，这构成了源初还原所隐含的伦理议题。

为了展开本章的主旨，第一节会概述前述章节的要点和洞见。此节会表明：同感作为一种人际相遇是在一个导向空间中处境化的，其中自我作为导向中心将他人当作了另一个导向中心。在此意义上，他人被当作一个真正的他异自我，一个"你"（Thou）。同感的处境化这一事实还提供了一个跳板，以便让我们澄清被动性感触的作用，其中他人的被动性显现发出了一个感触之吸引，后者反过来又触发了同感的转向。依据胡塞尔的论述，他人的感触构成了同感的触媒。恰恰是在这个语境中，胡塞尔引入了源初还原，用以解释他人之为共同主体的超越论功能及其显现样式。

第二节通过拆解源初还原所包含的两个维度，来分析它的超越论功能及其范围：首先，源初还原划定了本真的自我领域以及他人领域；其次，它阐明了他人的共同构造功能，也即质询了所有的自我意向成就，并指出了他人于何种程度上在同感经验中他异化了自我（*alters* the ego）。本节所要强调的是，尽管这第二个方面被主流解释所忽略，但正是这个要点才使得我们能够去澄清胡塞尔同感理论中隐藏的伦理学主题。

第三节则通过引入列维纳斯有关质询的论述，继续阐明胡塞尔还原理论的伦理意涵。本节将表明，源初还原从原则上不能从"内部"被真正推动（motivated），其真正的动机（motivation）只能源自外在的他人之生存论在场。换言之，一个彻底的自我批判必须由他异的质询（interpellation）——他人质疑性的目光——触发。因而，源初还原之为一种真正的自身反思或自我批判，也就会导向一个生存论上的事实：一旦自我被置于他人质询性的目光之中，它就必然受限于一种伦理上的急迫性——回应他人之源初显现的急迫性。

# 第一节　自身构造与他异构造

## 一、同感作为导向性相遇

在本书第一章中，我们曾探讨过，真正的同感必然是发生于导向性空间之中，自我在其中作为"具身在此"的导向性中心，而他人则作为"具身在彼"的另一个导向性中心。这个基本图式不仅展示了身体在同感之中的构造性意义，而且示例了一种现象学意义上的人际关系形式——以"在此－在彼"（Here-There）关系为原型的"我与你"（I-Thou）关系。但这个基本的洞见仍然需要进一步的阐述和深化。

"我"的身体是被体验为一个身体，一个本体论上有其特殊性的实体，也即"我"作为体验着的主体既不能远离它，也不能进入它。准确来说，"我"并不是占有一个身体，而是说"我就是这个身体"："我"在身体之中并通过它而存在着①。因此，身体的自身构造显然是隶属于源初的自身经验。或者用胡塞尔的话来说，它隶属于自我的内在领域。恰恰是基于这个理由，胡塞尔认为，即便在实行超越论与源初还原之后，"超越论自我依然将身体体验为身体"（Hua 1，128［97］）。身体构成了"持续之世界经验的本质上的奠基性基底"（Hua 1，127［96］），它作为"一个独特的对象"凸显出来，也即"不是一个单纯的物理物，而是一个身体，是内在于自我之抽象的世界层次的独特对象；根据经验，我归属给它感觉域，它是我直接掌管并控制的独特对象"（Hua 1，128［97］）。这一洞见的重要性再怎么强调都不为过，因为身体首先被体验为身体这一事实确定了下述重要原则——源初被还原了的领域应该被刻画为一个导向性领域。②因此，在此源初领域之中，他人也就必须被相应地刻画为另一个导向性中心，因为他人是相对于自我之"导向的在此"而被源初地导向为"在彼"。

故此，源初领域的导向性性质具有一个关键的理论后果。也即是说，在具体的同感相遇中，他人之为另一个导向性中心已然将超越论自我去中心化了。自我不再是具有本体论优越性的唯一的导向性中心，而是成为其中的"一个"。萨特在《存在与虚无》中非常生动地写道，当看到一个人走过公共草坪的一条长板凳时，"我"对这个草坪的经验与此同时也从根本上被异化了，因为他人的加入"重组"了"我"的空间导向。"我"依然位于空间导向的"中心"：草坪在"我"的左边、雕像位于两码开外，等等。然而，他人使得自我的导向中心成为空间导向"诸中心的一个"（one of the centers），而非是**唯一的**中心（*the* center），进而建立起与自我的一种特殊的人际关系。萨特写道，"所有东西都就绪；所有东西都为我

---

① 这个观点最开始可见于尼采，他在《查拉图斯特拉如是说》中写道："我完完全全就是身体。"（Leib bin ich ganz und gar und nichts sonst.）关于这一观点的进一步阐释，可看 Waldenfels（2007，Lecture V: Bodily Experience and Selfhood and Otherness）。

② 一些研究者认为，这个源初地被还原了的领域实际上是"自然主义的"，如果我们将胡塞尔的假设与论述推向其极致（Reynaert, 2001; J. Smith, 2011）。由此可以得出，源初地被还原的领域构成了一个同质性的空间，或者其构造预设了一个同质性的空间。不管怎样，胡塞尔的交互主体性理论就其精神而言乃是"自然主义的"。然而，这个批评显然是错失了胡塞尔有关源初还原的一个核心论点，它忽视了身体的构造性意义以及它在实行源初还原过程之中的内涵。

而存在；但所有东西都为一个不可见的飞跃而穿透，并且在朝向上固定于一个新的对象（他人）。他人在世界之中的显现因而对应着整个宇宙的固定的滑落，对应着世界的去中心化，后者削弱了我与此同时正在施加的中心化"（Sartre，2003，第 279 页）。因此，与他人的相遇总是已然共同构造了自我本身的世界经验。也正是在此意义上，胡塞尔申明，自我不仅将他人经验为世界之中的一个特殊对象，而且同时将之经验为"为这个世界的主体（subject for the world），作为经验着它并为此也经验着自我"（Hua 1，123［91］）。

就此而言，我们可以注意到两个要点。其一，他人的去中心化不应被理解为一种自我之超越论构造的结果。相反，这个去中心化本质上乃是内在于人际的相遇，并且它先于任何对此相遇的课题化。换言之，这个去中心化是我们日常主体间经验的决定性要素，而现象学的任务之一恰恰是说明"其中显性与隐性的意向性，他异自我在超越论自我的领域内得到揭示和确证"（Hua 1，122［90］）。其二，他人的去中心化在前反思、前课题化的层面上已然起作用了，也即构成了自我之世界经验以及自我之自身经验的共同构造要素。更仔细地看，自我之为一个具身主体，从来都不像唯我论所主张的那样完全地内在于自身。相反，每当自我在感知一个空间对象时，自我总是已然隐性地指向了超越论之他者，指向了一个该被感知对象的陌己视角（参看本书第一章第一节；Zahavi，2001，第二章第四节）。既然空间对象的视域性侧显要求超越论之自我必须考虑到一个原则上超出自身的、更为广阔的视角，那么一个陌己的导向中心就必然已经在自我的世界经验中起作用了。故而，作为超越论主体性的自我就已然是在一个超越论之交互主体性网络中行动。正如胡塞尔在《笛卡尔式沉思》早期的一份手稿中指出，只有通过将现象学还原彻底化，我们才能够阐明他人的"共同构造生活"（Hua 15，49），也即阐明他异主体性将自我之导向中心去中心化的方式。

## 二、同感作为感触性相遇

一如本书第二章所示，同感的处境化论题具有另一个理论上的后果：他人的呈现首要地内在于一个富有意义的处境之中，并由此而被情境化。其中，他人首先对自我发出感触之吸引，这甚至先于自我能够将他人之存在辨别出来或将之课题化。换言之，在被动发生层面，他人感触了自我，以至于他人预先被给予的在场已然勾勒出一种感触力的拓扑学，并深刻地为后者所勾画——他人构成了相遇的周遭中最为凸显的感触力。

因此，感触成为了人际相遇的最为核心的要素之一。他人必须对自我施加一个足够强的感触力，他才能从一开始被挑选出来。反过来说，自我必须已然被感触到，才会转向他者的求助或其吸引。或者如列维纳斯所坚持的，自我才能回应他人在此面对面的相遇中所传递出来的"呼唤"（call）。就此而言，感触问题就对迄今的现象学分析提出了一个双重的挑战：一方面，他人被动的显现要求更为小心、更为精细的分析；另一方面，他人感触力的共同构造作用也需要得到进一步的阐明。

通过对感触之起源的细致说明，本书揭示了他人在导向空间之中的显现首先被赋予了一种感触之含义（affective significance），并且他人在任何自我之意向行动之前就已经对自我施加了感触之吸引。从他人那边而来的感触力引发了自我的意向性转向。严格来说，正是他人在自我的意向转向上赋予了一个感触性的重量或含义。正如瓦登菲尔斯所观察到的，"任何显现为某物的事物不应仅仅被简单地描述为某种单纯获得含义的东西，而是应被描述为某个激发出含义的东西，并且作为该含义我们才被触动到、被感触到、被刺激到、被惊讶到、在某种程度上被侵扰到"（Waldenfels，2007，第74页）。在相同的意义上，自我对他人的回应首先是一种对他人之感触力的接收或经受，由此人际的相遇在前述谓的层面上由他人之在场所勾勒和决定。对于我们的兴趣而言，这个结论是至为重要的：在被动性层面，他人的共同构造性功能在于他对自我的前述谓的招呼（addressing），由此而邀请自我以倾听（Hinhören）、照看（Hinsehen）、转向（Zuwenden）等方式去回应他人的请求（Hua 15，462）——所有这些都是卓越的回应形式（参看本书第二章第二节；Hua 15，Nr. 29）。他人"招呼"（address）、"邀请"（invite）自我去回应。这些术语的使用并不是偶然的，恰恰是这些语词阐明了他人在被动性层面的特殊被给予方式，而且它们也有助于澄清他异自我被动构造的伦理性含义。

当然，上述说明敞开了一系列新的问题。胡塞尔说过，他人的感触性吸引隶属于我们的隐性的或被动的意向性（Hua 1，123［91］），该意向性特征要求一种完全有别于静态的分析。在他看来，单单为了被动构造，我们就需要引入一种新的还原，以便在现象学上可以捕捉到被动被给予性的真正方式（Hua 11，150）。然而困难恰恰在于这样的事实——超越论的自我总是已然参与到、关涉到他人，也即"我"总是已然对之采取了某种立场，比如喜欢或不喜欢另一个人，或者为某个不幸的人感到遗憾。"每个'自我'都不仅仅是一个自我极，而是一个具有所有成就以及完成之习得的'自我'。"（Hua 6，187［183］）那么，"我"如何能够通过一种现象学还原的方式来悬搁自己所有的意向活动，从而"回到"（reducere，get back to）最为源初的现象（Urphänomen）呢？不管怎样，"我"只能以一种回顾性的并且曲折的方式回到自己与他人最初的相遇。或者说，"我"只能在他人已经在自己的意识领域内凸显出来之后，才能够通达其被动性的构造。（Waldenfels，2010）胡塞尔在其"C 手稿"中指出，我们需要一种"考古学的再现与解释"（Hua Mat 8，23），才能辨别出一个活生生的当下——他人在其中的有意义显现先于任何自我之主动性。只有通过这种方式，我们才能够忠实于他人特殊的被动被给予性方式，也即一个与自我在最深层的活生生之当下共同生存着的共同主体（co-subject）。本章将指出，这一方法论的考虑、这种对他人之源初显现的警觉，在本质上是伦理学的，因为恰恰是这种彻底的还原操作才能够确切地揭示出有关他人之源初经验的一个关键特征——回应他人之在先被给予性的生存论意义上的急迫性（existential exigency）。

### 三、他人的被给予性样式：一个构造问题

本章前述讨论主要澄清了他人之"为自我而在那里存在"（Für-mich-da）（Hua 1，124［92］）的意义：他人不仅是另一个在那里的物理实体，在世界之中占据某个位置。更为重要的是，他人的"为自我而在那里存在"意味着其可以将自我的导向性中心去中心化，并且在被动性的感触中触发同感的转向。在此意义上，现象学作为"真正彻底的哲学"（Hua 6，188），任务就在于澄清他人对自我所造成的**他异化**（*alter*-ation），因为他人将自我具身的"在此"去中心化，并在感触上呼唤自我的回应。如此，同感就其最为源初的意义而言乃是一种"他异化"形式，由此，"自我被抛出了自己在其超越论之源初性中所占据的世界中心点，以及胡塞尔在源初世界这个层面所命名的'中心的这里'（the central here）"（Theunissen，1986，第 90 页；参看 Hua 14，83）。[①] 因此，如果"他人意向相关项－实存上的被给予性模式"（the noematic-ontic mode of givenness of the other）（Hua 1，122）确实意味着什么的话，那么其意义首先是指他人的共同构造功能。因此，在胡塞尔看来，现象学的交互主体性理论的任务正是使得

---

① 另可参看胡塞尔在《危机》中的一段话："如果人们就显现样式的'如何'方面，注意到作为'源初自己的'之物以及作为从他人处'被同感到'之物之间的区别，如果人们注意到自我视角与被同感视角之间可能的不一致性，那么人们实际经验到的东西之为一个感知之物就被改变（transformed）——对于我们每个人——为一个客观存在之物的'表象'（Vorstellung von）。"（Hua 6，167［164］）

这个"他人意向相关项－实存上的被给予性模式"变得可以理解。

　　现在比较清楚的是，胡塞尔所感兴趣的既不是他人在那里存在着这个事实，也不是他人的存在是如何被超越论自我的笛卡尔式确定性所确保这个问题（Carr，1987，第45页）。相反，胡塞尔真正感兴趣的并尝试去阐明的是他人在何种意义上是为自我而存在——他人之于自我的最为源初的被给予性方式（Hua 6，186）。对他来说，超越论的同感理论不是关于他人的心理学，也不是关于他人的形而上学；同感理论之所以是超越论的，恰恰在于它是一个严格的意义阐明的过程。胡塞尔在《危机》中写道，"其显然性在于：那里站着一个人，位于一个彼此熟知的社会群组之中；但这个显然性必须被化解为它的超越论问题"（Hua 6，187［183］、184［180］、208［204］）。胡塞尔继续指出：

　　　　尝试以"笛卡尔主义"来攻击超越论现象学——这当然是一个荒诞、尽管很不幸是通常的误解，好像其"自我我思"（ego cogito）是一个或一组前提，由此剩下的知识（这里人们只是素朴地只讨论客观知识）被演绎出来、得到绝对的确保。其要点并不在于确保客观性，而是要去理解它。（Hua 6，193［189］）

　　基于相同的精神，胡塞尔现象学并不是"建立"他人的存在有效性——通过从确然的（apodictive）主体性领域演绎出他人的存在。① 相反，它始于他人的具体经验并将之当作"超越论的线索"，进而去"理解"他人之被给予性的本真样态。因此，核心的问题在于，他人是"如何"向自我而存在的？他人的共同构造作用是"如何"感触自我的？只有通过确切地理解他人之存在的"如何"（how），我们才能获得坚实的基础去分析其"什么"（what）——他人的构造。而只有通过对上述问题的深思熟虑，我们才能依据他人如何源初地显现，继而分析他人的显现。用奥威果的话来说，我们在周遭世界中遇到他人这个事实并不必然意味着我们理解了他人——作为另一个具身主体本身——的共同构造作用，也并不必然意味着我们理解了他人在自我主动性展开之前是如何触发自我的（Overgaard，

_____

① 关于这一点的进一步讨论，可参看 Overgaard（2002）。一些研究者坚持认为，胡塞尔的源初还原不管怎样都还是有些笛卡尔式的特征，因为它提供了这样的方式，由之我们才能确切地讨论他人问题（比如 Zahavi，2001，第28—29页；Lee，2002）。但是，我们需要注意的是，胡塞尔所关切的并不是从源初的内在领域内演绎出他人的存在。对源初还原作笛卡尔式的解读，可参看 Stoelger（1994）、Reynaert（2001）。

2004，第 36 页）。因此，关于他人的构造性问题，就其真正的含义而言，在于理解他人"主动的构造性意向性"（active constituting intentionality）（Hua 1，124［92］）。基于这些澄清，我们就可以进一步探究源初还原的性质及其范围，揭开隐含于其中的、根本的存在论动机。这一研究路线很容易就揭示出胡塞尔交互主体性现象学的伦理维度，特别是其源初还原的伦理维度。

## 第二节　胡塞尔论超越论还原与源初还原

### 一、胡塞尔论超越论还原

胡塞尔对他人的研究始于具体的同感经验，并且研究了他人在意识生活中源初地显现的样式。这一判断马上就提出了两类的问题：其一，这一超越论的路径在何种意义上区别于心理学的路径？难道不是说，认知科学可以更好地研究在我们感知他人行为时镜像神经元系统是如何工作的吗？（参看 Gallese，2001、2003、2010）如果认知科学在最后能够解释人类互动的多维面向，那么到底是什么东西确保了超越论现象学之为一种自足的科学研究？其二，如果超越论的同感理论首先并不关心那些使得我们得以感知他人的底层的心理学机制，那么又是什么东西区别开超越论的路径与心理学的路径？

在胡塞尔看来，我们需要对关于他人的自然假定作出一个人为的抽象或限定，从而使得我们将有关他人的具体经验"转变"（transform）为"超越论纯化了的研究"的"线索"（guiding clue）（Hua 1，122；6，187）。就此而言，胡塞尔引入了超越论还原乃至于源初还原的方法[①]，由之我们可以处理有关他人的构造性问题（Hua 6，260）。因此，关键在于明确超越论还原以及源初还原的真正功能及其范围，确认胡塞尔从超越论还原转入到源初还原的方法。通过这一澄清，我们还可以避免并回应一些误解。

在自我的社会生活中，自我总是已然以这种或那种方式与他人相关联。比如说，自我是社会共同体的成员，是某个特定社会与历史文化的承

---

① 就当前的语境而言，笔者不会讨论胡塞尔的"悬搁"（epoche）概念以及"还原"（reduction）概念之间差异的细节，而只是简单地将之视为同义的，因为对这两者作出技术性的区分并不会影响本章的核心论证。关于"悬搁"与"还原"各自的功能和范围，详细可见于 Overgaard（2004，第 2 章）。另外，笔者也不会详细展开胡塞尔有关不同类型还原的讨论，对于这点，详细可参看 Kern（1962）、Drummond（1975）以及 Zahavi（2003，第 2 章）。

载者。即便遇到一个完全陌生的人，"我"总是已经以某个有意义的方式在一个有意义的语境内，对之进行感知：比如说，将之感知为（或误识为）来自某个族群、具有特定的身份背景，等等。简言之，"我"的他人经验是在一个文化历史之积淀中、在自我之习惯的构成要素中产生的，这就包含了有关他人的可能的知识。当然，有关他人之个人的、文化的乃至科学的知识都会有助于日常的社会交往，因而它们在某种意义上构成了社会生活的重要的构成要素。然而，根据胡塞尔的理论，恰恰是这些理论的建构导致了对他人素朴乃至独断的理解，因而恰恰需要被悬搁起来，从而才能开始一项有关他人之主体性经验的现象学研究。用胡塞尔的话来说，我们需要"以最大的细心寻找一种无前提性，从而使得我们的研究免于外在的干扰"（Hua 6，137［134］），以便让我们可以达到有关他人之源初直观的明证性。换言之，我们对他人经验的分析不应预设任何关于他人之存在的前理解或先入之见，也不应该受到其引导。相反，我们应该紧紧抓住那些先行于自然科学研究并为之奠定基础的直观经验；也即，我们应该避免使用那些未经检讨的独断意见，"中断自然的、素朴的有效性，一般地中断已然生效的有效性"（Hua 6，138），从而才能尽可能获得一种源初的显现，也即他人如何在意识生活中显现出来。

当然，对他人之所有科学的、前科学的设定进行抽象，并不意味着"排除"（Ausschaltung）他人，尽管胡塞尔本人的表述有时看起来会有这样的暗示（比如 Hua 1，126、134、171）。具体来说，抛弃有关他人之存在的自然主义教条，并不意味着所有科学的、前科学的成就都被"放弃了"，或者为了一种笛卡尔意义上的纯粹的内在性而被放在一边（参看 Hua 1，59；6，139）。胡塞尔一再坚持，这些被悬搁的成就依然完好如初，并且还继续在自然生活中起作用，而进行哲学思考的现象学家在任何时候都可以返回到自然生活并利用这些成就——只是带着一种"启蒙后的眼光"（Hua 6，214）。然而，它们必须暂时被放入"括号"之中，以便让他人显现的"如何"（wie）首次能够成为研究的课题。（Hua 3，159）换言之，实行悬搁并不意味着失去任何东西，它也不损坏任何东西。相反，它使得他人得以就其显现的样式而呈现出来，从而开启关于他人的新的理论兴趣（Hua 6，139、147）。在胡塞尔看来，悬搁形成了一种超越论的态度，"据此，任何事先为我们在直向意识中存在的东西都完全被当作了'现象'，当作了被意指且被变更的含义，而且纯粹是以这样的方式进行——作为一个不能被遮蔽之构造系统的关联项，它获得并继续获得其存在含义（Seinssinn）"（Hua 1，126、59、60）。换言之，恰恰是通过超越论还原，一方面我们悬搁了对他人之存在有效性的素朴接受，另一方面他人本身成为了超越论研究的真正主题（参看 Hua 3，159）。

超越论还原有一个重要的发现，也即我们可以在严格的意义上说，他人成了各种意向行为的关联项，比如感知、回忆、想象、评价、判断等的意向相关项，而不管他所有实践上、理论上的述谓。"我通过它［还原］所获得的就是自我纯粹的生活，以及构成它的所有纯粹的主体性进程，以及所有在其中被意指的、在其中纯粹作为被意指的——现象学意义上（其特定以及宽泛意义上）的——'现象'之整体"（Hua 1，60）。因此，对他人进行超越论的课题化就意味着，在经验主体的意向关联之中对他人作系统的澄清。换言之，我们可以从对他人之存在有效性的素朴接受中，返回到有关他人的奠基性经验，其中他人存在的意义及其合法性才获得了最终的来源参看。① 也即是说，他人之为显现的现象，恰恰成为"使得那个之于自我具有意义和有效性的东西成为可能，使之成为真正的存在者——明确被规定、或明确可规定的存在者"（Hua 1，59）。因此，通过超越论还原，我们现在抵达了"一个新的、纯粹主体性的世界"（Hua 3，260），其中他人得以源初地显现。需要注意的是，尽管超越论还原消除了对他人之存在的素朴接受性，并将他人转变为经验主体的意向相关项，但这并不意味着他人就成了自我生活的一个内在要素。反过来说，超越论还原也并不将他人的超越性还原为自我的内在性，以至于他人的他异性就被还原为自我的本己性。② 相反，超越论还原的目的恰恰在于严格地澄清他人之为独一无二的超越者到底意味着什么，他人的超越性之不同于一般物体的超越性到底意味着什么（Hua 8，483；参看 Hua 1，65）。只有通过探究纯粹的意识生活，作为进行哲学思考的自我才能阐明他人之"为自我而在那里存在"的超越性意义。一如胡塞尔经常申明的，当超越论还原得到了正确的操作，他人"就变成了第一个意向性标题，变成了一个索引或导引，以返回研究其显现样式及其意向结构的复杂性"（Hua 6，175；参看 Hua 1，122；6，187）。

---

① 参看 Hua 6，136、143；1，65。另参看"第五沉思"中另一段相关的段落："我必须泰然地坚持下面的洞见，也即任何存在者之于自我所具有、或可能具有的每一个含义——就其'本质'（what）及其'它存在着并实际上存在着'而言——都是自我意识生活之中、并源自其中的含义，它在自我生活的构造性综合的后果之中、在和谐的证成系统之中，为自我所澄清并得到揭示。"（Hua 1，123）

② 这是一个典型的对胡塞尔超越论还原的列维纳斯式批评。比如，在《总体与无限》中，列维纳斯写道，"他们的他异性因而被吸收到了作为思考者或拥有者的自我同一性之中"（TI，第33页）。《总体与无限》英译本书名为 Totality and Infinity，下文文献引用简写为"TI"。

需要强调的是，即便他人成了同感行为的意向关联项，这并不等于陈述了一个平凡的事实——他人是同感的对象。人们可能会说，"我"正在对话的同事正是"我的"同事，现在坐着的椅子正在"我的"位置下面——这难道不是显然的吗？我们为何还需要如此严肃地对待这种意向性关联，以至于将之当作研究的起点呢？既然我们总是已经跟他人相熟，我们为何还需要这个空洞的、形式化的关联结构呢？毕竟，我们整个有关他人的经验已经构成了某种意向关系。确实，我们并不是用超越论还原来"发现"某个意向关系，仿佛后者在超越论研究之前并不存在一样。胡塞尔指出，分析这一关联结构的重点在于，我们由此可以揭示出先前未被课题化因而是隐藏着的意向成就（Hua 6，118）。也即是说，"当还原起作用的时候，迄今为止在素朴性中被遮蔽着的接受性与有效性的匿名成就就被揭示了出来"（Zahavi，2001，第 9 页；Hart，1992，第 7 页）。一如前述，对同感行为进行具体的分析，与对图像和符号意向性的分析一道，澄清了这样一个基本的事实——同感意向性不像是直向的空间感知，它在本质上具有一个特殊的二元意向性。换言之，超越论还原如果得到恰当的操作，它可以揭示出某些已然在意识生活中起作用，但在自然态度中尚未被注意到或尚未被课题化的东西。因此，如果没有严格地把握住他人之被给予性的关联本质，我们就缺少一种兴趣转向的动机——从素朴地、教条性地接纳他人存在的有效性，转向他人之存在有效性的阐明。因此，在胡塞尔看来，这一刻画了自我与他人之间"形式化的且最为一般的结构"（Hua 6，145）显然不是一个空洞无意义的刻画（Hua 1，60），而是为一项新的研究方向铺平了道路，从而使得他人之为他异自我的存在意义在现象学上可以得到理解（Hua 1，135）。

因此，他异性的超越论还原包含了两个基本目的。第一，它系统地限制了在实践和理论上对他人的素朴接受性。当然，这并不意味着他人因而就在超越论领域内被取消了。相反，这一限制正是对他人的素朴成见与教条主义的"质疑"（calling into question）与"禁止"（inhibiting）。（Hua 1，60）他人从未被丢失，而是作为同感意向的关联项而被重新获得（Hua 1，123）。第二，超越论还原形成了一个纯粹的主体性领域，而他人以本真被给予的方式向之源初地显现出来。在此意义上，他人乃是被经验为一个意向现象（Hua 6，156）。但这也不意味着，他人被还原为了单纯的现象，仿佛它背后还有一个他人自身一样。（Hua 1，122）从现象学而言，设定物自体本身就是悖谬的，因为任何显现的东西正是作为向意识生活显现的现象——一如胡塞尔著名的说法，"有多少显现，就有多少存在"（Soviel

Schein, Soviel Sein）（Hua 1，133；15，451）。通过超越论还原，我们就可以澄清这种现象的有效性含义到底是什么，也即我们可以对他人就其在意识生活中的被给予给出一个系统的说明。

## 二、胡塞尔论源初还原

基于上述澄清，我们可以进一步讨论源初还原（primordial reduction）及其方法论目的。胡塞尔指出，这是对超越论还原的一项彻底化（Hua 1，124、126；6，187；15，6）。只有在执行了超越论还原之后，并且在"普遍的超越论领域之内"，我们才能看清楚源初还原的范围及其功能（Hua 1，124）。尽管一些评述者认为源初还原不过是超越论还原的一个延续和进一步发展（Haney，1994，第 9 页；Theunissen，1986，第 57 页），但源初还原所要悬搁或者"质疑"的东西，以及由此而敞开之物，原则上并不同于超越论还原。胡塞尔有时认为，源初还原跟超越论还原是相互重叠的，因为它们都导向了一个确然性（apodicticity）领域，因而现象学的事业才得以被确保为一项严格得到证成的科学研究（Overgaard，2002，第214—215 页）。但是，如果就此而将两者混同起来，无疑是一个错误。因此，我们需要小心地区分超越论还原和源初还原。由此，我们才能进而诊断出内在于源初还原之中的生存论动机及其可能的伦理性意涵。

对胡塞尔而言，超越论还原所要悬搁的是一种素朴的倾向——将他人的存在当作理所当然，在自然态度中无需去质疑其存在有效性。一个有关他人的超越论理论就在于系统地检讨他人在其中源初地出现的主体性生活。但这只是第一步，因为超越论还原所敞开的纯粹主体性依然需要被进一步检视。胡塞尔在《危机》中意识到的，超越论还原揭示出一个超越论自我，但这个自我无论如何都不是空洞的、无内容的。相反，它是意识生活的具体化，"每个'自我'都纯粹被视为其行为、习性、能力的自我极，因此是作为指向那些'通过'现象、通过其被给予性样式而在存在之确定性中显现的东西"（Hua 6，187）。换言之，对他人的意向指向总是已经内在于一组意向成就和意向积淀之中（同上），后者或主动或被动地融合进这一意向指向中，乃至于"污染"了它。这并不是说，自我与他人之间的意向关联被自我的主动性所扭曲了；而是说，只要他人仍是一个被还原的现象，那么这就意味着自我已经对之赋义并对之进行了规定，以至于在构造分析中被检讨的对象已然是一个被自我所构造的对象。而只要自我潜在地对他人进行赋义，那么他的被给予性就不可能是充分地源初的。就此而言，对他人之显现的彻底研究应该是严格地依照他人之源初的显现样式。

因此，源初还原首先应该悬搁或中立化的正是自我的主动性本身。

如此，源初还原中真正的关键在于对他人的意向指向性影响了他人之显现的方式，因此恰恰是这个意向指向性需要在源初还原中被进一步检讨、被进一步"质疑"。胡塞尔写道，他人"不仅是自我之内的单纯表象和被表象者，在自我之内可以证实的综合统一体，而且恰恰是作为他人而具有意义"（Hua 1，121）。同样的，所有他人的构造性结果也必须被质疑、被放入括号之内，因为它们正是现象学所要澄清的东西。否则，关于他人的超越论研究就会陷入循环之中，因为我们对他人之共同构造功能（co-constitutive functions）的澄清恰恰预设了他人之构造性的结果（Overgaard，2002，第213、218页）。

换言之，源初还原所要达及的问题层次在于，先于任何可能的自我主动性，他人到底是如何源初地作为他异主体而显现？因此，为了理解他人的共同构造功能，这在现象学上就意味着需要说明：什么被源初地意指了，以及它在同感经验中是如何被源初地意指的？胡塞尔意识到的，对超越论领域的"进一步的回退性研究"（Hua 6，187）表明，自我的主动性总是已经融入到他人的"为我而在彼"（Hua 1，124），因而影响了该"为我而在彼"。因此，一项彻底的哲学研究所要质疑的恰恰正是自我的主动性。胡塞尔在"第五沉思"中提醒我们：

> 我的自我在"他异经验"这个标题下，在其本己性内部如何恰恰能够构造出他人——以这样的意义，它排除了构造意义之具体自我本身的具体成分的被构造者，有些像是其类比物？（Hua 1，126）

胡塞尔在此明确地区分出自我的构造行为以及其中被构造之物，而且认为就他人的本真意义而言，这一行为的结构首先就应该被"质疑"、被检讨。我们应该暂停自我的主动性，从而彻底地探究同感经验，其中他人是作为他异自我而源初地显现。

这表明，源初还原所要悬搁、所要质疑的正是自我本身的意向主动性。相应地，这也就说明源初还原为何要比超越论还原更加困难。如果后者所限制的是关于他人之存在有效性的素朴性信念，因而可以"一劳永逸"地对之加以禁止；那么，前者则必然更为曲折，以便达及这样一个领域——他人之初始或源初显现乃先行于自我的主动性。为此，胡塞尔认为，我们需要"阻断"所有指向他人的意向性。他写道：

我们首先要关闭所有课题领域内现在还是成问题的［东西］。也即是说，我们忽略跟他异主体性直接或间接相关之意向性的所有构造性成就（Leistungen），并首先限定该意向性之总体——不管是现实的还是潜能的，其中自我在其本己性中构造自身，并且在其中构造与之不可或分，因而是隶属于其本己性的综合统一性。（Hua 1，124；15，6）

当然，这个说明需要作进一步澄清。首先，根据人们对"Leistung"这个概念的不同翻译，源初还原有两种不同的解释方向。通常而言，Leistung 意味着一项"成就"（establishment/accomplishment），它所产生的则是"效果"或"后果"。诸多研究者依循多里安·凯恩斯（Dorion Cairns）的英语翻译①，强调 Leistung 是自我意向活动的结果（effect）。如此，在源初还原中被悬搁的就是一个被构造的结果，也即对他人的意向指向（参看 Zahavi，2001；Overgaard，2002；Crowell，2012）。然而，依据上文的论述，更为恰当的翻译可能是强调前一个面向，也即 Leistung 所指的实际是自我的意向行为及其构造性活动本身。相应地，源初还原所悬搁的则是自我的意向行为，而非其结果。

相对应的是，在超越论领域中真正成问题的并非是自我构造的结果，而是自我的"构造性活动"本身——只要它指向他人，只要自我的意向活动及其所得已经融入到，并因此而"污染"了自我对他人的意向指向。因此，这一特殊的（eigentümliche）还原（Hua 1，124）就不是悬搁"对他人之存在有效性的素朴接受，一如所有客观事物在直向的意识中为我们素朴而直接地存在着那样"（Hua 1，126）。相反，源初还原乃是在不同的层面上进行操作的——指向的是自我的同感行为本身。其结果显然是一个方法论上临时的唯我论领域，因为它将超越论领域进一步导向了一个纯粹本己的领域（Eigenheit）——在这个领域中，"只有自我存在"（Hua 1，125）；与之相对，才有一个纯粹陌己的领域（mir Fremdes）（Hua 1，135）。

对于胡塞尔的超越论理论而言，最后一点则极为重要。对他而言，源初还原并不是要排除他人，以便一劳永逸地确保一个绝对的、无可怀疑的

---

① 参见凯恩斯翻译的《笛卡尔式沉思》1960 年版第 93 页，着重为笔者所加：As regards method, a prime requirement for proceeding correctly here is that first of all we carry out, inside the universal transcendental sphere, a peculiar kind of epoche with respect to our theme. For the present we exclude from the thematic field everything now in question: we disregard all constitutional *effects* of intentionality relating immediately or mediately to other subjectivity and delimit first of all the total nexus of that actual and potential intentionality in which the ego constitutes within himself a peculiar owness.

知识之基点。相反，胡塞尔的工作在于，他以一个经验考古学家的态度不断地深入挖掘自我对他人的源初经验。为此，他首先需要人为地悬搁自己的主动或被动的行为（Hua 14，82），以便获得一种他人之为陌己主体在其中首次显现出来的纯粹经验。在胡塞尔看来，这种向纯粹内在性的还原会得到两个重要的结果：首先，它是对超越论自我之源初自身构造的澄清，它划定了（Umgrenzung）整个超越论主体性的总体范围。其次，反过来看，它是对第一个超越论他者之源初构造的澄清（Hua 1，131、137；8，495），它催生了一种极为重要的划定："纯粹本己的领域"，以及与之相对的"纯粹陌己的领域"——真正隶属于他者之他异性的源初领域。在一份写于 1921 年的手稿中，胡塞尔写道：

> 我们也可以说：它所处理的一方面是澄清自身统觉（Selbstapperzeption），在其唯我论的内在态度中，它先于同感而被激发并成为可能；另一方面是澄清同感之后的统觉。（Hua 14，81）

也即是说，这两个方向是彼此纠缠在一起的：对自身统觉的澄清清理了他人向之源初显现的"位置"（site），而对同感行为的澄清则可以弄清楚他人在何种程度上共同构造了自我的意识生活，也即将之世俗化。因此，强调源初还原的唯我论面向，而忽视其超越论面向，这无疑是一个错误。胡塞尔强调，只有通过一种彻底的还原，我们才能在现象学上真正地理解"内在的第一位他者"（Hua 1，137），其本真的超越性截然不同于其他空间对象的超越性（Hua 8，483）。源初还原的唯我论以及超越论面向分别构成了其方法论形态以及目的论指向，因此是两个不可分割的统一体；对后者的澄清必然预设了前者，而对前者的澄清则为后者奠定了基础。用胡塞尔的话说，通过源初还原，我们获得了一个"奠基性的地基"（Hua 1，127）和一个"普遍构造的本质结构"（Hua 1，125），由此超越论自我才能在最为源初的层面上构造出"他我模式下的他者"（the Other in the mode of alter ego）（Hua 1，131）。就此而言，我们可以合理地认为，恰恰因为胡塞尔注意到了他人构造的复杂性，他才会推进这个困难但不可或缺的"他异性"还原（Zahavi，1997，第 306 页脚注 1）。在胡塞尔看来，如果我们要公正地对待他人之他异性的问题，而不是简单地、教条地将之视为理所当然，那么该问题就不存在一个简单的解决方案。

基于这些洞察，我们可以进一步确定由源初还原所敞开的东西。源初还原区分了本己领域与他异领域。胡塞尔写道：

将我们限制在最终的超越论自我以及在其中被构造的宇宙之内，我们可以说他整个超越论的经验场域的划分直接就隶属于他，也即划分为他本己的领域以及他异的领域——前者有一个融贯的、基于其世界经验的基底，它被还原为被包含于其本己性之内，而在该经验中，所有"陌己"的东西都被关掉了。（Hua 1，131）①

这一区分之所以重要，并不在于它敞开了一个唯我论的、自我封闭的世界，而在于它第一次提供了这样的可能性，用以区分纯粹的自身经验以及纯粹的他异经验。胡塞尔在 1920 年代早期的一份手稿中强调（Hua 14，VIII），源初还原所挑选出来的或凸显出来的是："只要我们将同感、将陌生经验的意向成就放在考察之外，那么我们就具有一个自然以及一个具身性。"（Hua 1，134、127–129；参看 Hua 15，445）这显然不是说源初还原导向了一个唯我论的世界，一个只有自我本身存在的世界。相反，这一他异性还原恰恰敞开了这样一个经验的层次——自我在没有他人之共同构成功能的参与时最为源初地经验着世界。这一"源初的自身经验"（Hua 1，133）在于，自我直接就"掌控并掌管着"一个身体，由此自我以具身的方式感知着被源初还原的世界——其中没有任何对他异主体性的指向。只有在这个严格意义上说，自我才是真正的导向中心，是所有感触行为的自我极。胡塞尔写道：

> 当我将其他人（andere Menschen）都真正地还原掉了，那么我就获得了真正的躯体，当我将自己还原为人，那么我就获得了自己的身体及自己的心灵，或者获得了作为心理物理的统一体，其中我的人格自我，它在这个身体之中并以之为中介而对外在世界产生影响，并经受着它。因而一般地由于这一独特的自我相关性与生命相关性的持续经验，人格自我与其躯体身体（körperlichen Leib）而在心理物理的意义上被构造为统一的。（Hua 1，128；15，49）

通过这个自我解析（Hua 1，135），我们可以准确地判断出什么东西本真地隶属于自我领域，而什么东西本真地属于陌己领域。对于胡塞尔而言，只有通过与源初之自身经验相对照，我们才能够真正地理清源初之他

---

① 参看列维纳斯的一个类似论点："存在作为复多而被产生，并被分离为同一者与他异者；这乃是最终的结构。"（TI，第 269 页）

异经验到底是怎样的（Hua 1，135）。更为准确地说，只有与自我之作为导向中心的"这里"（Hier）及其作为感触的自我极相对照，我们才能够将他异自我刻画为真正意义上的"类比项"（Hua 1，125）——将之刻画为另一个导向中心的"那里"（Dort）以及作为另一个感触的自我极。显然，这并不是一个平庸的区分。一方面，这从最基本的层面揭示出，胡塞尔的交互主体性理论植根于身体的存在模态；并以之为基础，自我与他者之间的关系被刻画为一种形式上的"在此－在彼"（here-there）的空间图式。另一方面，这一空间图式使得我们可以理解他人之作为他异主体的真正含义。对于胡塞尔而言，即便我们生活于一个不可分解的交互主体性的世界之中，内在于生活世界的自然态度的语境之内，但这并不表示说我们真正理解了他人之为他异主体的真正含义，也不表示说我们理解了同感意向性的真正性质及其特征。胡塞尔写道，"现在的问题在于，如何去理解（verstehen）——自我在其自身之内具有这样一种新的意向性类型，并且总是可以进一步建构一种具有存在意义的意向性，由之它可以完全、彻底地超越出它本己的存在"（Hua 1，135）。对于胡塞尔而言，这样的他异性理解必须"与自身经验及其和谐的系统相对照——因此与真正本己性的自身说明相对照"（同上）。

上述对自我领域与他异领域的区分还导向源初还原的第二个结果——区分自我的构造功能以及他者的共同构造功能。论者通常认为，将他人刻画为自我的一项"类比物"，刻画为"一个他异自我"，这不过是说，他人的他异性是从自我之本己性中派生而来的，因而其真正的他异性特征在这个类比过程中恰恰被取消或被牺牲掉了。[①] 然而从"自我批判"的视角来看，这一解读显然是误导性的。如果源初还原的主要目标是为了检讨他者之他异性的"共同构造功能"，理解这一他异性的超越论含义，也即研究"他人是如何富有意义地出现"（wie Fremdes sinnmitbestimmend auftritt）（Hua 1，97）；那么，与自我之自身构造相对照，他者之作为类比项恰恰在于它在整个交互主体性关系之中的"共同构造功能"。[②] 换言之，对自我之具身性及其操作性功能的源初说明，解释了在何种意义上他人之身体是"另一个功能性身体"。换言之，他者作为另一个导向中心，其源初的构造

---

① 对于该解释路线及其回应，参看 Tengelyi（2012）。

② 需要注意的是，尽管列维纳斯激烈地批评了胡塞尔，但他在这一点上确实明确赞同胡塞尔。列维纳斯写道，"他异性、他人的彻底的异质性，只有他人作为与一个项相对照（with respect to）时才可能，这个项的本质乃是保持在出发点，构成进入一个关系的入口，也即作为同一者——不是在相对的意义上，而是在绝对的意义上。这个项可以在这个关系的出发点绝对地保持且唯一地保持为自我"（TI，第36页）。

性功能恰恰在于将自我从其中心地位"拉拽了"出来，使得自我在真正的意义上成为"空间中的一个"（Theunissen，1986，第90页）——他者在源初的意义上将自我去中心化了。1929 年，胡塞尔在一份手稿中写道：

> 自我从自己的源初存在中、在同感中因而在传达性的当下化中经验到他人，他人对于我乃是另一个自我（anderes Ich）；正如我是这个世界的主体，他人也是这个世界的主体；自我与世界具有一个构造性的关系，他人之于自我被经验为构造性的（er ist von mir als Konstituierender erfahren）。（Hua 15，42）

恰恰是在这个意义上说，他人在源初的意义上作为另一个构造着的（konstituierend）主体性，共同构造着同一个世界，而其共同构造的功能之一便在于将源初自我去中心化，使之从一开始便内在于一个交互主体性的网络之中。[①]

总而言之，我们在本节中解释了源初还原的超越论功能。首先，它所要质询的是自我的主动性，以便理解他人之源初的共同构造。其次，它区分了两个内在相互纠缠的维度——源初的本己领域以及同样源初的他异领域。在胡塞尔看来，我们需要严格地区分自身经验（self-experience）与他异经验（other-exprience）、本己性与陌己性，从而能够准确地理解他人之为他异主体性的超越论含义。胡塞尔写道，"内在第一个他者（第一个非自我）就是其他自我。而他异自我在构造上使得一个新的、无限的他异领域成为可能：一个客观的自然以及整个客观的世界，而所有他异自我以及自我本身都隶属于这个世界"（Hua 1，137）。简言之，只有通过他人的共同构造，超越论自我才能够准确地理解自己之为生存于一个共有世界之中的主体，也即作为对此世界具有一个特殊视角的主体，并且对他人负有回应的义务。基于这样的解释，源初还原就在方法论上为彻底地阐明他人之共同构造的功能清理了地基。换言之，这一彻底的研究所揭示的无非是这样一个事实——在最为基础的意向生活层面，他人是无论如何都不能被排除掉的。胡塞尔生动地写道：

---

① 扎哈维在其经典的《胡塞尔与超越论交互主体性》（2001）一书中明确指出，对超越论主体性进行彻底且合乎其原本含义的研究将揭示出这样一个事实——超越论主体性内在地处于超越论交互主体性的结构之中。因而，源初还原作为对超越论自我的更进一步的探索，并不导致唯我论的困境，而是在更深刻的层面揭示出超越论自我的社会性维度。

现象学（……）在某种意义上包含着所有它小心地排除出去的东西；它包含着所有的认知、所有的科学、就客观性而言包含着所有的客观性，乃至于整个自然。当然，现象学排除了自然的现实性，天与地的现实性，本己自我以及他异自我的现实性；但它所重获的乃是他们的"灵魂"、他们的含义。（Hua 10，335）

然而，到底什么才是他人之他异性的超越论含义呢？或者在最为源初的主体间经验层面，他人的共同构造功能到底意味着什么呢？显然，源初还原乃是对自我之他人经验的一项彻底化研究——对他人向自我源初地显现出来的样式的彻底化研究。但这样一项研究是如何得到开展，以便能够获得所要求的彻底性呢？它是否可能不过是出于自我的兴趣，也即建立一项严格科学的理论兴趣，从而对自身提出的一个更高的自我批判？（参看Hua 6，§56）确实，胡塞尔一直主张，只要被完全地展现开来，现象学最终就是一项交互主体性现象学，即便当现象学所瞄准的是有关客观世界的全面的构造，以至于最终普遍知识的全面构造（Hua 6，15）。然而，我们需要追问的一个关键问题在于，这项彻底化研究到底是出自自我的理论兴趣，抑或从一开始便是出于对他异性的兴趣而被推动的？其彻底性的保证到底是内在于自我领域，还是说它需要凭借他人之为他异主体性的超越论含义？对这些问题的回答，将深刻地揭示源初还原就其彻底性而言所面临的生存论动机，以及其中所蕴含的伦理意涵。

具体而言，源初还原是对自我意识生活的一项彻底检讨，而恰恰是对着这个源初的本己自我，他人才以最为源初的样式显现。也即是说，在最根本的层面上，源初还原是为自我与他人的生存相遇（existential confronation）所促发的——他异主体性在生存论的意义上改变了（alter）自我的意识生活，他在此相遇中感触了超越论自我，并使之去中心化。然而，这一生存的相遇是如何激发一项彻底的自我检讨呢？我们应该如何解释这一生存论意义上的动机呢？胡塞尔对源初还原的分析不可避免地导致了这些问题，而且虽然他为进一步的研究提供了恰当的基础，他本人却很少触及这些问题。恰恰是在这一点上，笔者认为列维纳斯提供了极为重要的思考和洞见。在他看来，一个彻底的还原——彻底的自我批判——并不是生存论上的一个偶然事件，好像它可以通过人为的方式引发一种人格的转变，乃至进入一种断然明见的生活（Hua 6，140）。相反，列维纳斯认为，这一还原的生存论意义恰恰是深深地植根于与他者面对面的相遇，并且为他者的在场所激发——为他者质询的目光（interrogating gaze）

所开启。在下一节中，我们将进一步解释胡塞尔之源初还原背后的生存论动机。

## 第三节　他异化与质询

在开始具体地分析上述问题之前，我们需要作一些预备性的说明，以便明确本节的范围。众所周知，列维纳斯提出了对胡塞尔他人理论最为激烈的批评，而很多评论者同意他的这一批评——认为胡塞尔现象学（特别是其意向性理论）在本质上是一类对象化理论，以至于不能把握到他人的真正他异性。[①] 与之相对，其他研究者则认为，胡塞尔与列维纳斯之间的共同性多于差异性（Crowell，2012；Drabinski，2001；Overgaard，2003）。本章的兴趣首先不在于这两个思想家之间的关系，而是关注胡塞尔的著作在何种程度上能够帮助说明列维纳斯作品中晦涩难解之处，反之亦然。胡塞尔的源初还原为列维纳斯的伦理学勾勒了一个"现象学"的语境（Crowell，2012，第1页），而列维纳斯的哲学反过来有助于澄清源初还原的"生存论动机"及其"伦理学"意涵。

就列维纳斯的理论而言，笔者将局限于他有关质询的方法论操作。然而，这本身是富有争议的，因为列维纳斯本人并未明确地阐明，质询构成其方法论的操作，而且他也未系统地处理质询在其哲学之中的功能及其范围，尽管他承认其哲学"在所有方面都归功于现象学的方法"（TI，第23页）。一如下文所示，质询在某种程度上起到源初还原在胡塞尔理论那里的作用，而对此的系统分析将有助于阐明该方法背后的伦理意涵。

### 一、他人与他异化

胡塞尔对源初还原的分析不可避免地导致了一些新的问题。我们需要追问到底是什么激发了这样一个特殊的还原。或者说，既然它是一个如此

---

① 关于进一步的讨论，可以参看 Drabinski（2001，导论）。粗略来说，扎宾斯基区分了两种解读列维纳斯批评的方式。人们认为列维纳斯的批评构成了胡塞尔哲学的"补充"。也即胡塞尔现象学"仅仅"关注意识、主体性、意向性等议题，而对他人、伦理学乃至道德意识所说甚少；列维纳斯的哲学构成了胡塞尔现象学的补充和深化，因为它提供了一个对于伦理以及正义的更为深刻的说明。与之相对，其他人则认为列维纳斯的伦理学不仅是对胡塞尔现象学的"替代"，而且与之相决裂，因为列维纳斯打破了整个西方的本体论传统——视同一先于他者，总体性先于他异性，对象化意向性先于感受意向性。而从胡塞尔视角对列维纳斯进行批评，可参看 Römpp（1989）、Lee（2003）、Bernet（2000）以及德里达著名的文章《暴力与形而上学》（"Violence and Metaphysics"）（2001，第四章）。

困难的操作，我们到底为何还要费尽工夫去实践它？对于胡塞尔而言，源初还原当然源自一种认识论的目的，因为它使得他可以清理出一个严格的、科学的研究所要求的地基，从而研究自我之意向成就，毕竟这些成就影响了他人之显现的样式。相应地，对主体性生活进行彻底的分析就可以揭示出他人之源初显现的方式。但人们可能还会问，这样一种忠实于他人之现象性显现的尝试是否从根本上说还是出自一种自我兴趣。根据胡塞尔的说明，还原所检讨的是我们与他人的自然的、直向的交往，从而在一个受限的自我生活领域出发来分析社会交往的性质。因此，我们为了获得这种纯粹的主体性经验的最为根本动机乃是要阐明，个人在本己的意向生活中是如何经验他人的。而这种自身阐明或自身省察（self-interrogation）的结果之一就在于，将他人的存在有效性奠基于自我的经验之内。

胡塞尔在《危机》中曾有著名的主张，彻底的自我阐明（self-explication）最终会导向主体的自身负责（self-responsibility）（Hua 6，200）。也即是说，它造成了一个彻底的转向或决断，以"将自我的整个个人生活塑造成一个普遍自身负责之生活的综合统一体，并且相应地，将自我塑造为真正的'我'，也即自由自主的自我"（Hua 6，272）。恰恰是在这一彻底的自身反思所获得的确然性的基础上，自我才能够主张说，自己成为一个理性、自主的主体。胡塞尔认为，只有在这一自主性的基础上，我们才能最终建立一个理性存在者的共同体（同上）。简言之，现象学之为严格的科学，最终乃是奠基于自我的确然性之上。如此，伦理学——或者自我所采取的面对他人的立场，首先就是植根于自我的自身反思之内，由此任何指向他人的善的行为都变成了自我之自身省思、自身执态的产物。也即是说，伦理的善就成为了自我之"成为一个负责的人"这一欲望的结果（Hart，1992，第27页）。因此，自身反思就先行于实际的对他人采取执态，并且最终导致了该执态。就此而言，自身反思就构成了自我之于他人的伦理责任的根基。

恰恰是在这一点上，列维纳斯在其《总体与无限》中深刻地质疑了胡塞尔的源初还原理论。如果我们严格地考虑彻底化的源初还原得到执行的那个处境，那我们就不禁会问：其中超越论自我到底如何能够贯彻这种彻底的自身反思或自身批判？或者更为具体而言，其中超越论自我如何能够质询自身的意向行为，从而忠于他人的源初显现？这一自身质询难道不能是基于一种阐明自身他异经验的兴趣吗？换言之，这种还原是否可以在他人不在场时也得到彻底执行呢？当然，这些问题并不意味着列维纳斯完全否弃了胡塞尔的还原理论。需要指出的是，列维纳斯并不质疑胡塞尔对本己领域与他异领域的区分，因为他本身恰恰是跟随着胡塞尔的步伐，区分了"同一者"与他人，区分了本己性和他异性以及"在家与自身存在"（being at home with oneself）与"在外与他人存在"（the exterior being with the Other）（Crowell，2012，第 7 页）。列维纳斯说道，"源初领域（primordial sphere）……对应于我们所说的'同一者'（the same）"（TI，第 67 页）。因此，列维纳斯所真正质疑的乃是他人之他异性在激发源初还原时所起到的作用。约翰·扎宾斯基（John Drabinski）强调：

> 这一还原以一种现象学的解释开始——人们如何在道德意识中觉醒出自身，而这个自身已然被他人所具有并为之所困扰。这种带有创伤性之觉醒（awakening）的含义及其起源到底是什么？这是列维纳斯最为初始的现象学问题。（Drabinski，2001，第 8 页）

如果我们充分注意到他人之为激发的事实性（motivating facticity），那么我们马上就能看到其中的伦理意涵。就其激发的根基而言，源初还原只能是由他人之在场所推动、并为之所促成的。托尼森指出，"通过他人，自我是如此地被他异化（altered），以至于他人事实上的显现促成了我同感的行为。倘若他人不在那里的话，倘若他人事实上并不存在于那里的话，我就不会以同感的方式将自己置入到（他人的）那里"（Theunissen，1986，第 92 页）。换言之，他人的在场不仅使自我被他异化而进入同感的经验，而且它还激发了进一步的自身省察，也即对自身进行质询。

上述分析提出了两个需要仔细考察的论题。

首先，现象学并不是一个充满理性公理的理论框架，这些公理被当作实践生活的规范性原则。相反，现象学尝试对具体而世俗的经验进行诚实描述和反思。这对于列维纳斯同样有效，也即是说，他对现象学提出了一种更为深层次的说明，以便忠实地阐明，对这种具体经验作彻底的检讨或"自身思义"（Sichbesinnung）到底会得到什么。扎宾斯基写道，"我并不是将他人课题化，也不是以内在的方式课题化自身。相反，在道德意识中，自我已然被他人召唤到自身面前，已然被打断——或者一如列维纳斯在《别于存在》①所说的——已然被创伤、被困扰"（Drabinski，2001，第 8 页）。因此，我们首要的任务在于，通过一种现象学的反思，忠实地描述

---

① 《别于存在》英文译本书名为 *Otherwise than Being or Beyord Essence*，以下文献引用中简写为"OB"。

这种"已然被打断""已然被他异化"的方式。我们甚至可以说，他人之本真被给予的方式恰恰在于他人在前反思、前课题化的相遇中已然他异化自我。

其次，我们现在可以看到这样一个生存论的事实性——他人在事实上已然通过对自我施加一个他异的视角，从而将自我带入世界之中。用列维纳斯的话来说，"面容（face）这个概念……打开了他异的视角：它将我们带到一种先于'意义给予'（Sinngebung）的含义概念处，因而它独立于自我的能动性以及自我的权能"（TI，第51页）。换言之，自我乃是从自身的第一人称视角来经验世界、经验自身。不管如何彻底地检讨这个视角，它是并且总是"我"自己的视角——一个从内在而被体验到的绝对出发点。但是，一旦一个他异的视角出现了，这个第一人称的视角性马上就受到挑战，并被带入到一种相对性之中。"胡塞尔对超越论自我的质询所采取的绝对立足点限制了所显现之物的范围，因而也限制了生活是如何被反思的"。基于这个理由，"我们必须注意到通往这个绝对性的道路之前、之中乃至之后所被采取的立场"（Drabinski，2001，第38页）。就此而言，本真的自身省思——对自身之立足点的超越论反思，其彻底性只能是源自一种"外在的"视角，而这一外在性只能是由一个他异视角所激发，"一种源自他人的唤醒"（TI，第86、195页）。因此，源初还原背后的动机在于检讨或质询反思之自我所采取的立足点本身，而这一"质询"严格而言只能是源自他人的在场。列维纳斯准确地观察发现：

> 显然，反思可以意识到这一"面对面"，但反思的"非自然"立场不是意识生活中的一个偶然。它包含着质询自身、一个批判性的态度——它只能在他人面容之前并在其权威（authority）之下才能产生。（TI，第81页）

## 二、列维纳斯论质询

基于上述两个论题，我们可以指出列维纳斯有关质询之理论的现象学语境及其动机，从而可以重新思考源初还原在何种意义上说内在地就是伦理性的。

首先，列维纳斯认为，质询是一种自身批判或自身阐明。他尝试去揭示出主体如何本真地理解自身的主体性，而不受任何有关主体性之教条意见的干扰。对于胡塞尔而言，现象学的自身阐明是使得有关世界的意识生活变得可以理解，而无须依靠、引用有关这一意识生活的任何素朴的或科学的前见。但胡塞尔关于自身阐明的思考无论在其他方面如何富有洞见，都未触及一个关键的问题，也即这种自身阐明的动机到底源自哪里（Drabinski，2001，第39页）。一如列维纳斯所强调的，这种自身阐明无论如何不可能是人为的、偶然的，好像可以源自主体性生活的内部。这种自身阐明不可能为一种自身兴趣所真正地激发，因为后者不足以彻底地挑战其自身的视角性，质疑其自身的主体性。在列维纳斯看来，一种真正的自身批判乃是：

> 发现自我之自发性（spontaneity）的教条主义及其素朴的任意性，质询其本体论实践的自由；然后它尝试去以这样一种方式来实践其自由——在任意时刻都回溯到这一自由实践之任意教条主义的起源。（TI，第43页）

这段话初看有些含混，列维纳斯所要表达是这样一个更高的自身批判标准：为了使得自身省思或自身反思真正成为彻底而全面的，我们就必须首先质疑自己实行这一行为的立足点；并且，实行这一质疑的动机不可能植根于自我内部，也不可能源自具有自主性的"同一者"，而必须由一个外在的、异质的视角来实现——"他人施加于自我之上的质询目光"。一如列维纳斯所言，"批判……所质询的正是同一者的实践。而对同一者的质询——这不能出现于同一者的自我学之自发性之内——而只能是由他人所带来"（TI，第43页）。那么，直接的问题就在于，他人又是如何使同一者成为有问题的，或者说，他人是如何质询同一者的呢？而他人所质询的到底又是什么，是同一者本身抑或是关于同一者的某些素朴的理解？更进一步，这种源自他人的质询又隐含着哪些（伦理的）内涵呢？

依据列维纳斯的理论，作为激发者的他人自然不可能是一个被设定的他异性，一个我们在日常生活中不可能遇到的超越尘世的（extramundane）存在者，纵使列维纳斯本人多少带有神学色彩的语言确实会导致这样一种印象——仿佛他所处理的他人等同于上帝本身。对于列维纳斯而言，他人恰恰就是另一个具体的人，比如一个寡妇、一个孤儿或是我们在街道上、在城市广场中抑或是在火车站里所可能遇到的某个他人。对于他来说，最为重要的是"人与人之间的关系——示意、教导以及正义，一个不可被还原的结构之首要性，而其他结构则建立在它之上"（TI，第79页）。列维纳斯所强调的当然不是一个平庸的论点——我们在日常的生活中会遇到其他人。相反，他所提及的哲学的问题在于，这种日常的、面对面的相遇如何构成自我的自身意识，特别是自我的伦理性自身省思。确实，他人的面容触及（address）"我"，因而他人就不单单是站在"我"旁边的任意一个他人（TI，第 80 页），任意一个无关紧要的、可以被任意另外一个人所替代的"某人"（someone）。在列维纳斯看来，他人正在看着"我"，其目光（gaze）恳请（supplicate）甚或命令（demand）一个回应（TI，第 75 页）。也即是说，他人之面容转向"我"这一简单的事实就构成了一个不堪重负的现象——"我"作为被触及者（addressee）不能转身离去。即便这一面容可能并未明确地或者以语言的方式传递任何东西，单单"言说"（addressing）这一行动本身就构成了一个卓越的事实性。它邀请甚至要求"我的"回应，而不管以何种形式。这一邀请或要求乃是"我"所不能忽略、不能排遣掉的——一旦"我"被他人之在场所言说（addressed），"我"就必然被束缚于采取某个立场（TI，第 75 页）。即便"我"逃离了，因而拒绝了他人纯真的（innocent）目光，但这一逃离本身已然构成了一种初始的承认（recognition）——他人的目光必须被回应，而"我"正是那个应该去回应的自我。一如列维纳斯后来在《别于存在》中所论述的，他人的目光提出了一种"意向性的翻转"，它不仅抑制了自我之自发的主体性运动，悬置了它素朴的确信，而且促使自我采取某个立场以回应他人（TI，第 63 页；OB，第 47 页）。简言之，他人使得自我反思自身的存在，并通过要求自我的回应而将自我之主体性置于问题之中。

就此而言，我们可以进一步探讨这一质询的生存论含义。对于列维纳斯而言，成为自我的特征之一乃在于自我的自由。列维纳斯认为，被质询的东西乃是对自我之自由的素朴性理解——根据这一理解，主体性在于自由而任意地行动（act freely and arbitrarily），而主体的自发性在于依据自身的意志而行动。相应地，他人之面容所质询的恰恰是这一自我之自由，或者说自我之本己的立足点。换言之，在他人质询性目光之下，自我的自由倾向就被阻断了，因为他人的在场本身通过对自我施加命令，比如"你不能谋杀"（thou should not commit murder），从而"标志着权能的终结"（marks the end of power）（TI，第 87 页）。在这个意义上，他人的目光并不是构成自我之自由的障碍，好像它是某种最终需要被克服的东西。（TI，第 84 页）相反，他人恳请的目光乃是说，自我之为一个被言说者（addressee）不能轻易地将之忽略过去。这个目光的赤裸裸性质（nakedness）搅扰了我们：它质疑了自我之自由未经证明而为正当的这一状态，而且就此而言，使得自我为其自由尚未证明之正当性而感到羞耻（TI，第 86 页）。然而，这并不意味着被质疑的乃是自我之自由及自我全部的主体性。作为哲学研究的原则，质询并不意味着为了他人而否定自我，为了外在性而否定内在性。列维纳斯明确地写道，这根本就不是如此，因为"他异性之所以可能，只能是源自自我"（TI，第40页）——一个可能作出回应、欢迎的自我，并且最为重要的是为了他人而采取伦理之责任的自我。

那么，到底是什么被质疑了呢？

在《总体与无限》中，列维纳斯从始至终都提示说，他最为重要的目标在于挑战一种素朴而流俗的理解与确信——自由是理性的自足的形式，并且它也是主体之自主性的最终根据。而他人质询性的目光"质疑了自我之权能的素朴权利，质疑了自我之作为生存存在者的荣耀的自发性"（TI，第43、84、86、171、303页）；并且通过这样的质疑，它还照亮了"权能与自由之未经证实的不公正之事实性"（TI，第84页）。在这个意义上说，他人的在场使得自我执行对自我之自由的自身批判，或者用胡塞尔的话来说，它使得自我之主体性的立足点以及其中所实行的意向行动成为有问题的。正如列维纳斯的论述，自身批判因而构成了真正界定主体性之本真含义的关键（TI，第26页），因为它通过"将自由回溯到在它之前的东西，揭示了将自由从其任意性中解放出来的［授权］仪式"（TI，第84—85页；参看第86、89页），从而将主体性置入其完整的具体化之中。

一如胡塞尔的源初还原，列维纳斯有关质询的理论并不仅仅是对自我之自由的悬搁。更为重要的是，对自我之自由的自身批判恰恰使得自由成为正当的。在《总体与无限》中，列维纳斯区分了两种正当性（justice）。根据传统的政治学的界定，正当被理解为一种协调，"以及通过协调自我的自由与他人的自由，从而确保自发性的最为完全的实践"（TI，第83页）。因此，正当就意味着，在一个指引个体之行动的理性系统之内，依据这个系统采取某个规范性的立场。在此意义上，质询自己的立足点就意味着质疑自己为何未能依据该理性系统而承担自己恰当的责任。在列维纳斯看来，这一观点的问题在于，这样一个正当性的系统并不讨论"自发性之未被检讨的价值"（同上）。它径直就假定了人类生而理性，而这一理性等同于"反思一个普遍的秩序，它完全通过自己就维持其自身，使自身正当化"（TI，第87页）。然而，从哲学上说，自我之自发性的这一未经检讨的状态恰恰是有问题的，并且需要得到澄清。一种从自我之自发性内部而衍生出来的正当性如何能够被此自发性本身证实为正当的呢？这种正当性——不管它看起来是如何有希望，它只要被一个未经检讨之自由确证为正当的，难道它不就会是一种幻象、一种欺骗？列维纳斯认为，这恰恰是如此。成为正当的不能简单地从自我之自由内部衍生而来；他人的面容及其恳请乃至命令的目光，恰恰揭示了"权能与自由之未经证实为正当的事实性"（TI，第 84 页），并且质疑了自我所持有的有关他人的立足点本身。就此意义而言，自我之自由既不在于一个孤独存在者之未经省察的任意本质，也不在于他对一个理性且普遍之律则的盲目遵守。相反，在列维纳斯看来，"自我之任意的自由在那些注视着我的眼睛中读到了自己的羞耻"（my arbitrary freedom reads its shame in the eyes that look at me）（TI，第 252 页）。他写道，"当自由感觉自己是任意且暴力的，而非由自身而证实为正当的，道德（morality）才得以开始"（同上）。因此，质询自我之自由就构成了证成自由之正当性的唯一方式。不同于胡塞尔那样（参看 Hua 6，193），在列维纳斯看来，理性的本质并不在于为人类的知识确保一个客观的基础，而在于质询自我所站立的立足点，并邀请他去行正当之事（TI，第 88 页）。

进而言之，证明自己的自由之为正当，并不等同于检讨自身的存在，从而通过与他人的自由相妥协而完成自发性实践，抑或是重获自我之自由的特权。列维纳斯之洞见最重要的一点在于，这一自身批判最终"将自身提交给一种急迫性，提交给道德性（morality）"（TI，第 88 页）。也即是说，他人质询性的目光促使自我注意到他人的在场，并回应他人的呼唤。（TI，第 253 页）然而，这一回应并不能混淆于自我之可能的"仁爱"，或者自我所可能具有的"善的意图"（good intentions）（TI，第 225 页），因为这类善的意愿最终还是源自自我的自由意志，或者说源自其未经证实为正当的自发性；并且最终，它会回溯到一个初始的意图——成为一个善的人。显然，回应他人之单纯的目光并不是如此，列维纳斯认为，本真的善在于回应他人之他异性所要求之责任（responsibility）的急迫性；并且在他人之面容下，自我是不可替代的回应者，自我以这样的方式回应——"我在这里"（Here I am）（TI，第 63 页）。列维纳斯解释道，在他人之召唤性（addressing）目光中，"意愿可以自由地承担起任何它所喜欢的意义上的责任，但它不能自由地拒绝这一责任本身；它不能自由地忽视他人之面容已然引入的这个富有意义的世界"（TI，第 218—219 页）。列维纳斯在《别于存在》一书中继续论述道，恰恰是这一种转向（attending）他人之目光构成了自我之伦理上的个体性（singularity）：在被召唤的（being addressed）那一刻，自我是那个必须去回答的人。也即是说，自我处在了一个不可被替代的位置，以拾起他人的恳请，而这一回应的不可替代性使得一个伦理的自我个体化了："在那个注视着我的面容面前，这正是我的责任。"（TI，第214页）换言之，自我所回应的那个他人之面容所发出的恳请，使得自我意识到与他人共存的最为源初的含义。也即是说，在暴露于他人恳请的目光之时，自我就被束缚于一种回应的急迫性，并体验到这一伦理处境的紧急性质。而恰恰是通过拾起这一责任，"自我被带到了自身最终的实在性"（TI，第178页）。

列维纳斯在《总体与无限》中尝试去展示的，是由他人之在场激发的彻底的自身批判所揭示出的一个根本的生存论上的事实——"主体的自由隐含着责任。自由与责任的符合构成了自我，使之复多化，使之拖累于自身。"（TI，第271页）相应地，成为一个自由的人同时也就意味着成为一个有责任的人，一个负有不可替代的回应他人之责任的人。正是在这个意义上，列维纳斯真正阐明的更多是对主体性的辩护，而非看来的那样是对他异性的辩护。也即是说，他展开了主体之为主体的一个更为根本的含义——成为主体本质上就意味着对他人负有责任。列维纳斯明确地写道：

> 对无限之责任的呼唤确定了主体性在其致歉的位置……说出"我"，肯定这一致歉所寻求的不可还原的个体性，意味着具有一个相关于该责任的特权位置，对于该责任，没有人能够取代我，也没有人能够将我从中解脱出来。（TI，第245页）

> 他人与自我之间的差异乃出于自我–他人的合取，出于"由自我开始"到"他人"的这个不可避免的导向。这一导向的优先性（优先于那些放置其中的项，后者如果没有这一导向也就无从言起）总结了本书的议题。（TI，第214页）

正如胡塞尔的源初还原所展开的是他异性的超越论功能，列维纳斯对质询的论述本质上包含了两个互为纠缠的方面。其一，它悬置了主体性自由之任意性的素朴假设；其二，他人恳请的目光使得自我实现了完全的个体化——通过自我之于他人的不可取代的、不可还原的责任而成其个体化。依据这一基本的刻画，我们可以"将这一由他人之在场来质询自我之自发性命名为伦理学"（name this calling into question of my spontaneity by the presence of the Other ethcis）（TI，第43页；参看第304页）。

## 第四节 结论：现象学还原及其伦理学意涵

简要而言，如果我们通过更为严肃地思考他人之共同构造功能来彻底化胡塞尔的源初还原，那么我们很快就能看到其中的伦理意涵——尽管这一切并非轻而易举就能达到。他人之共同构造的生活并不仅仅在于将自我带出其身体性的中心——通过将自我之第一人称视角去中心化；而且更为重要的是，列维纳斯认为，这一去中心化已然构成了一种伦理上的质询，因为它唤醒了自我对自身之立足点的批判。他认为，这一自身批判最重要的结果不仅在于对自我之意识生活或者自我之自由的自身阐明，如在胡塞尔那里那样；而且它还使自我意识到，"我"并不能自由地拒绝他人的恳求，"我"必须回应他人诚挚的目光。

总言之，一个完全发展的超越论主体性及其全部的意向能力，内在地受限于一个不可还原的责任。就此而言，"在视觉与确定性之外，伦理学划定了外在性本身的结构。道德学（morality）不是哲学的一个分支，而是第一哲学"（TI，第 304 页）。

# 参考文献

## 1. 胡塞尔相关著作

**Husserliana 1**

*Cartesianische Meditationen und Pariser Vorträge,* hrsg. von Stephan Strasser, Den Haag: Martinus Nijhoff Publishers, 1950.

*Cartesian Meditations: An Introduction to Phenomenology,* trans. Dorion Cairns, The Hague: Martinus Nijhoff Publishers, 1960.

**Husserliana 2**

*Die Idee der Phänomenologie. Fünf Vorlesungen,* hrsg. von Walter Biemel, Den Haag: Martinus Nijhoff Publishers, 1950.

*The Idea of Phenomenology,* trans. Lee Hardy, Dordrecht: Kluwer Academic Publishers, 1999.

**Husserliana 3/1-2**

*Ideen zu einer reinen Phänomenologie und phänomenologischen Philosophie. Erstes Buch. Allgemeine Einführung in die reine Phänomenologie,* hrsg. von Karl Schuhmann, Den Haag: Martinus Nijhoff Publishers, 1976.

*Ideas Pertaining to a Pure Phenomenology and to a Phenomenological Philosophy. First Book. General Introduction to a Pure Phenomenology,* trans. Fred Kersten, The Hague: Martinus Nijhoff Publishers, 1982.

**Husserliana 4**

*Ideen zu Einer Reinen Phänomenologie und Phänomenologischen Philosophie. Zweites Buch. Phänomenologische Untersuchungen zur Konstitution,* hrsg. von Marly Biemel, Den Haag: Martinus Nijhoff Publishers, 1952.

*Ideas Pertaining to a Pure Phenomenology and to a Phenomenological Philosophy. Second Book. Studies in the Phenomenology of Constitution,* trans. Richard Rojcewicz and Andre Schuwer, Dordrecht: Kluwer Academic Publishers, 1989.

**Husserliana 5**

*Ideen zu einer reinen Phänomenologie und phänomenologischen Philosophie. Drittes Buch: Die Phänomenologie und die Fundamente der Wissenschaften,* hrsg. von Marly Biemel, Den Haag: Martinus Nijhoff Publishers, 1952.

*Ideas Pertaining to a Pure Phenomenology and to a Phenomenological Philosophy. Third Book. Phenomenology and the Foundations of the Sciences,* trans. Ted E. Klein and William E. Pohl, The Hague: Martinus Nijhoff Publishers, 1980.

**Husserliana 6**

*Die Krisis der Europäischen Wissenschaften und die Transzendentale Phänomenologie. Eine Einleitung in die phänomenologische Philosophie,* hrsg. von Walter Biemel, Den Haag: Martinus Nijhoff Publishers, 1954.

*The Crisis of European Sciences and Transcendental Phenomenology: An Introduction to Phenomenological Philosophy,* trans. David Carr, Evanston: Northwestern University Press, 1970.

**Husserliana 7**

*Erste Philosophie (1923/24). Erster Teil. Kritische Ideengeschichte,* hrsg. von Rudolf Boehm, Den Haag: Martinus Nijhoff Publishers, 1956.

**Husserliana 8**

*Erste Philosophie (1923/24). Zweiter Teil. Theorie der Phänomenologischen Reduktion,* hrsg. von Rudolf Boehm, Den Haag: Martinus Nijhoff Publishers, 1959.

**Husserliana 9**

*Phänomenologische Psychologie. Vorlesungen Sommersemester 1925,* hrsg. von Walter Biemel, Den Haag: Martinus Nijhoff Publishers, 1962.

*Phenomenological Psychology: Lectures, Summer Semester, 1925,* trans. John Scanlon, The Hague: Martinus Nijhoff Publishers, 1977.

**Husserliana 10**

*Zur Phänomenologie des Inneren Zeitbewusstseins (1893–1917),* hrsg. von Rudolf Boehm, Den Haag: Martinus Nijhoff Publishers, 1966.

*On the Phenomenology of the Consciousness of Internal Time (1893–1917),* trans. John B. Brough, Dordrecht: Kluwer Academic Publishers, 1991.

**Husserliana 11**

*Analysen zur passiven Synthesis. Aus Vorlesungs- und Forschungsmanuskripten*

*(1918–1926),* hrsg. von Margot Fleischer, Den Haag: Martinus Nijhoff Publishers, 1966.

*Analyses Concerning passive and active Synthesis. Lectures on Transcendental Logic,* trans. Anthony J. Steinbock, Dordrecht: Kluwer Academic Publishers, 2001.

**Husserliana 13**

*Zur Phänomenologie der Intersubjektivität. Texte aus dem Nachlass. Erster Teil: 1905–1920,* hrsg. von Iso Kern, Den Haag: Martinus Nijhoff Publishers, 1973.

**Husserliana 14**

*Zur Phänomenologie der Intersubjektivität. Texte aus dem Nachlass. Zweiter Teil: 1921–1928,* hrsg. von Iso Kern, Den Haag: Martinus Nijhoff Publishers, 1973.

**Husserliana 15**

*Zur Phänomenologie der Intersubjektivität. Texte aus dem Nachlass. Dritter Teil: 1929–1935,* hrsg. von Iso Kern, Den Haag: Martinus Nijhoff Publishers, 1973.

**Husserliana 16**

*Ding und Raum. Vorlesungen 1907,* hrsg. von Ulrich Claesges, Den Haag: Martinus Nijhoff Publishers, 1973.

*Thing and Space: Lectures of 1907,* trans. Richard Rojcewicz, Dordrecht: Kluwer Academic Publishers, 1997.

**Husserliana 17**

*Formale und Transzendentale Logik. Versuch einer Kritik der Logischen Vernunft,* hrsg. von Paul Janssen, Den Haag: Martinus Nijhoff Publishers, 1974.

*Formal and Transcendental Logic,* trans. Dorion Cairns, The Hague: Martinus Nijhoff Publishers, 1969.

**Husserliana 18**

*Logische Untersuchungen. Erster Band. Prolegomena zur Reinen Logik,* hrsg. von Elmar Holenstein, Den Haag: Martinus Nijhoff Publishers, 1975.

*Logical Investigations(Vol.1),* trans. J. N. Findlay, London: Routledge & Kegan Paul, 1970.

**Husserliana 19/1-2**

*Logische Unterrsuchungen. Zweiter Band. Untersuchungen zur Phänomenologie und Theorie der Erkenntnis,* hrsg. von Ursula Panzer, Den Haag: Martinus Nijhoff Publishers, 1984.

*Logical Investigations(Vol.2),* trans. J. N. Findlay, London: Routledge & Kegan Paul, 1970.

**Husserliana 20/2**

*Logische Untersuchungen. Ergänzungsband. Zweiter Teil. Texte für die Neufassung der VI. Untersuchung. Zur Phänomenologie des Ausdrucks und der Erkenntnis (1893/94–1921),* hrsg. von Ulrich Melle, Dordrecht: Springer, 2005.

**Husserlian 22**

*Aufsätze und Rezensionen (1890–1910),* hrsg. von Bernhard Rang, Den Haag: Martinus Nijhoff Publishers, 1979.

**Husserliana 23**

*Phantasie, Bildbewußtsein, Erinnerung. Zur Phänomenologie der Anschaulichen Vergegenwärtigungen. Texte aus dem Nachlass (1898–1925),* hrsg. von Eduard Marbach, The Hague/Boston/London: Martinus Nijhoff Publishers, 1980.

*Phantasy, Image Consciousness and Memory (1898–1925),* trans. J. Brough, TheNetherlands: Springer, 2005.

**Husserlian 25**

*Aufsätze und Vorträge (1911–1921),* hrsg. von Thomas Nenon und Hans Rainer Sepp, Dordrecht: Martinus Nijhoff Publishers, 1987.

**Husserlian 31**

*Aktive Synthesen: aus der Vorlesung "Transcendentale Logik" 1920-1921. Ergänzungsband zu "Analysen zur Passiven Synthesis",* hrsg. von Roland Breeur, Dordrecht: Kluwer Academic Publishers, 2000.

*Analyses Concerning passive and active Synthesis. Lectures on Transcendental Logic,* trans. Anthony J. Steinbock, Dordrecht: Kluwer Academic Publishers, 2001.

**Husserliana Materialien 8**

*Späte Texte über Zeitkonstitution (1929–1934). Die C-Manuskripte,* hrsg. von Dieter Lohmar, Netherlands: Springer, 2006.

**Husserliana Dokumente 3. Briefwechse 1. Band 3.7.**

*Wissenschaftlerkorrespondenz,* ed. Elisabeth Schuhmann & Karl Schuhmann, Dordrecht: Kluwer Academic Publishers, 1994.

*Erfahrung und Urteil. Untersuchungen zur Genealogie der Logik* [1939], hrsg. von Ludwig Landgrebe, Hamburg: Felix Meiner, 1972, rpt. 1985.

*Experience and Judgment: Investigations in a Genealogy of Logic,* trans. James S. Churchill & Karl Ameriks, Evanston: Northwestern University Press, 1973.

## 2. 其他外文文献

Aguirre, A. F. (1982). *Die Phänomenologie Husserls im Licht ihrer gegenwärtigen Interpretation und Kritik.* Wissenschaftliche Buchgesellschaft.

Alloa, E. (2008). *La résistance du Sensible: Merleau-Ponty, Critique de la Transparence.* Kimé.

Andrews, M. F. (2002). *Contributions to the Phenomenology of Empathy* [Unpublished doctoral dissertation]. Villanova University.

Apperly, I. (2011). *Mindreaders: The Cognitive Basis of "Theory of Mind".* Psychology Press.

Barber, M. (2010). Somatic Apprehension and Imaginative Abstraction: Cairns's Criticisms of Schutz's Criticisms of Husserl's Fifth Meditation. *Human Studies, 33*(1), pp. 1–21.

Barber, M. (2012). The Cartesian Residue in Intersubjectivity and Child Development. *Schutzian Research* (Vol.4). pp. 91–110.

Barber, M. (2013). Alfred Schutz and the Problem of Empathy. In L. Embree & T. Nenon (Eds.), *Husserl's Ideen* (pp. 313–326). Springer.

Bégout, B. (2000). *La généalogie de la logique: Husserl, l'antéprédicatif et le catégorial.* Vrin.

Bégout, B. (2007). Husserl and the Phenomenology of Attention. In L. Boi, P. Kerszberg & F. Patras (Eds.), *Rediscovering Phenomenology* (pp. 13–32). Springer.

Behnke, E. A. (2008). Interkinaesthetic Affectivity: A Phenomenological Approach. *Continental Philosophy Review, 41*(2), pp. 143–161.

Bernasconi, R. (2000). The Alterity of the Stranger and the Experience of the Alien. In J. Bloechl (Ed.), *The Face of the Other and the Trace of God: Essays on the Philosophy of Emmanuel Levinas* (pp. 62–89). Fordham University Press.

Bernet, R. (1988). Husserl's Theory of Signs Revisted. In R. Sokolowski (Ed.), *Edmund Husserl and the Phenomenological Tradition* (pp. 1–24). The Catholic University.

Bernet, R. (1994). An Intentionality without Subject or Object? *Man and*

*World, 27*(3), pp. 231–255.

Bernet, R. (2000). The Encounter with the Stranger: Two Interpretations of the Vulnerability of the Skin. In J. Bloechl (Ed.), *The Face of the Other and Trace of God* (pp. 43–61). Fordham University Press.

Bernet, R. (2002). Different Concepts of Logic and Their Relation to Subjectivity. In D. Zahavi & F. Stjernfelt (Eds.), *One Hundred Years of Phenomenology: Husserl's Logical Investigation* (pp. 19–30). Kluwer Academic Publishers.

Bernet, R. (2012a). Phantasieren und Phantasma bei Husserl und Freud. In D. Lohmar & J. Brudzinska (Eds.), *Founding Psychoanalysis Phenomenologically* (pp. 1–21). Springer.

Bernet, R. (2012b). Phenomenological and Aesthetic Epoche: Painting the Invisible Things Themselves. In D. Zahavi (Ed.), *The Oxford Handbook of Contemporary Phenomenology* (pp. 564–582). Oxford University Press.

Bernet, R. (2013). The Body As a "Legitimate Naturalization of Consciousness". *Royal Institute of Philosophy Supplements, 72*, pp. 43–65.

Bernet, R., Kern, I., & Marbach, E. (1989). *An Introduction to Husserlian Phenomenology* (L. Embree, Trans.). Northwestern University Press.

Biceaga, V. (2010). *The Concept of Passivity in Husserl's Phenomenology*. Springer.

Brough, J. (1992). Some Husserlian Comments on Depiction and Art. *American Catholic Philosophical Quarterly, 66*(2), pp. 241–259.

Brough, J. (2005). Translator's Introduction. In J. Brouh (Trans.), *Phantasy, Image Consciousness, and Memory: 1898–1925* (pp. XXIX–LXVII). Springer.

Brough, J. (2012). Something that is Nothing but Can be Anything: The Image and Our Consciousness of It. In D. Zahavi (Ed.), *The Oxford Handbook of Contemporary Phenomenology* (pp. 545–563). Oxford University Press.

Bruzina, R. (2004). *Edmund Husserl and Eugen Fink: Beginnings and Ends in Phenomenology, 1928–1938*. Yale University Press.

Cai, W. (2011). *Reflection As a Form of Human Life: Methodological Issues in Phenomenology* [Unpublished doctoral dissertation]. University of Copenhagen.

Carman, T. (1999). The Body in Husserl and Merleau-Ponty. *Philosophical Topics, 27*(2), p. 22.

Carr, D. (1973). The "Fifth Meditation" and Husserl's Cartesianism. *Philosophy and Phenomenological Research, 34*(1), pp. 14–35.

Carr, D. (1987). *Interpreting Husserl: Critical and Comparative Studies*. Kluwer Academic Publishers.

Carr, D. (2009). *Phenomenology and the Problem of History: A Study of Husserl's Transcendental Philosophy*. Northwestern University Press.

Carrington, P. J. (1979). Schutz on Transcendental Intersubjectivity in Husserl. *Human Studies, 2*(1), pp. 95–110.

Claesges, U. (1964). *Edmund Husserls Theorie der Raumkonstitution*. Martinus Nijhoff Publishers.

Clark, A. (2009). Spreading the Joy? Why the Machinery of Consciousness is (Probably) Still in the Head. *Mind*, *118*(472), pp. 963–993.

Cohen, J. (2012). Levinas and the Problem of Phenomenology. *International Journal of Philosophical Studies*, *20*(3), pp. 363–374.

Coplan, A. (2011). Understanding Empathy: Its Features and Effects. In A. Coplan & P. Goldie (Eds.), *Empathy: Philosophical and Psychological Perspectives* (pp. 3–18). Oxford University Press.

Costello, P. R. (2012). *Layers in Husserl's Phenomenology: On Meaning and Intersubjectivity*. University of Toronto Press.

Crowell, S. (2010). Husserl's Subjectivism: The "thoroughly peculiar 'Forms'" of Consciousness and the Philosophy of Mind. In F. Mattens, H. Jacobs & C. Ierna (Eds.), *Philosophy, Phenomenology, Sciences* (pp. 363–389), Springer.

Crowell, S. (2012). Why is Ethics First Philosophy? Levinas in Phenomenological Context. *European Journal of Philosophy, 23*(3), pp. 564–588.

Dastur, F. (2000). World, Flesh, Vision. In F. Evans & L. Lawlor (Eds.), *Chiasms* (pp. 23–50). State University of New York Press.

De Boer, T. (1978). *The Development of Husserl's Thought*. Springer.

De Preester, H. (2008). From Ego to Alter Ego : Husserl, Merleau-ponty and a Layered Approach to Intersubjectivity. *Phenomenology and the Cognitive Sciences*, *7*(1), pp. 133–142.

De Warren, N. (2009). *Husserl and the Promise of Time: Subjectivity in Transcendental Phenomenology*. Cambridge University Press.

Depraz, N. (1995). *Transcendance et Incarnation*. VRIN.

Depraz, N. (1998). Imagination and Passivity Husserl and Kant: A Cross-Relationship. In N. Depraz & D. Zahavi (Eds.), *Alterity and Facticity* (pp. 29–56). Springer.

Depraz, N. (2001). The Husserlian Theory of Intersubjectivity As Alterology. Emergent Theories and Wisdom Traditions in the Light of Genetic Phenomenology. *Journal of Consciousness Studies, 8*(5-6), pp. 169–178.

Depraz, N. (2004). Where is the Phenomenology of Attention that Husserl Intended to Perform? A Transcendental Pragmatic-Oriented Description of Attention. *Continental Philosophy Review, 37*(1), pp. 5–20.

Derrida, J. (2001). *Writing and Difference* (A. Bass, Trans.). Routledge.

Derrida, J. (2011). *Voice and Phenomenon: Introduction to the Problem of the Sign in Husserl's Phenomenology* (L. Lawlor, Trans.). Northwestern Universtiy Press.

Dillon, M. C. (1988). *Merleau-Ponty's Ontology.* Indiana University Press.

Dodd, J. (1997). *Idealism and Corporeity.* Kluwer Academic Publishers.

Donohoe, J. (2004). *Husserl on Ethics and Intersubjectivity: From Static to Genetic Phenomenology.* Humanity Books.

Drabinski, J. E. (2001). *Sensibility and Singularity: the Problem of Phenomenology in Levinas.* State University of New York Press.

Drummond, J. (1975). Husserl on the Ways to the Performance of the Reduction. *Man and World, 8*(1), pp. 47–69.

Drummond, J. J. (1979). On Seeing a Material Thing in Space: The Role of Kinaesthesis in Visual Perception. *Philosophy and Phenomenological Research, 40*(1), pp. 19–32.

Drummond, J. J. (2003). The Structure of Intentionality. In D. Welton (Ed.), *The New Husserl: A critical Reader* (pp. 65–92). Indiana University Press.

Dullstein, M. (2013). Direct Perception and Simulation: Stein's Account of Empathy. *Review of Philosophy and Psychology, 4*(2), pp. 333–350.

Fink, E. (1966). *Studien zur Phänomenologie: 1930-1939.* Martinus Nijhoff Publishers.

Fink, E. (1981). The Problem of the Phenomenology of Edmund Husserl. In William McKeena, Robert M. Harlan & Laurence E. Winters (Eds.), *Apriori and World: European Contribution to Husserlian Phenomenology.* Martinus Nijhoff Publishers.

Fink, E. (1981). Operative Concepts in Husserl's Phenomenology. In William McKeena, Robert M. Harlan & Laurence E. Winters (Eds.), *Apriori and World: European Contribution to Husserlian Phenomenology.* Martinus Nijhoff

Publishers.

Flynn, M. (2009). The Living Body as the Origin of Culture: What the Shift in Husserl's Notion of "Expression" Tells Us about Cultural Objects. *Husserl Studies, 25*(1), pp. 57–79.

Franck, D. (2014). *Flesh and Body: On the Phenomenology of Husserl* (J. Rivera & S. Davidson, Trans.). Bloomsbury Academic.

Gallagher, S., & Cole, J. (1995). Body Image and Body Schema in a De-afferented Subject. *Journal of Mind and Behavior, 16*(4), pp. 369–389.

Gallagher, S. (2005). *How the Body Shapes the Mind*. Oxford University Press.

Gallagher, S. (2005). Phenomenological Contributions to a Theory of Social Cognition. *Husserl Studies, 21*(2), pp. 95–110.

Gallagher, S. (2008). Direct Perception in the Intersubjective Context. *Consciousness and Cognition, 17*(2), pp. 535–543.

Gallagher, S., & Zahavi, D. (2008). *The Phenomenological Mind: An Introduction to Philosophy of Mind and Cognitive Science*. Routledge.

Gallese, V. (2001). The 'Shared Manifold' Hypothesis. From Mirror Neurons to Empathy. *Journal of Consciousness Studies, 8*(5-6), pp. 33–50.

Gallese, V. (2003). The Roots of Empathy: The Shared Manifold Hypothesis and the Neural Basis of Intersubjectivity. *Psychopathology, 36*(4), pp. 171–180.

Gallese, V. (2010). Neuroscientific Approach to Intersubjectivity. In T. Fuchs, H. C. Stattel & P. Henningsen (Eds.). *The Embodied Self: Dimensions, Coherence and Disorders* (pp. 77–91). Schattauer.

Garfinkel, H. (2002). *Ethnomethodology's Program: Working Out Durkheim's Aphorism*. Rowman & Littlefield.

Gurwitsch, A. (1979). *Human Encounters in the Social World*. Duquesne University Press.

Gurwitsch, A. (2010). *The Collected Works of Aron Gurwitsch (1901–1973): Volume III: The Field of Consciousness: Theme, Thematic Field, and Margin* (R. M. Zaner & L. Embree, Eds.). Springer.

Haney, K. M. (1994). *Intersubjectivity Revisited: Phenomenology and the Other*. Ohio University Press.

Hart, J. G. (1992). *The Person and the Common Life: Studies in a Husserlian Social Ethics*. Springer.

Heinämaa, S. (2010). Embodiment and Expressivity in Husserl's Phenomenology: From Logical Investigations to Cartesian Meditations. *SATS, 11*(1), pp. 1–15.

Held, K. (1966). *Lebendige Gegenwart: die Frage nach der Seinsweise des Transzendentalen Ich bei Edmund Husserl, entwickelt am Leitfaden der Zeitproblematik.* Martinus Nijhoff Publishers.

Held, K. (1972). Das Problem der Intersubjektivität und die Idee Einer Phänomenologischen Transzendentalphilosophie. In U. Claesges & K. Held (Eds.), *Perspektiven Transzendentalphänomenologischer Forschung* (pp. 3–60). Springer.

Held, K. (2003). Husserl's Phenomenological Method (L. Rodemeyer, Trans.). In D. Welton (Ed.), *The New Husserl: A Critical Reader* (pp. 3–31). Indiana University Press.

Held, K. (2003). Husserl's Phenomenology of the Life-World (L. Rodemeyer, Trans.). In D. Welton (Ed.), *The New Husserl: A Critical Reader* (pp. 32–64). Indiana University Press.

Hopp, W. (2011). *Perception and Knowledge: A Phenomenological Account.* Cambridge University Press.

Holenstein, E. (1972). *Phänomenologie der Assoziation; zur Struktur und Funktion Eines Grundprinzips der Passiven Genesis bei Edmund Husserl.* Den Haag.

Hutcheson, P. (1979). Solipsistic and Intersubjective Phenomenology. *Human Studies, 4*(1), pp. 165–178.

Hutcheson, P. (1980). Husserl's Problem of Intersubjectivity. *Journal of the British Society for Phenomenology, 11*(2), pp. 144–162.

Hutcheson, P. (1981). Husserl and Private Languages. *Philosophy and Phenomenological Research, 42*(1), pp. 111–118.

Hutcheson, P. (1982). Husserl's Fifth Meditation. *Man and World, 15*(3), pp. 265–284.

Ingerslev, L. (2013). My Body As an Object: Self-Distance and Social Experience. *Phenomenology and the Cognitive Sciences, 12*(1), pp. 163–178.

Jacob, P., & Jeannerod, M. (2005). The Motor Theory of Social Cognition: A Critique. *Trends in Cognitive Sciences, 9*(1), pp. 21–25.

Jacob, P. (2011). The Direct-Perception Model of Empathy: A Critique. *Review of Philosophy and Psychology, 2*(3), pp. 519–540.

Jacobs, H. (2014). Transcendental Subjectivity and the Human Being. In S. H.

Mirja Hartimo & T. Miettinen (Eds.), *Phenomenology and the Transcendental* (pp. 87–105). Routledge.

Kern, I. (1962). Die drei Wege zur Transzendental-Phänomenologischen Reduktion in der Philosophie Edmund Husserls. *Tijdschrift voor Filosofie, 24*(2), pp. 303–349.

Kern, I. (2009). Three Questions from Chinese Philosophy Addressed to Husserl's Phenomenology. *Universitas-Monthly Review of Philosophy and Culture, 36*(4), pp. 9–29.

Kern, I. (2013). Mengzi (Mencius), Adam Smith and Edmund Husserl on Sympathy and Conscience. In *Intersubjectivity and Objectivity in Adam Smith and Edmund Husserl* (pp. 139–170). De Gruyter.

Kozlowski, R. (1991). *Die Aporien der Intersubjektivität: Eine Auseinandersetzung mit Edmund Husserls Intersubjektivitätstheorie*. Königshausen & Neumann.

Landes, D. A. (2013). *Merleau-Ponty and the Paradoxes of Expression*. Bloomsbury Publishing.

Landgrebe, L. (1981). *The Phenomenology of Edmund Husserl: Six Essays* (D. Welton, Trans.). Cornell University Press.

Lee, N.-I. (1993). *Edmund Husserls Phänomenologie der Instinkte*. Kluwer Academic Publishers.

Lee, N.-I. (1998). Edmund Husserl's Phenomenology of Mood. In N. Depraz & D. Zahavi (Eds.), *Alterity and Facticity* (pp. 103–120). Springer.

Lee, N.-I. (2002). Static-Phenomenological and Genetic-Phenomenological Concept of Primordiality in Husserl's Fifth Cartesian Meditation. *Husserl Studies, 18*(3), pp. 165–183.

Lee, N.-I. (2003). *Phenomenology of Intersubjectivity in Husserl and Levinas* [Paper presented at the Husserl Studies in Japan].

Lee, N.-I. (2006). Problems of Intersubjectivity in Husserl and Buber. *Husserl Studies, 22*(2), pp. 137–160.

Levinas, E. (1969). *Totality and Infinity: An Essay on Exteriority* (A. Lingis, Trans.). Martinus Nijhoff Publishers.

Levinas, E. (1973). *The Theory of Intuition in Husserl's Phenomenology* (A. Orianne, Trans.). Northwestern University Press.

Levinas, E. (1978). *Existence and Existents* (A. Lingis, Trans.). Martinus

Nijhoff Publishers.

Levinas, E., & Nemo, P. (1985). *Ethics and Infinity*. Duquesne University Press.

Levinas, E. (1987). *Time and the Other and Additional Essays* (R. A. Cohen, Trans.). Duquesne University Press.

Levinas, E. (1987). *Collected Philosophical Papers* (A. Lingis, Trans.). Martinus Nijhoff Publishers.

Levinas, E. (1998). *Otherwise than Being or Beyond Essence* (A. Lingis, Trans.). Duquesne University Press.

Liangkang, N. (2007). The Problem of the Phenomenology of Feeling in Husserl and Scheler. In K.-Y. Lau & J. J. Drummond (Eds.), *Husserl's Logical Investigations in the New Century: Western and Chinese Perspectives* (pp. 67–82). Springer.

Liberman, K. (2007). *Husserl's Criticism of Reason: With Ethnomethodological Specifications*. Lexington Books.

Lohmar, D. (2006). Mirror Neurons and the Phenomenology of Inter-subjectivity. *Phenomenology and the Cognitive Sciences*, *5*(1), pp. 5–16.

Lotz, C. (2007). *From Affectivity to Subjectivity: Husserl's Phenomenology Revisited*. Palgrave Macmillan.

Lotz, C. (2007). Depiction and Plastic Perception. A Critique of Husserl's Theory of Picture Consciousness. *Continental Philosophy Review*, *40*(2), 171–185.

Marbach, E. (1993). *Mental Representation and Consciousness: Towards a Phenomenological Theory of Representation and Reference*. Kluwer Academic Publishers.

Marbach, E. (2013). Towards a Phenomenological Analysis of Fictional Intentionality and Reference. *International Journal of Philosophical Studies*, *21*(3), pp. 428–447.

Marion, J.-L. (1998). *Reduction and Givenness: Investigations of Husserl, Heidegger, and Phenomenology* (Thomas A. Carlson, Trans.). Northwestern University Press.

Martin, M. G. F. (1992). Sight and Touch. In T. Crane (Ed.), *The Contents of Experience*. Cambridge University Press.

Martin, M. G. F. (1995). Bodily Awareness: A Sense of Ownership. In J. L. Bermudez, A. J. Marcel & N. M. Eilan (Eds.), *The Body and the Self* (pp. 267–

289). MIT Press.

Martin, M. G. F. (2006). On being Alienated. In T. S. Gendler & J. Hawthorne (Eds.), *Perceptual Experience.* Oxford University Press.

Mattens, F. (2009). Perception, Body, and the Sense of Touch: Phenomenology and Philosophy of Mind. *Husserl Studies, 25*(2), pp. 97–120.

McDowell, J. H. (1996). *Mind and World: With a New Introduction.* Harvard University Press.

Melle, U. (1989). Objektivierende und Nicht-Objektivierende Akte. In S. Ijsseling (Ed.), *Husserl-Ausgabe und Husserl-Forschung* (pp. 35–49). Springer.

Melle, U. (1998). Signitive und Signifikative Intentionen. *Husserl Studies, 15*(3), pp. 167–181.

Melle, U. (2002). Husserl's Revision of the Sixth Logical Investigation. In D. Zahavi & F. Stjernfelt (Eds.), *One Hundred Years of Phenomenology* (pp. 111–123). Springer.

Melle, U. (2008). Das Räsel des Ausdrucks. In F. Mattens (Ed.), *Meaning and Language: Phenomenological Perspectives* (pp. 3–26). Springer.

Mensch, J. R. (1988). *Intersubjectivity and Transcendental Idealism.* State University of New York Press.

Merleau-Ponty, M. (1963). *The Structure of Behavior* (A. L. Fisher, Trans.). Beacon Press.

Merleau-Ponty, M. (1964). *The Primacy of Perception: And Other Essays on Phenomenological Psychology, the Philosophy of Art, History and Politics* (J. M. Edie, Trans. J. M. Edie, Ed.). Northwestern University Press.

Merleau-Ponty, M. (1968). *The Visible and the Invisible* (A. Lingis, Trans. C. Lefort Ed.). Northwestern University Press.

Merleau-Ponty, M. (2003). Cezanne's Doubt. In Thomas Baldwin (Ed.), *Maurice Merleau-Ponty: Basic Writings* (pp. 272–289). Routledge.

Merleau-Ponty, M. (2012). *Phenomenology of Perception* (D. A. Landes, Trans.). Routledge.

Mishara, A. (1990). Husserl and Freud: Time, Memory and the Unconscious. *Husserl Studies, 7*(1), pp. 29–58.

Montavont, A. (2000). De la Passivité dans la Phénoménologie de Husserl. *Revue de Metaphysique et de Morale,* (4), p. 571.

Moran, D. (2008). Husserl's Transcendental Philosophy and the Critique of

Naturalism. *Continental Philosophy Review, 41*(4), pp. 401–425.

Noë, A. (2004). *Action in Perception*. MIT Press.

Nuki, S. (1998). The Theory of Association after Husserl: "Form/Content" Dualism and the Phenomenological Way Out. *Continental Philosophy Review, 31*(3), pp. 273–291.

Overgaard, S. (2002). Epoché and Solipsistic Reduction. *Husserl Studies, 18*(3), pp. 209–222.

Overgaard, S. (2003). On Levinas' Critique of Husserl. In D. Zahavi, S. Heinämaa & H. Ruin (Eds.), *Metaphysics, Facticity, Interpretation* (pp. 115–138). Springer.

Overgaard, S. (2004). *Husserl and Heidegger on Being in the World*. Kluwer Academic Publishers.

Overgaard, S. (2007). *Wittgenstein and Other Minds: Rethinking Subjectivity and Intersubjectivity with Wittgenstein, Levinas, and Husserl*. Routledge.

Overgaard, S. (2011). Disjunctivism and the Urgency of Scepticism. *Philosophical Explorations, 14*(1), pp. 5–21.

Peperzak, A. (1998). Levinas' Method. *Research in Phenomenology, 28*(1), pp. 110–125.

Peperzak, A. T. (1997). *Beyond: the Philosophy of Emmanuel Levinas*. Northwestern Univiversity Press.

Ratcliffe, M. (2008). Touch and Situatedness. *International Journal of Philosophical Studies, 16*(3), pp. 299–322.

Reich, W. (2010). Three Problems of Intersubjectivity: And One Solution. *Sociological Theory, 28*(1), pp. 40–63.

Reinach, A., Schuhmann, K., & Smith, B. (Eds.). (1989). *Sämtliche Werke: Textkritische Ausgabe in 2 Bänden*. Philosophia Verlag.

Reynaert, P. (2001). Intersubjectivity and Naturalism - Husserl's Fifth Cartesian Meditation Revisited. *Husserl Studies, 17*(3), pp. 207–216.

Rodemeyer, L. M. (2006). *Intersubjective Temporality: It's about Time*. Springer .

Rudd, A. (2003). *Expressing the World: Skepticism, Wittgenstein and Heidegger*. Open Court Publishing.

Römpp, G. (1989). Der Andere als Zukunft und Gegenwart: Zur Interpretation der Erfahrung Fremder Personalität in Temporalen Begriffen bei Levinas und Husserl. *Human Studie*s, *6*(2), pp. 129–154.

Römpp, G. (1992). *Husserls Phänomenologie der Intersubjektivität: Und Ihre Bedeutung für Eine Theorie Intersubjektiver Objektivität und die Konzeption Einer Phänomenologischen Philosophie*. Kluwer Academic Pubblishers.

Sakakibara, T. (2008). Struktur und Genesis der Fremderfahrung bei Edmund Husserl. *Husserl Studies, 24*(1), pp. 1–14.

Sartre, J.-P. (1988). *The Transcendence of the Ego: An Existentialist Theory of Consciousness* (A. Brown, Trans.). Routledge.

Sartre, J. P. (2003). *Being and Nothingness* (H. E. Barnes, Trans.). Routledge.

Sartre, J. P. (2004). *The Imaginary: A Phenomenological Psychology of the Imagination* (J. Webber, Trans.). Routledge.

Sawicki, M. (1997). *Body, Text and Science: The Literacy of Investigative Practices and the Phenomenology of Edith Stein*. Kluwer Academic Publisher.

Sawicki, M. (1997). Empathy before and after Husserl. *Philosophy Today, 41*(1), pp. 123–127.

Scheler, M. (2008). *The Nature of Sympathy* (G. McAleer, Trans.). Transaction Publishers.

Schloßberger, M. (2005). *Die Erfahrung des Anderen: Gefühle im Menschlichen Miteinander*. Akademie Verlag.

Schutz, A. (1942). Scheler's Theory of Intersubjectivity and the General Thesis of the Alter Ego. *Philosophy and Phenomenological Research, 2*(3), pp. 323–347.

Schütz, A. (1967). *The Phenomenology of the Social World* (G. Walsh, Trans.). Northwestern University Press.

Schutz, A. (1970a). The Problem of Transcendental Intersubjectivity in Husserl. In I. Schutz (Ed.), *Collected Papers III* (pp. 51–84). Springer.

Schutz, A. (1970b). Type and Eidos in Husserl's Late Philosophy. In I. Schutz (Ed.), *Collected Papers III* (pp. 92–115). Springer.

Shum, P. (2014). Avoiding Circularities on the Empathic Path to Transcendental Intersubjectivity. *Topoi, 33*(1), pp. 143–156.

Smith, A. D. (2003). *Routledge Philosophy Guidebook to Husserl and the Cartesian Meditations*. Routledge.

Smith, J. (2010). Seeing Other People. *Philosophy and Phenomenological Research, 81*(3), pp. 731–748.

Smith, J. (2011). Can Transcendental Intersubjectivity be Naturalised?

*Phenomenology and the Cognitive Sciences, 10*(1), pp. 91–111.

Sokolowski, R. (1964). *The Formation of Husserl's Concept of Constitution.* Martinus Nijhoff Publishers.

Sokolowski, R. (1974). *Husserlian Meditations: How Words Present Things.* Northwestern University Press.

Sommer, M. (1984). Fremderfahrung und Zeitbewußtsein. Zur Phänomenologie der Intersubjektivität. *Zeitschrift für Philosophische Forschung, 38*(1), pp. 3–18.

Stein, E. (1989). *On the Problem of Empathy.* (Waltraut Stein Trans.). Kluwer Academic Publishers.

Stein, E. (2008). *Zurn Prblem der Einfühlung.* Herder.

Steinbock, A. (1995). *Home and Beyond: Generative Phenomenology after Husserl.* Northwestern University Press.

Steinbock, A. (1998). Husserl's Static and Genetic Phenomenology: Translator's Introduction to Two essays. Essay 1: Static and Genetic Phenomenological Method. Essay 2: The Phenomenology of Monadic Individuality and the Phenomenology of the General Possibilities and Compossibilities of Lived-Experiences: Static and Genetic Phenomenology. *Continental Philosophy Review, 31*(2), pp. 127–152.

Steinbock, A. (2004). Affection and Attention: on the Phenomenology of Becoming Aware. *Continental Philosophy Review, 37*(1), pp. 21–43.

Stoelger, T. (1994). *Das ästhetische Apriori des Alter Ego: Untersuchungen zur Transzendentalen Intersubjektivitäts-Theorie in der Phänomenologie Edmund Husserls.* Königshausen & Neumann.

Tengelyi, L. (2009). Selfhood, Passivity and Affectivity in Henry and Lévinas. *International Journal of Philosophical Studies, 17*(3), pp. 401–414.

Tengelyi, L. (2012). The Role of Interpretation in the Phenomenological Approach to the Other. In R. Breeur & U. Melle (Eds.), *Life, Subjectivity & Art* (pp. 429–443). Springer.

Theunissen, M. (1986). *The Other: Studies in the Social Ontology of Husserl, Heidegger, Sartre, and Buber* (C. Macann, Trans.). MIT Press.

Thompson, E. (2007). *Mind in Life: Biology, Phenomenology, and the Sciences of Mind.* Harvard University Press.

Vignemont, F. d., & Jacob, P. (2012). What Is It like to Feel Another's Pain? *Philosophy of Science, 79*(2), pp. 295–316.

Waldenfels, B. (2000a). *Das leibliche Selbst: Vorlesungen zur Phänomenologie des Leibes*. Suhrkamp.

Waldenfels, B. (2000b). The Paradox of Expression. In F. Evans & L. Lawlor (Eds.), *Chiasms: Merleau-Ponty's Notion of Flesh* (pp. 89–102). State University of New York Press.

Waldenfels, B. (2004). Bodily Experience between Selfhood and Otherness. *Phenomenology and the Cognitive Sciences, 3*(3), pp. 235–248.

Waldenfels, B. (2007). *The Question of the Other*. The Chinese University Press.

Waldenfels, B. (2008). The Role of the Lived-Body in Feeling. *Continental Philosophy Review, 41*(2), pp. 127–142.

Waldenfels, B. (2010). Attention Suscitée et Dirigée. *Alter: Revue de Phénoménologie* (18), pp. 33–44.

Waldenfels, B. (2011). In Place of the Other. *Continental Philosophy Review, 44*(2), pp. 151–164.

Waldenfels, B. (2011). *Phenomenology of the Alien: Basic Concepts*. Northwestern University Press.

Waldenfels, B. (2012). Responsive Ethics. In D. Zahavi (Ed.), *The Oxford Handbook of Contemporary Phenomenology* (pp. 423-441). Oxford University Press.

Welton, D. (1988). Affectivity, Eros and the Body. In D. Welton (Ed.), *Body and Flesh: A Philosophical Reader* (p. 181). Wiley.

Welton, D. (1999). Soft, Smoth Hands: Husserl's Phenomenology of the Lived-Body *The Body: Classic and Contemporary Readings* (pp. 38–56). Blackwell.

Welton, D. (2003). The Systematicity of Husserl's Transcendental Philosophy: From Static to Genetic Method. In D. Welton (Ed.), *The New Husserl. A Critical Reader* (pp. 255–288). Indiana University Press.

Whitney, S. (2012). Affects, Images and Childlike Perception: Self-Other Difference in Merleau-Ponty's Sorbonne Lectures. *PhaenEx, 7*(2), pp. 185–211.

Yamaguchi, I. (1982). *Passive Synthesis und Intersubjektivität bei Edmund Husserl*. Martinus Nijhoff Publishers.

Zahavi, D. (1997). Horizontal Intentionality and transcendental Intersubjecivity. *Tijdschrift voor filosofie, 59*(2), pp. 304–321.

Zahavi, D. (1998). Self-Awareness and Affection. In N. Depraz & D. Zahavi (Eds.), *Alterity and Facticity* (pp. 205–228). Springer.

Zahavi, D. (1999). *Self-Awareness and Alterity: A Phenomenological Investigation*. Northwestern University Press.

Zahavi, D. (2001). *Husserl and Transcendental Intersubjectivity: A Response to the Linguistic-Pragmatic Critique* (E. A. Behnke, Trans.). Ohio University Press.

Zahavi, D. (2002a). Transcendental Subjectivity and Metaphysics. A Discussion of David Carr's Paradox of Subjectivity. *Human Studies, 25*(1), pp. 103—116.

Zahavi, D. (2002b). Merleau-Ponty on Husserl: A Reappraisal. In T. Toadvine & L. Embree (Eds.), *Merleau-Ponty's Reading of Husserl* (pp. 3–29). Springer.

Zahavi, D. (2003). *Husserl's Phenomenology*. Stanford University Press.

Zahavi, D. (2004). Husserl's Noema and the Internalism-Externalism Debate. *Inquiry, 47*(1), pp. 42–66.

Zahavi, D. (2005). *Subjectivity and Selfhood: Investigating the First-Person Perspective*. The MIT Press.

Zahavi, D. (2007). Expression and Empathy. In D. Hutto & M. Ratcliffe (Eds.), *Folk Psychology Re-Assessed* (pp. 25–40). Springer.

Zahavi, D. (2010). Empathy, Embodiment and interpersonal Understanding: from Lipps to Schutz. *Inquiry, 53*(3), pp. 285–306.

Zahavi, D. (2011). Empathy and Direct Social Perception: A Phenomenological Proposal. *Review of Philosophy and Psychology, 2*(3), pp. 541–558.

Zahavi, D. (2012). Empathy and Mirroring: Husserl and Gallese. In R. Breeur & U. Melle (Eds.), *Life, Subjectivity & Art* (pp. 217–254). Springer.

### 3. 中文文献

罗志达：《具身性与交互主体性》，《中山大学学报（社会科学版）》2017 年第 3 期。

李云飞：《胡塞尔发生现象学引论》，北京：北京师范大学出版社，2019。

梁家荣：《心情与世界：〈存在与时间〉中的情感论》，《世界哲学》2019 年第 1 期。

郁欣：《同感与人格：埃迪·施泰因的交互主体性现象学研究》，南京：江苏人民出版社，2020。

# 后记

  当自己敲下这些字时，感觉是跟十多年前开始的一个计划告别。不同的是，眼下这些文字以及这本书所呈现的内容与样式是十多年前不可能预见的。十余年间，人事聚合纷扰，致思路上偶有长进、更多是盘桓不前。这个始于激情、归于平寂、且充满彷徨与困顿的心灵旅程，至此算是一个小结。

  我记得 2010 年 4 月间，在网上搜索国外暑期班的信息。德国的暑期班都过了截止时间，偶然间发现哥本哈根大学的一个现象学暑期学校还开放申请。因这个偶然的机会，自己一个人跑到哥本哈根参加主体性中心举办的第一次暑期学校，第一次踏出国门来到这个只在书上读到过的国度，第一次在讲学厅见到高高大大的丹·扎哈维、第一次鼓起勇气去跟他套词闲谈、第一次在中心火车站旁边的咖啡厅见到文菁、第一次见到现象学是以这样一种具有生命力的方式被讨论……内心现在都还会浮泛起激动的涟漪。时值 8 月底，哥本哈根已然秋风渐起，打在身上凉飕飕的。但自己在这里看到了一种让人兴奋的讨论学术的方式，就像在长长的安德森大街、五颜六色的新港、安静怡人的阿玛岛、长桥下总是热闹非凡的酒吧——新奇的事物让人充满初遇的悸动和欢喜。现在想来，所有这些甚至有些不可思议：人生的道路居然因为对暑期学校广告的偶然一瞥而发生如此巨大的转折，以至于此后十余年间都在与之纠缠、为之努力、向之作别。

  随后有幸申请到了主体性研究中心的博士。一开始以"现象学社会学"为题提交申请时，我全然没有意识到胡塞尔现象学经过半个世纪的积累已然产生了如此多深刻而全面的研究，也并没有意识到自己未来的工作会充满如此大的挑战。而自己不管是从语言上、写作上、乃至心智上都没有为之做好准备，以至于博士论文最开始的阶段面临着让人绝望的困难。现在回想起来依然心有余悸。我很庆幸导师和同事所提供的专业而具体的帮助。我记得第一次踏进丹的办公室跟他面谈时，看着两页被改得面目全非的研究计划——那是我用尽所有力气能够写出的最好的东西了——

内心填充了无尽的懊恼。而丹却淡淡地说了句，这是因为他受过更好的训练。随后每两周面谈、讨论所读文献和论文进度，内心都会充满巨大的焦虑。尽管用了吃饭睡觉之外的所有时间来阅读那些看不到尽头的文献，但进度之缓慢和理解之生疏，总是让自己不敢正面回应丹期待的眼神。每当丹问及论证的细节，自己就被再次逼回墙角，退回到一开始的那个地方，就好像所有的努力从未发生过一样。到第二年，丹请索伦（Søren Overgaard）担任我的副导师并指导我的写作，事情才慢慢好起来。后来拉斯姆斯（Rasmus Thybo Jensen）告诉我，丹是个天生的哲学家；对于他而言，哲学就像是流淌在他血液里的东西，以至于他不知道如何去教授哲学思考、哲学写作。我很庆幸自己有机会跟着索伦学习构造论证、哲学写作的具体技巧：从一开始的一页纸、到一个小节、到一个章节。当自己不断被索伦逼问这句话是什么意思、这个单词是什么意思，我才意识到哲学论证所要求的严格性究竟意味着什么、清晰的论述应该达到何种程度。我甚至习惯于把索伦当作内在的对话者：每当我写下一句话时，我会潜意识地问自己，如果索伦看到这句话，他会怎么说。

这些"密室谈话"（chamber talks）很大程度上重塑了我思考哲学、从事理论研究的方式。在中心所接受的训练很大程度上让自己完成了对哲学的祛魅。在此之前，哲学像是一种充满了魅惑的观念事业，各式各样的理论让人头晕目眩；在此之后，哲学更多是遵循严格流程的科学工作，其目标是诉诸严格的概念和命题来研究人类自身的精神生活及其规律。哲学不是观念的杂耍，而是必须诉诸公共可检讨的清晰论证，从而逼近与刻画诸如意识、感知、意向性等抽象的观念对象。哲学作为一门科学，恰恰是用本已模糊而抽象的概念语词去研究那些内在于人类精神生活但同样模糊而抽象的经验现象。通过这些"密室谈话"，我见识了哲学是如何被做出来、体认到好的哲学应该是什么样子的。这也让我认识到，"朝向事实本身"并不是一句空泛的口号，而是一直以来被严肃而具体地执行的工作态度；更为重要的是，"朝向事实本身"不仅要求严格受控的方法论操作，而且在根本上要求一种知性上的真诚（intellectual integrity），以便让我们透过概念和理论的迷雾而看到事情本身的时候，能够本着这些事情原来的样子展开研究。

念博士真的充满了各种挫败感。第一次作学术报告的灾难性现场、第一次提交章节草稿被批评时的懊丧、努力听报告却总是只能听懂片鳞半爪、努力去口头表达一个论证但总是面对各种困惑的表情，等等。但念博士也充满了简单的快乐：课题上好像推进一点点时巨大的喜悦、同事好像慢慢能听懂我说的内容、自己好像能够摸到胡塞尔研究的门槛、自己好像看到了研究课题的价值和相关性、同事开始肯定自己的报告，等等。当必须独自去面对项目可能流产的危机、必须严肃地评估当下的处境和成功的概率时，自己一下子被置入到前所未有的危机之中，以至于必须抛开所有的功利计算而认真地审视自身、思考自己是否具有坚持下去的勇气和能力。内维蒂塔（Nivedita Gangopadhyay）跟我说过一句直白而充满力量的话：几乎所有做研究的人都经历过这种至暗时刻，但此刻放弃就意味着一辈子的放弃（a quit of life）。生活的危机恰恰是提醒我们真诚而严肃地审视自身的一个契机，以便让自己重新获得前进的动力——当然是带着对自身的全新的理解。这何尝不是一种性命攸关的悬搁呢！这种知性上脱胎换骨式的成长，对自身心智更深刻的体认和修炼，也让自己获得更为坚定的信心和勇气。

在此，我也很感谢陈立胜教授。记得他当时给我们上《当代西方哲学》，他讲胡塞尔的内时间意识讲到激情处竟大汗淋漓，眼神中似乎充满了看到真理的亮光与坚毅。当时我不理解内时间的嵌套结构，对时间性的沉积过程也似懂非懂；但我被老师忘我投入的神情深深感染了，被他讲授那些高蹈玄虚的理论深深吸引了，以至最后竟然选择以现象学为志业。及至后来经常跟老师讨教请益（蹭吃蹭喝），于学校草坪上食堂里、老师蒲园家中，跟老师学习粗浅的红酒知识，知道了很多系内系外的掌故秘辛，了解到老师思索背后的生命关切与心路历程。陈老师也会给我一些书目甚至复印一些书籍给我，让我逐渐懂得鉴赏和判断。自己从学、从业过程中每当遇到困难和困扰时，老师宽慰和鼓励的话也成为自己能够继续坚持的力量所在。陈老师由西学而返儒学，在两个领域均有极为深厚的积累与深刻的见解，并在阳明的生命哲学上得到极大的发挥——我想这并不仅是他所受训练之特殊的缘故，还是因为他看待学问、看待生命都一以贯之地待之以诚。虽然因为兴趣旁出，我没有继续跟随老师研习中国哲学，但他真诚对待学问的态度一直都是我学习、效仿的榜样。

这本书改译自我在哥本哈根大学的博士论文。博士毕业之后，书中的若干章节陆续被修改成单篇论文刊发于国内外的期刊上。其间，诸多师长给予了诸多支持和鼓励，同学好友亦在艰难时刻给予了珍贵的友谊和安慰，在此谨致以最为真诚的谢意。

以下谨就书中已发表部分作说明：

1. 本书第一章关于自我身体与他人身体之间的相似性问题及其相对于同感行为的奠基性关系，经修改后以"Motivating Empathy: the Problem

of Bodily Similarity in Husserl's Theory of Empathy" 为题，发表于 *Husserl Studies*（2017.4）。

2．本书第一章关于身体与他人构造的部分，经修改后以《具身性与交互主体性》发表于《中山大学学报（社会科学版）》（2017.4）；

3．本书第三章关于同感的双重意向性及其特征的部分，经修改后以 " Seeing-in and Twofold Empathic Intentionality: A Husserlian Account" 为题，发表于 *Continental Philosophy Review*（2017.9）。

4．本书第三章关于同感与记忆的部分，经修改后以《同感与回忆——胡塞尔类比统觉理论的两个解读》为题发表于《哲学研究》（2018.9）。

5．本书第四章胡塞尔关于他人身体表达的理论，部分整合于英文论文 " Seeing the Other's Mind: McDowell and Husserl on Bodily Expressivity and the Problem of Other-Minds"，该文发表于 *Human Studies*（2019.10）。

6．本书第四章有关胡塞尔修订其"指示"理论的研究，经修改后以《胡塞尔的符号意识理论及其修订》为题，发表于《现代哲学》（2017.8）。

最后，我要感谢父母一直以来默默的支持。虽然他们自始至终不了解我工作的性质，但他们对我的选择和决定都给予了最大的自由和支持。留学三年及至归国初期，四处漂泊经济上捉襟见肘，到了而立之年还彷徨于无地。感谢内子的忍耐和陪伴，以日常生活的温情抵御住了抽象观念的侵蚀；以日复一日的劳作维系着概念语词所建构出来的理念世界而不至于深陷其中。这本小书是对自己过往十余年的小结，也是对家人的致谢。

罗志达
2022 年 3 月 14 日